# 문학과 비평의 사유

# 문학과 비평의 사유

강 상 대

단국대학교출판부

책을 펴내며

# 삶과 사물에 대한 사유를 위하여

이 책의 제목에 '사유'라는 말을 썼는데, '思惟'와 '事由'의 뜻을 다같이 담고 싶어서 굳이 한자를 쓰지 않기로 했다. 이 책에 담은 글들은 문학론으로서는 두 번째 책을 펴낸 이후부터 지난 몇 년간 내가 문학에 대하여 품어 왔던 생각을 드러내는 것이기도 하고, 또 그러한 생각을 글로써 이야기할 수 있다는 것이 지금껏 내가 문학을 하고 있는 까닭이기도 하다. 그러므로 어떤 사유이든 그것이 문학을 위한 것임에는 틀림없다.

문학 선생이 되어 강의실의 안팎에서 학생들과 더불어 많은 이야기를 나눌 수 있는 것은 큰 즐거움이다. 특히 대학교의 문예창작 강의실은 사회 저변에 형성된 문화적 지향의 힘이 매우 강하게 느껴지는 곳이고, 그런 만큼 문학을 향한 젊은이들의 열의를 뜨겁게 호흡하며 그 전망에 대한 성찰을 꾸준하게 해나가야 하는 곳이다. 그런 과정 속에서 나는, 내가 그들만한 나이였을 때부터, 아니 그보다 훨씬 이전부터 고집스럽게 지녀왔던 나의 문학적 사유를 되새기고 반성하며, 또 새로운 사유를 발견하곤 한다. 대학교의 문예창작 강의실은 이미 존재하고 있는 텍스트를 가지고 공부하는 곳이 아니라 그 어디에도 존재하지 않는 텍스트를 새로 만들어내기 위한 공부를 하는 곳이다. 그렇기 때문에 예술적 창조의 대상으로서 문학 텍스트를 다룰 때는 그 개념적 의미를 항상 새롭게 짚어 나가야 한다. 문학은 문학이되 과거적 텍스트가 아니라 미래적 텍스트라는 인식을 분명하게 할 필요가 있는 것이다. 그래서 비록 이미 씌어진 문학 작품을 대상으로 이야기를 풀어갈지라도, 그것은 앞으로 씌어지게 될, 그리고 씌어져야 할 작품에 대한 이야기가 된다. 그러므로 문학적 사유는 항상 역동적으로 움직인다. 그리고 그 사유는 필연적으로 우리의 삶과, 우리 주위의 사물들을 향해 폭넓게 나아가기 마련이다.

뉴밀레니엄에 접어들어 더욱 뚜렷하게 우리의 문학 환경이 급격한 변화의 물결을 타고 있음을 느끼는 것은 비단 나에게만 국한된 일은 아닐 터이다. 문화의 현장 곳곳에서, 그리고 대학의 강의실에서 문학은 점차 새로운 표정과 화법을 보여주고 있다. 이른바 디지털 신인류가 살아가는 시대에, 문학 역시도 달라지고 새로워져야 하는 것은 당연하다. 나는 요즘 그러한 문학적 변화의 가장 바람직한 방향이 무엇인가를 자주 생각하고 또 고민하고 있다. 문학에 대하여 그 누구보다도 열정적이고, 우리의 문학을 열어가야 할 책임이 큰 문예창작 강의실의 대학생들을 보면서 그런 생각들은 더욱 무거운 의무감으로 다가온다. 다산(茶山) 선생이 유배지에서 보낸 편지 중에서 매섭게 경계한 바, 자질구레한 이야기로 한때의 웃음이나 자아내고, 진부하고 지리멸렬하고 쓸모없는 논의 따위로 한갓 종이와 먹만 허비하는 것에 지나지 않는 문학이어서는 안되는 것이다. 아마도 나의 다음 책은 그러한 문학적 방향에 대한 '사유'가 되어야 하지 않을까 한다.

책을 묶기 위하여 다시금 지난 글들을 살펴보니 아쉬움이 많다.

이런저런 일에 얽매여서 본분을 제대로 밀고나가지 못했던 민망스런 자화상이 어른거린다. 이 책의 부족함은 앞으로 더욱 진지한 공부와 글쓰기로 메울 수밖에 없겠다. 이 책을 단국대학교출판부에서 펴내게 되어 그 뜻이 더욱 크고 깊게 느껴진다. 이와 같은 기쁨을 허락해 주신 강재철 부장님을 비롯한 출판부의 가족들에게 깊은 감사를 드린다.

2006년 4월

봄빛 가득한 안서호를 보며
강 상 대

# 차 례

제1부

# 사물의 경계를 넘어서

# 한국 현대시와 물의 심상

## 1. 물, 시를 잉태하다

천지창조의 둘째 날에 물이 있어 궁창 아래의 물과 궁창 위의 물로 나뉘어지고, 다섯째 날에 와서는 살아있는 모든 것이 그 물에 생육하고 번성하게끔 되었다. 이렇듯이 물은 혼돈의 세계에서 질서의 세계로 나아가는 표상임과 아울러 생명의 탄생과 성장, 소멸과 재생을 주관하는 대모(大母)의 상징이 되고 있다. 물이 있는 까닭에 이 세계는 자연의 질서를 이루며, 또한 모든 생물은 일회성으로 그치는 것이 아니라 영원히 반복되는 항구적 존재로서의 생명을 갖는다. 물의 공간성과 시간성은 모두 질서 원리와 순환 원리에 의하여 규정될 수 있는 바, 그것은 물이 생명의 원수(原水)로서 생명 또는 삶이란 근원적으로 질서와 순환의 원리에 닿아 있는 때문이다. 이를 바꾸어 말하면, 생명 또는 삶이 그 공간과 시간을 보유하고 영위하기 위해서는 반드시 물의 원리에 충실해야 한다는 것이 된다. 생명의 현실에 있어 물 없이는 살아갈 수 없다는 점에서도 물론이려니와 신화, 종교, 주술, 예술 등 인간 삶의 근원과 현세 및 내세를 다루는 정신적 세계에서 물이 특히 중요한 의미를 갖는 것은 이런 이유에서일 것이다.

우리 민족의 건국 신화를 담고 있는 『삼국유사』를 볼 때도 물은 생명의 탄생을 주관하는 원형적 이미지로 나타난다. 가령 고구려 시조인 고주몽의 어머니는 물의 신인 하백의 딸 유화이다. 또한 신라 시조 박혁거세는 하늘의 빛이 나정(蘿井) 주위에 내리며 알에서 탄생하였고, 그를 동천(東川)에 목욕시키자 몸에 광채가 생기고 새와 축생이 다같이 춤추며 천지가 진동하였다. 닭의 부리를 닮은 입술로 태어났던 알영도 월성 북천(北川)에 목욕시키자 제대로 사람의 용모가 되었다고 한다. 이러한 신화의 예와 더불어, 우리의 무속에는 저승까지 이르는 갖은 고생 끝에 부활의 신약인 약수를 구해 와서 죽은 부모를 되살려내는 바리공주 이야기가 있다. 물은 이처럼 삶을 탄생시키고, 인간성을 갖추게 하며, 죽음을 극복하게끔 만드는 매개물이었던 것이다. 신화나 무속은 인간의 꿈을 반영하는 것이므로, 물은 새롭고 영원한 삶을 갈구하는 인간의 욕망과 결부되어 신화화되고 종교화된다. 그리고 시가 된다.

'자연'은 우리들의 일상적 감각에 의하여 인지되고 지각되는 실재의 물질적 영역이며,[1] 자연을 다루는 시의 출발점은 어떻든 자연에 대한 우리들의 감각일 수밖에 없다. 실제적 감각이 상상적 성찰로 이행하는 과정에서 시는 탄생된다. 자연적 실체인 물에 대한 인식도 일차적으로는 우리의 감각이 자극되는 것에서 비롯한다. 그러나 물의 경우 그것의 존재 자체 또는 현상 자체가 우리의 삶의 원리와 너무나 닮아 있기 때문에, 물은 그의 물질적 감각보다 더욱 풍부하고 강력한 어떤 인식이나 정서를 환기시켜 준다.[2] 이때 물은 이미 물질

1) 오세영, 「현대시와 자연 그리고 문화」, 유종호 외, 『현대 한국문학 100년』, 민음사, 1999, p.301.

2) 몽상을 물질적으로 해석하고자 했던 G. 바슐라르가 '물의 심적 현상'

로서의 물이 아니라 우리의 의식이며 무의식이다. 물은 시를 통하여 생명의 대모 혹은 원수로서의 크고 깊은 역동성을 보여주는 것이다. 그러므로 삶에 천착하고자 하는 어느 시대의 시이든 물의 심상을 적극적으로 유치하고자 하였으며, 우리의 현대시 역시 샘, 우물, 호수, 강, 바다, 비, 안개 등의 이미지로 끊임없이 변신하여 스며드는 물의 심상에 많이 기대고 있는 것이 사실이다.

## 2. 모성과 생명력의 구현

한국 현대시의 선편을 잡고 있는 최남선의 「해에게서 소년에게」가 바다의 시각적 · 청각적 이미지를 끌어들여 문명 개화의 근대 정신을 노래한 이후 김억 · 김동환 · 김소월 · 정지용 등 초창기 시인들의 시에서 물은 지배적인 심상이었다. 특히 정지용은 「바다」 연작시를 남겨, 바다가 '푸른 도마뱀 떼같이' 선명한 영상으로 다가오는 이미지즘의 작풍을 보여주었다. 정지용의 바다는 자연에 대한 감각이 시적 언어의 미학과 자의식으로 환치되는 모습을 뚜렷하게 확인시키는 경우라고 하겠다. 김영랑 · 유치환 · 윤동주의 시에 나타난 물의 심상과 의식을 고찰한 바 있는 최동호에 따르면, 이들의 시에서 물의 양태는 몇 가지 공통적인 시적 특질로 요약된다.[3] 첫째로 물은 시적 정서를 함축하는 시적 탐구의 대상으로서 시인의 존재론적 인식을 드러내며, 둘째로 물은 기능상으로 보아 파괴와 생성, 죽음과

---

에 주목하고, 물의 표면적인 이미지 밑에 더욱더 심화되고 점착력있는 이미지의 한 계열이 존재하고 있다는 것을 지적하였음을 상기하자. 가스똥 바슐라르, 『물과 꿈 : 물질적 상상력에 관한 시론』, 이가림 역, 문예출판사, 1980, p.13.

3) 최동호, 「한국현대시에 나타난 물의 심상과 의식의 연구 : 김영랑 · 유치환 · 윤동주의 시를 중심으로」, 고려대 대학원 박사논문, 1981, p.185.

재생의 순환적이며 이중적인 의미를 서정적 의식 속에 나타내며, 셋째로 물은 본질적으로 모성적인 것이며 대지의 풍요로움이나 삶의 빛나는 순간 그리고 영원의 거처로서 나타나는 것이다. 아마도 우리의 현대시 전반에서 물의 심상은 대개 이러한 의미망으로부터 그다지 멀리 벗어나지 못하리라고 생각된다. 다만 물의 심상과 관련하여 논의가 계속되어야 하는 경우라면, 각자의 시인 또는 시가 보여주는 심상의 심화와 변주 양상이 될 것이며 또한 얼마나 시적 완성도를 갖춘 심상을 보여주고 있는가 하는 점이 될 것이다.

영산홍 꽃잎에는
산이 어리고

산자락에 낮잠 든
슬픈 소실댁

소실댁 툇마루에
놓인 놋요강

산 너머 바다는
보름 살이 때

소금 발이 쓰려서
우는 갈매기

— 서정주, 「영산홍」

위의 시에서 4연을 주목해 보자. 이 시의 시간적 배경은 보름 / 살이(사리) 때이다. 그러므로 시의 표면에 드러나 있지는 않지만, 아마도 달은 가장 탱탱하게 부풀고 바닷물은 가장 풍부하게 뭍을 적시고 있을 것이다. 그런 바다의 이쪽 산 너머에 소실댁이 있다. 그 소실댁은 아마도 생명의 잉태와 분만이 가능한 여성적인 에너지로 가득차 있으리라. 왜냐하면 '보름 살이 때'이기 때문이다. 원형적 의미에서 달과 물, 그리고 여성은 성숙 또는 풍요의 삼위일체이다.4) 여성의 몸은 가임성으로 인하여 한 달마다 주기적으로 혈류의 충만과 소실을 반복하는 생리적 현상을 보이며, 이는 달이 보름과 그믐을 되풀이하고 바다가 사리와 조금을 거듭하는 자연적 현상과 일치한다. 모두가 생장과 소멸의 순환 원리를 지니는 것이다. 모든 생명체의 근원인 바다와 마찬가지로, 인간 생명의 잉태자로서 여성은 인간적 모성과 자연적 순환성을 두루 보유하는 까닭에 달·바다와 더불어 창조, 성장, 영원을 상징하는 원초적 이미지가 된다.

그런데 위의 시에서 소실댁은 달의 보름 및 바다의 사리와 같이 한껏 달뜬 여성성의 충일함에도 불구하고 성적 욕구의 충족으로 가능할 수밖에 없는 여성적 에너지의 발산은 좌절되고만다. '님'이 오지 않은 까닭이다. 배설·분출의 표상인 놋요강은 님이 오면 사용되기 위하여 양잿물로 정갈하게 닦여져 있을 터이지만 툇마루에 내어놓였고, 소실댁은 충족되지 못한 욕망을 삭이는 낮잠에 든다. 그녀가 슬픈 것은 결국 님의 부재와 욕망의 좌절에 기인하며, 그녀의 슬픔은 시의 마지막에 이르면 '소금 발이 쓰려서 우는 갈매기'로 형상화되어 더욱 심화된 모습을 띤다. 즉 소실댁의 슬픔과 울음은 곧 인간의 원리가 자연의 원리와 합일되지 못한 데서 연유하는 것으로, 인간과 자연을 다같이 주관하는 생명 원리를 쫓아가지 못하는 우리 삶의 근원적인 비극을 말해 준다. 그러므로 이 시에서 '바다(물)'는

4) 멀치아 엘리아데, 『성과 속 : 종교의 본질』, 이동하 역, 학민사, 1983, p.120.

영원한 생명의 순환성을 갖는 자연 원리를 표상하는 것인 동시에 욕망의 좌절과 슬픔을 겪기 마련인 인간의 유한성을 확인시켜 주는 물상의 의미를 지니고 있다. 물의 심상이 갖는 모성, 생명성이 그러지 못한 우리의 삶을 성찰시키는 경우라고 하겠다.

고래를 기다리며
나는 장생포 바다에 있었지요
누군가 고래는 이제 돌아오지 않는다, 했지요
설혹 돌아온다고 해도 눈에는 보이지 않는다고요,
나는 서러워져서 방파제 끝에 앉아
바다만 바라보았지요
기다리는 것은 오지 않는다는 것을
알면서도 기다리고, 기다리다 지치는 게 삶이라고
알면서도 기다렸지요
고래를 기다리는 동안
해변의 젖꼭지를 빠는 파도를 보았지요
숨을 한 번 내쉴 때마다
어깨를 들썩이는 그 바다가 바로
한 마리 고래일지도 모른다고 생각했지요.

— 안도현, 「고래를 기다리며」

앞의 시와 스무 해쯤의 시간적인 거리를 두고 씌어진 위의 시는 서정주의 시가 물의 심상을 통하여 보여준 생명성의 추구 / 좌절의 구도를 변주된 형태로 나타내고 있다. '나'는 고래를 기다리고 있으나 고래는 이제 돌아오지 않는다고 하므로 서러워져 바다만 바라본다. 고래란 우리가 그리워하고 기다리는 모든 것의 상관물이므로 님(사랑), 행복 등 인간에게 있어 궁극적이고 긍정적인 가치를 지니는 어느 것이든 될 수 있다. '기다리는 것은 오지 않는다'고 하는 것을 볼 때는 고래가 현실 세계에서는 얻을 수 없는 어떠한 가치－이를테면 영원한 생명같은 것－일 가능성이 크다. 그런데 서러움 속에서 바다만 바라보다 '그 바다가 바로 한 마리 고래일지도 모른다'는 인식에 이른다. 해변의 '젖꼭지'를 빠는 파도, '숨'을 내쉴 때마다 어깨를 덜썩이는 바다의 형상이 마치 아기를 품에 안은 어머니의 모습이 아니던가. 이 시의 화자가 기다리는 고래는 곧 생명의 젖을 먹이는 바다인 것이며, 바다의 모성과 생명성이 삶의 좌절을 희망으로 바꾸어놓고 있는 것이다. 서정주 시의 경우와 상반되게 좌절／추구의 구도이다. 물론 이러한 구도적 상반성은 시인의 세상 읽기에 따르는 것이니만큼 그다지 큰 의미를 지니는 것이 아니다. 여기에서 강조되어야 할 것은 우리의 인식 속으로 들어와 삶의 성찰을 수행하는 이미지로서 바다가 존재한다는 것이며, 이와 같은 시적 인식을 가능케 하는 물의 심상이 내재시키고 있는 생명력인 것이다.

## 3. 현실의 초월 / 투영의 변주

물의 심상은 또한 인간 삶의 한계와 현실에 대한 초월적인 힘을 보유하고 있기도 하다. 물론 이 부분에서도 물이 지니고 있는 순환원리가 초월성을 드러내는 모티브가 된다. 물은 '지하－지상－공중'의 공간적 위상, '지하수－샘물(우물)·강·바다－눈·비·안개'의 형태적 위상, '얼음－차가운 물－더운 물－수증기'의 감각적 위상 등을 모두 달리하여 존재한다. 이 변화무쌍함과 자유로움이 닫힌 공간에서 열린 공간으로, 또는 낮은 곳에서 높은 곳으로 이행하는 인식론적 전환을 가능하게 한다. 개／폐, 상승／하강의 순환적 구조 속에 시인의 자아는 현재·현실이 아닌 다른 세계를 인식하는 것이다.

겨울 산을 오르면서 나는 본다,
가장 높은 것들은 추운 곳에서
얼음처럼 빛나고,
얼어붙은 폭포의 단호한 침묵.
가장 높은 정신은
추운 곳에서 살아 움직이며
허옇게 얼어터진 계곡과 계곡 사이
바위와 바위의 결빙을 노래한다.
간밤의 눈이 다 녹아버린 이른 아침,
산정은
얼음을 그대로 뒤집어쓴 채
빛을 받들고 있다.
만일 내 영혼이 천상의 누각을 꿈꾸어 왔다면
나는 신이 거주하는 저 천상의 일각을 그리워하리.
가장 높은 정신은 가장 추운 곳을 향하는 법.
저 아래 침묵하는 것은 이제부터 결빙하는 것이 아니라
침묵의 노래가 되어 침묵의 동렬에 서는 것.

— 조정권, 「산정묘지 · 1」 일부

'얼음'은 물이 그 액체성을 잃고 고체화됨으로써 가장 견고한 성질을 띠게 된 경우이다. '얼어붙은 폭포'의 얼음이 단호한 침묵으로 '가장 높은 정신'을 대변하는 것은 유동 · 변화하는 힘을 고정 · 응축시켜 더욱 밀도 높은 잠재력으로 품고 있기 때문이다. 전문이 인용되지 않은 위 시의 마지막은 "육신이란 바람에 굴러가는 헌 누더기에 지나지 않는다. / 영혼이 그 위를 지그시 누르지 않는다면."이라는 행간인 바, 이것은 '묘지'에 의하여 암시되는 것처럼 삶의 정점이 죽음일 수밖에 없는 절박한 인간사의 현실 속에서 일상은 '영혼'과의 만남이 없이는 누더기같이 무의미한 것임을 말해 준다. 시인은

'결빙' 즉 '높은 정신의 힘'을 통하여 '추운 곳'을 견뎌내고자 한다. 지극한 고통의 감내에서 얻어진 구도자적 정신이 "가장 높은 정신이 가장 추운 곳을 향한다"는 인식의 초월성을 내포하는 것이다. 따라서 그 초월성은 '바위와 바위의 결빙'과 같은 고도의 정신주의를 표방하여 견고한 '얼음'의 세계를 구현함으로써 현실의 비극과 고통을 극복하는 논리가 된다. 이처럼 위의 시는 삶의 극한적인 고통에 초월적 의지로 맞서는 높은 정신의 경지를 노래하고 있으며, 얼음으로 형상화된 물의 심상이 부박한 현실세계에 대한 초월성을 보여주고 있다.

그러나 현실이란 초월의 대상인 것만은 아니다. 현실에서 주어지는 번민, 고통, 궁핍 등 온전한 삶을 위협하는 사회 상황과 역사의 흐름에서 그다지 자유로울 수 없는 것이 우리의 운명이다. 그러한 운명을 직시할 때 우리가 취할 수 있는 또 하나의 삶의 인식은 현실과의 싸움이다. 현실의 상처를 감추거나, 상처가 곪지 않는 진공의 세계를 동경하는 것이 아니라 적극적으로 환부를 드러내어 다스리고자 하는 것이다. 김수영, 신동엽, 그리고 70년대의 소위 민중시에 의하여 탄력을 받은 이러한 현실 참여적인 시의 세계에서 물은 현실의 상처를 투영시키는 반사적 매개물이 되기도 한다.

흐르는 것이 물뿐이랴.
우리가 저와 같아서
강변에 나가 삽을 씻으며
거기 슬픔도 퍼다 버린다.
일이 끝나 저물어
스스로 깊어 가는 강을 보며
쭈그려 앉아 담배나 피우고
나는 돌아갈 뿐이다.

삽 자루에 맡긴 한 생애가
이렇게 저물고, 저물어서
샛강 바닥 썩은 물에
달이 뜨는구나.
우리가 저와 같아서
흐르는 물에 삽을 씻고
먹을 것 없는 사람들의 마을로
다시 어두워 돌아가야 한다.

— 정희성, 「저문 강에 삽을 씻고」

노동이 끝난 저녁에 삽을 씻으며 바라보는 '강'은 한 생애가 흘러가는 인생 유전과 같다. 고단한 노동의 현실과 '저무는 생애'의 인식은 슬픔과 자조적인 감정을 낳고 있으며, 그러므로 '썩은 물'이다. 이 시의 화자가 겪는 현실의 고통이 강물에 그대로 투영되어 있다. 그러나 이 시에서 주목되는 것은 '흐르는 물'이라는 점이다. 삶이란 그렇게 흐르는 것, 그런 만큼 강변에 앉아서 통곡하는 것이 아니라 담배나 피우고 돌아갈 뿐인 것, 삶의 고통은 그렇게 흘려보내는 것이다. 노동의 도구인 삽을 씻고, 생애의 슬픔을 퍼다버릴 수 있는 물은 따라서 현실의 '정화'이자 '재생'이다. 비록 그 물에 부박스런 현실의 상처가 투영되어 있지만 그 물은 흘러가는 것이므로, 우리는 내일의 삶을 다시 기다릴 수 있다. "샛강 바닥 썩은 물에 / 달이 뜨는" 것으로 하여 화자는 '사람들의 마을'로 돌아갈 수가 있는 것이다. 사람들의 마을에 먹을 것이 없고, 그런 마을에 다시 돌아가야 한다는 삶의 운명적 인식이 이 시를 나약한 소시민의 목소리가 아닌 건강한 민중의 자기 의지를 내보이게 한다. 여기에서 물은 자아와 현실의 투영이며, 그러한 존재적 투영의 과정을 통하여 새로운 삶의 모습을 희망하는 재생에의 의지를 담고 있는 것이다.

## 4. 새로운 화두, 생태학적 상상력

이상에서 우리는 몇 편의 시를 통하여 모성과 생명력, 그리고 현실에 대한 초월성과 현실 투영의 원리를 지니고 한국 현대시에 나타나고 있는 물의 심상을 확인하여 보았다. 이제 '물'의 새로운 화두를 확인할 차례로서, 80년대 이후 활발하게 시적 실천이나 이론적인 확대를 가져온 이른바 생태학적 상상력과 관계되는 물의 심상이다. 1980년 1월 독일에서 녹색당이 정치 세력으로의 결집을 가져 광범위한 대중적 기반을 얻게 된 환경 운동은 급속한 산업화로 인하여 심각한 환경 파괴가 진행됨으로써 환경 오염과 공해 유발사업, 예를 들면 원자력 발전소의 건설에 대한 반대 운동으로 부각되었다. 우리나라에서는 80년대에 들어와 이러한 문제가 본격적인 사회 운동으로 제기되었는데, 생태학적 상상력을 주창하는 '환경시' 또는 '생태시'는 이와 같은 환경 운동과 보조를 같이 하여 생태계 문제를 다루는 시의 영역, 즉 생태계 파괴에 대한 문학적 대응의 방식이다. 90년대 초에 『새들은 왜 녹색별을 떠나는가』·『이 땅에 살기 위하여』[5] 와 같은 생태시집이 발간되어 더욱 주목된 바 있는 시의 생태학적 상상력은 인간과 자연의 생존 본질인 생명성을 위협하고 파괴하는 오늘날의 현실을 고발하고, 그러한 비극을 초래시키는 물질 문명에 대한 증오감을 불러일으키고 있다.

30년 전에는
나의 어머니 같았다.
한없이

5) 고진하·이경호 편, 『새들은 왜 녹색별을 떠나는가』, 다산글방, 1991; 한국영상문학연구회 편, 『이 땅에 살기 위하여』, 우아당, 1991.

내 친구의 어머니 같았다.
(…중략…)
그러나 이제
공장은 어머니를 죽여 버렸다
여기
해와 달이여
그대 맞이할 어머니 없다
어머니 없으니
아무리 긴 잠 자도 꿈이 없다

— 고은, 「영일만 · 1」 일부

또 봄이 와서 강둑에 풀이 짙었네
산은 거기 머리를 풀고
합성세제 거품 사이로 작은 물고기는
입을 벌렸네 무언가 뜨거운 것이
무심한 잎새들 사이를 스쳐갔네 머리끝
발끝에도 증오 같은 것이 느껴졌네
산은 거기 잠겨 머리를 풀고
도시엔 그을음 같은 연기가 올랐네

또 봄이 와서 강둑에 풀이 짙었네

— 이성복, 「강 · 3」

위의 시들에서 우리는 더 이상 원형적 의미의 모성을 지니는 어머니로서의 바다, 삶을 재생시키는 강의 의미를 발견할 수 없다. 해, 달과 같이 자연의 원리를 구현하여 인간의 생명성을 확충시켜 주는 바다를 공장이 죽여버린 까닭에 우리에게는 꿈이 없다. 대지의 어머니를 상실한 것이다. 또한 우리의 생태계는 봄이 오면 강둑에 풀이 짙어지는 원초적 자연의 모습을 지녀야만 마땅할 것이나 현실에 있어서는 도시의 그을음이 풀빛을 죽이고 물고기가 합성 세제 거품을 먹고 있다. 이 글에서 누차 강조되었듯이 인간 삶의 본원적인 양태는 사계절의 순환과 같은 자연의 원리에 합치되는 것이어야 한다. 그러나 인간의 물질적 욕망을 충족시키기 위하여 생산과 소비를 무한대로 확대하고 있는 우리 시대는 "또 봄이 와서 강둑에 풀이 짙었"으나 이미 생명성을 상실한 봄의 계절일 뿐이다. '물'은 증오와 죽음으로 가득차 있다. 이쯤에서 물의 심상은 환경문제의 심각성을 고발하는 논리로서, 물질 문명을 향한 인간의 탐욕성과 또 그것을 충족시켜 주는 자본주의 사회의 불합리성을 드러내는 시적 인식의 형상화에 이르고 있음을 알게 된다.

우리는 이미 물이 신화나 상징이 아닌 시대에 살고 있다. 그러므로 생태학적 상상력을 지니는 물의 심상이 더욱 미적으로 승화될 뿐만 아니라 더욱 진정하게 인간의 물질적 욕망을 고발하는 용기를 지켜나감으로써 우리의 생태계와 인간의 생명성을 보존하는 삶의 전망을 보여주기를 기대한다. 그것이 현대시에 있어서 '물'의 새로운 화두이다.

# 불화의 시대, 긴장된 현실 인식의 시
— 70년대 시인들

## 1. 왜 70년대 시인가?

70년대 시인들의 시를 되돌아보는 것은 다음과 같은 비평적 관심을 충족시켜 준다는 점에서 의미있는 작업이 될 것이다. 이를테면 한국 시사에서 70년대는 다른 어떠한 시대보다도 다각적으로 시의 대(對)사회적인 응전력을 보여주고 있다. 좀더 구체적으로 말하자면, 70년대 시는 급격한 산업화와 도시화의 과정에서 상처받은 노동자 · 농민의 삶의 문제, 도덕성과 사회 규범의 혼란, 생활 양식의 물질화, 그리고 이러한 문제점들의 근원이라고 할 수 있는 인간성의 훼손과 소외의 문제에 대하여 문학적인 대응을 고민하고 또 실천하고 있다. 또한 유신 체제의 억압적인 정치 구조와 인권 유린의 군사독재에 대한 저항의 목소리를 갖추고도 있다. 따라서 우리는 70년대 시의 대사회적인 응전력의 양태를 눈여겨 봄으로써 당대의 역사와 사회 현실을 감싸안는 사회적 상상력으로서의 시의 역할을 확인할 수 있게 된다.

그리고 70년대 시에서 확인할 수 있는 그와 같은 사회적 상상력이 지금에 와서 아주 절실하게 그리워지고 있다는 사실도 심정적으로는 매우 의미가 깊다. 이즈음 우리 사회의 전반적인 분위기는 문학적 담론으로는 제어하기 힘든 방향으로 몰려나가고 있다. 특히 문화의 흐름을 이끌어 가는 매스미디어의 구조가 너무 대중화의 논리로 가속화되고, 그나마 상업성과 세대 논리에 휘둘려서 도무지 문학의 설 자리가 어색하고 불편하다는 느낌을 버릴 수가 없다. 이런 사정을 감안할 때 70년대 시의 저 도발적인 행간들, 삶의 처연함과 사회의 폭력성에 맞서며 인간 존재의 내밀한 목소리를 증폭하여 분출시키던 그 언어들이 다시 우리를 긴장시켜 주기를 기대하게 되는 것이다.

이와 아울러, 70년대 시가 우리 시사의 연속성에 놓여 있음과 마찬가지로 70년대 시인들도 역시 현재형의 시인이라는 점도 강조되어야 하겠다. 즉 이미 중진이 되어 우리 시사의 큰 부분을 담아내고 있는 시인들의 원형질이 그들의 70년대 시에 고스란히 드러나고 있고, 이를 통하여 우리는 비로소 그들의 시적 성취와 시사적 의미를 이야기할 수 있다는 점이다.

그런데 70년대 시인들의 시를 읽는 것은 위에서 이야기한 것과 같이 의미있는 일이기는 하지만 한편으로는 우울하고 더 나아가서는 고통스럽기까지 한 일이 되기도 한다. 왜냐하면 전태일의 분신자살과 유신헌법으로 상징되는 70년대의 사회적 모순과 정치적 억압의 현실, 조세희의 '난장이'로 표상되었던 불구적인 삶의 행태들이 아직도 우리에게 어두운 그늘을 드리우고 있기 때문이다. 시차로 따지자면 이미 한 세대간을 거쳐가고 있는 오늘에도 사회나 정치는 물론이고 우리의 삶의 모습은 70년대에서 멀리 벗어나지를 못하고 있다. 굳이 그 차이를 표현해 보면, 70년대식의 삶이 거친 낫질에 훼손되고 있었다면 우리 시대의 삶은 정교한 면도날에 의하여 섬세하게 상처받고 있다는 정도가 될까.

그러므로 70년대 시인들의 시를 읽으며 우리가 확인해야 할 사실은 70년대 시의 사회적 상상력과 시적 성취를 지금껏 얼마나 발전적으로 계승시켜 왔는가 하는 것이다. 혹자는 말하기를 그것은 이미 시효가 만료되어 폐기 처분된 이념일 뿐이라고 할지도 모른다. 그러나 그러한 이념들이 폐기 처분되어도 괜찮을 만큼 우리가 충분히 행복한가를 자문해 본다면 그렇지가 않다. 분명 오늘의 우리는, 특히 시인은, 충분히 행복하지를 못하다. 이쯤에서 우리는 비록 고통스럽다고 할지라도 70년대 시인들의 시를 다시 읽고 제대로 논의해야 하는 이유를 얻게 된다.

## 2. 시대와의 불화, 삶의 변두리화

새삼스러운 이야기가 되겠지만, 70년대 시가 보여주었던 사회 현실에 대한 응전력의 확보는 시대적인 현실과의 불화를 인식하고 그러한 불화로 인한 모순을 극복하고자 하는 70년대 시인들의 시의식에 기인한다. 경제 개발 계획으로 인한 산업화와 도시화, 그리고 유신 체제하에 주눅들린 민주화의 의지가 사회 곳곳에서 갈등을 불러오고 있는 70년대 사회의 물질만능주의와 권위주의적인 정치 지배의 와중에서 70년대 시인들은 우리 삶의 온전성을 위협하는 부조리하고 불합리한 시대적 요인들에 대하여 고뇌할 수밖에 없었으며, 70년대 시는 그와 같은 현실과의 불화에 있어서의 대립과 극복의 기록인 셈이다.

그 기록의 한 장면으로서 일군의 시인들은 목청 높여 산업화의 뒷전으로 밀려난 농민과 노동자의 고통스런 현실을 고발하기도 했고, 다른 한편에서는 그렇게 고통스러운 삶을 살 수밖에 없는 인간 존재의 심연으로 내려가 자폐적인 자아 성찰의 시를 생산하기도 했다. 또 현실을 벗어나고자 하는 하나의 방편으로 언어와 시적 기법의 실험을 통하여 의미의 무화(無化), 현실의 진공 상태를 의도하는 시의 방법론을 구사하기도 했다. 그러나 어떻든 그와 같은 시적 방법론은 시대와의 불화에 대한 70년대 시인들의 대응 논리라는 점으로 귀결된다. 즉 70년대 시의 존재태는 70년대 시인들의 현실 의식의 변용태이다.

그렇다면 구체적으로 70년대 시가 마주쳐야 했던 불화의 근원은 무엇이었던가. 그것은 사회 변동과 의식 변동으로 인한 삶의 '변두리화'이다. 사회학의 견해에 따르자면,[6] 산업 사회의 두드러진 특징은 기술의 발전과 이에 따른 급격한 사회 변동이다. 분업화와 전문화, 도시화와 세속화, 그리고 지리적·사회적 이동 등과 같은 사회 변동으로 말미암아 전통적 사회 구조가 와해되면 지금까지 경험하지 못한 심리학적·사회학적 문제가 생겨나게 되는데, 이러한 산업 사회의 특징을 고스란히 보여주는 70년대는 산업 기술이 발달되고 재화의 대량 생산이 이루어져 물질적 편의를 창조하는 능력은 크게 신장되었으나 정신적 안락을 유지하는 능력은 오히려 위축된 시대라는 데 문제의 심각성이 있다는 것이다.

물질의 팽창력에 비하여 점차 훼손되어 나약해지고 있는 삶의 양상은 결국 삶에 대한 자신감의 상실을 낳게 된다. 현재의 삶이 제대로의 삶이 아니라는 자조적 인식, 그렇기 때문에 일상이란 그저 견뎌내야 하는 고행이며 삶의 진정한 의미를 얻지 못하는 상태가 바로 변두리화된 삶의 모습이다.

---

6) 박승위, 『현대사회와 인간소외 : 한국인의 소외의식』, 영남대학교 출판부, 1996, p.11 참조.

용산역전 늦은 밤거리
내 팔을 끌다 화들짝 손을 놓고 사라진 여인
운동회 때마다 동네 대항 릴레이에서 늘 일등을 하여 밥솥을 타던
정님이 누나가 아닐는지 몰라
(…중략…)
목화를 따고 물레를 잣고
여름밤이 오면 하얀 무릎 위에
정성껏 삼을 삼더니
동지 섣달 긴긴밤 베틀에 고개 숙여
달그당잘그당 무명을 잘도 짜더니
왜 바람처럼 가버렸는지 몰라
빈 정지 문 열면 서글서글한 눈망울로
이내 달려나올 것만 같더니
한번 가 왜 다시 오지 않았는지 몰라
식모 산다는 소문도 들렸고
방직공장에 취직했다는 말도 들렸고
영등포 색싯집에서 누나를 보았다는 사람도 있었지만
어머니는 끝내 대답이 없었다
용산역전 밤 열한시 반
통금에 쫓기던 내 팔 붙잡다
날랜 발, 밤거리로 사라진 여인

— 이시영, 「정님이」

유신 정권의 도그마적인 경제 논리가 농민과 노동자로 하여금 물질적 쾌락을 좇는 부나비로 몰아갔음을 우리는 익히 알고 있다. 그러나 변변한 장사 밑천이나 믿을 만한 기술도 없는 그들이 찾아든 도시나 산업 현장이 녹녹할 리가 없다. 그들은 어쩔 수 없이 생활고에 찌들리는 변두리 인생으로 내몰리게 되는 것이다. 이러한 70년대

사회의 반민중적 국면을 우리는 위의 시에서 확인할 수 있다.

이 시는 고향/타향의 대립적인 구도 속에서 타향에서의 삶의 신산함과 현실의 궁핍함을 극적으로 그려낸다. “운동회 때마다 동네 대항 릴레이에서 늘 일등을 하여 밥솥을 타던” 일상의 모습이나 이 시의 화자에게 나타내는 친화의 장면들은 고향에서의 정님이 누나의 삶이 주어진 바의 온전성을 유지하고 있음을 보여준다. “동지섣달 긴긴밤 베틀에 고개 숙여/달그당잘그당 무명을 잘도 짜더니”라고 하는 행간에서는 정님이 누나의 삶에 대한 진지성마저 느껴지기도 한다. 그러나 타향에서의 정님이 누나는 식모로 산다거나 방직공장에 취직했다거나 영등포 색싯집에 있다거나 하는 소문 속에서 결코 제대로의 삶을 유지하고 있지 않다. 그리고 마침내는 용산역전에서 화자의 팔을 붙잡는 거리의 여인으로 전락해 버린 정님이 누나의 실상은 70년대식의 삶이 지녔던 현실과의 불화를 뚜렷하게 드러낸다.

이렇듯 정님이 누나를 행복한 고향에서 불행한 타향으로 내몰아 변두리 인생으로 전락시킨 현실에 대하여 이 시의 화자는 “왜 바람처럼 가버렸는지 몰라”라고 묻고 있지만, 우리는 누구나 그것이 70년대의 물질만능주의가 빚어낸 훼손된 삶의 모습임을 알고 있다. 70년대의 산업화가 농촌의 파괴, 농민의 희생으로 얻어낸 값비싼 대가이며, 따라서 산업화에 따른 이득을 농촌과 농민에 되돌려졌어야 마땅하다. 그러나 우리의 현실은 그렇지 않았다. 농민에서 도시 노동자로 변한 삶의 과정에서 존엄성은 더욱 상처받았으며 궁핍함조차도 여전했다. 따라서 실제 생활이 외진 변두리에서의 일상이었듯이 삶을 대하는 의식조차도 변두리 의식에 젖어 삶의 본원적인 모습에 다가서지 못하게 되는 것이다.

이러한 경제 논리에 의한 삶의 변두리화와 더불어 정치 논리에 의한 삶의 변두리화 역시 70년대 시에서 주목해야 하는 부분이다.

4 · 19가 나던 해 세밑
우리는 오후 다섯 시에 만나
반갑게 악수를 나누고
불도 없이 차가운 방에 앉아
하얀 입김 뿜으며
열띤 토론을 벌였다
어리석게도 우리는 무엇인가를
정치와는 전혀 관계 없는 무엇인가를
위해서 살리라 믿었던 것이다
(…중략…)
그로부터 18년 오랜만에
우리는 모두 무엇인가 되어
혁명이 두려운 기성 세대가 되어
넥타이를 매고 다시 모였다
회비를 만 원씩 걷고
처자식들의 안부를 나누고
월급이 얼마인가 서로 물었다
치솟는 물가를 걱정하며
즐겁게 세상을 개탄하고
익숙하게 목소리를 낮추어
떠도는 이야기를 주고받았다
모두가 살기 위해 살고 있었다
아무도 이젠 노래를 부르지 않았다
(…중략…)
부끄럽지 않은가
부끄럽지 않은가
바람의 속삭임 귓전으로 흘리며

우리는 짐짓 중년기의 건강을 이야기했고
또 한 발짝 깊숙이 늪으로 발을 옮겼다

— 김광규, 「희미한 옛사랑의 그림자」

이시영의 시가 고향/타향의 공간적인 대립으로써 현실과의 불화를 시화하는 데 비하여 김광규의 시는 '4·19가 나던 해 세밑'과 '그로부터 18년'이라고 하는 과거/현재의 시간적인 대립을 보여준다. 과거의 우리는 "불도 없이 차가운 방에 앉아/하얀 입김 뿜으며/열띤 토론"을 벌이는 삶의 열정을 보였다. 그리고 위에 인용되지는 않았지만 "아무도 귀기울이지 않는 노래를/누구도 흉내낼 수 없는 노래를/저마다 목청껏 불렀다"고 하는 시행에서 확인되듯 과거의 우리는 주체 의지를 지니고 스스로 삶의 중심부에 서있었다. 그러나 "혁명이 두려운 기성세대"가 되어 월급과 물가를 이야기하는 현재의 우리는 소시민성에 젖어 있으며 일상의 영위를 "또 한 발짝 깊숙이 늪으로 발을 옮겼다"고 느끼듯이 자신을 삶의 주변부로 밀려나 있는 것으로 인식한다.

이와 같이 현재의 우리를 이처럼 주눅들게 한 것은 물론 '정치'이다. "정치와는 전혀 관계없는 무엇인가를/위해서 살리라 믿었던 것"이 어리석었다고 하는 것은 곧 정치에 의해 억압당하고 있는 현실의 고백인 것이다. 70년대 정치의 본질이 유신 시대의 억압성에 놓여짐은 앞에서 잠깐 말했지만, 좀더 이해를 넓히기 위하여 다음의 인용문을 들어보자.

유신시대의 지배자들은 이 시대가 지속된 기간 내내 실로 엄청난 인권유린을 자행하고, 언론의 자유를 철저하게 탄압하였다. 이 체제의 기본성격이 군부를 중심으로 하는 관료적 권위주의의 강화된 형태라는 사실, 이 체제의 담당자들이 물질적인 부를 절대시하고 정신적 요소는 백안시하는 가치관을 신봉하고 있었다는 사실, 날로 증대하는 빈곤층의 반발과 지식인들의 비판이 그들에게는 상당한 압박으로 다가왔다는 사실－이 세 가지가 서로 결합하여, 이 시대를 극심한 인권유린과 언론탄압의 연대로 만들어 버린 것이다.7)

유신 정권이 물질적인 부를 절대시하는 이면에 정치 체제의 독재성이 연결되어 있음을 확인하기는 어렵지 않다. 70년대는 체제 유지를 위하여 '물신 숭배'라고 하는 달콤함 신앙이 받들어져야만 했고 그 이외의 다른 가치관들은 유보되거나 폐기되어야만 했다. 그리고 당연하게도 인간의 본원적인 욕망과 자유 의지 역시 제한받고 있었다. 이러한 70년대의 권위주의적인 정치는 권력의 폭력에 따르는 부조리한 현실과 정치 논리에 희생당하는 삶의 양태를 낳게 되고, 시인의 예각적인 의식 속에서 그와 같은 정치 현실의 비인간성은 결국 시대와의 불화에 이르게끔 한다. 김광규의 시가 그려내고 있는 소시민적인 모습들에서 우리는 현실과 조화되지 못하는 삶의 애처로운 영상을 떠올리게 되는데, 그와 같은 영상으로 살아가는 인생이란 '늪으로 끌려 들어가는' 변두리 의식에 젖어 있게 마련인 것이다.

## 3. 민중적 시선의 시

이상에서 70년대 시인들의 의식 세계는 변두리화된 삶의 모습에 대한 확인을 통하여 시대와의 불화를 인식하고 있었으며, 그러한 불화의 원인이 70년대 사회를 달구었던 경제 논리 및 정치 논리에 개재된 비인간성임을 보아 왔다. 지금부터는 그러한 시대와의 불화를 70년대 시인들은 어떠한 방법으로 극복하고 있는가를 살펴보아야

7) 이동하, 「유신시대의 소설과 비판적 지성」, 문학사와 비평 연구회 편, 『1970년대 문학연구』, 예하, 1994, p.19.

할 차례이다. 이것은 물론 70년대 시를 개괄하는 성격을 지니게 될 것이고, 이러한 성격의 글은 이미 여러 평자들에 의하여 씌어진 바 있다.[8] 따라서 이 글에서는 그 개괄적인 성격을 달리하여 70년대 시인들의 의식 세계의 측면에서 접근하는 방법을 모색해 보고자 한다.

발생론적 구조주의는 인간의 행동을 어떤 특정한 상황하에서 의미 있는 대답을 하려는 시도이며 이러한 행동은 행동하는 주체와, 주체가 관계하는 객체 즉 주변 세계 간의 균형에 이르고자 하는 노력으로 보고 있다.[9] 이 견해에 따르면 70년대의 시는 70년대를 살아가는 한 주체로서의 시인이 객체인 70년대의 사회 및 정치 구조와 균형을 이루고자 하는 '의미 있는 대답'이다. 그러므로 이러한 의미 있는 대답으로서의 기능성에 주목할 때 70년대 시의 제 양상은 당대 사회를 증거하는 것이며, 그런 까닭에 우리가 70년대 삶의 현실과 이상을 인식하고자 할 때는 그 의식의 심층에 접근해야 할 필요성을 느끼게 되는 것이다.

누구나가 공감하는 사실이지만 70년대는 이른바 민중시의 시대였다. 김지하 · 신경림 · 고은 · 정희성 · 조태일 · 이성부 · 이시영 등의 시인들에 의하여 주도된 민중시는 사회 구조의 모순으로 고통받는 민중의 생활상과 감정의 진폭을 사실적으로 시화하여 우리 시사에 '민중의 자각'이라고 하는 명제를 확립하고 있다. 민중시의 격앙된 어조와 도전적인 언어 표현이 부조리한 사회의 면면을 건드려 나갔

---

8) 대표적인 몇 가지만을 들어보면 다음과 같다.
김 현, 「산업화 시대의 시」, 『문학과 유토피아』, 문학과지성사, 1980, pp.107-117.
조남현, 「70년대 시단의 흐름」, 『현대시』 1집, 문학세계사, 1984, pp.116-133.
이동하, 「70년대 시와 현실의식」, 위의 책, pp.159-181.
이승훈, 「70년대의 한국시」, 감태준 외, 『한국현대문학사』, 현대문학, 1989, pp.362-378.

9) Peter V. Zima, *Literarische Asthetik*, 허창운 역, 『문예미학』, 을유문화사, 1993, p.109 참조.

음은 70년대 시의 소중한 몫으로 남겨져야 마땅할 것인데, 이에 부가하여 민중시는 70년대 시에 있어서 사회학적 미학에 대한 천착을 가능케 했다는 점도 강조되어야 하겠다.

다시 말하면 민중시는 그 사회성의 과잉으로 인하여 문학성의 결핍을 지적받아야 했으며 그 과정에서 70년대 시인들에게 사회 현실의 문학적 수용이라는 과제를 안겨 고민하게 했다는 점이다. 정희성의 「저문 강에 삽을 씻고」와 같은 시가 획득하고 있는 질서화된 민중성은 그러한 고민의 한 결과로 보여지는데 70년대 시인들에게서 드러나는 사회학적 미학의 양상은 다음의 시들에서도 확인할 수 있다.

기차가 멎고 눈이 내렸다 그래 어둠 속에서
번쩍이는 신호등
불이 켜지자 기차는 서둘러 다시 떠나고
내 급한 생각으로는 대체로 우리들도 어디론가
가고 있는 중이리라 혹은 떨어져 남게 되더라도
저렇게 내리면서 녹는 춘삼월 눈에 파묻혀 흐려지면서
(…중략…)
더러운 그리움이여 무엇이
우리가 녹은 눈물이 된 뒤에도 등을 밀어
캄캄한 어둠 속으로 흘러가게 하느냐
바라보면 저다지 웅크린 집들조차 여기서는
공중에 뜬 신기루 같은 것을
발 밑에서는 메마른 풀들이 서걱여 모래 소리를 낸다

그리고 덜미에 부딪쳐와 끼얹는 바람
첩첩 수렁 너머의 세상은 알 수도 없지만
아무것도 더 이상 알 필요도 없으리라
안으로 굽혀지는 마음 병든 몸뚱이들도 닳아

맨살로 끌려가는 진창길 이제 벗어날 수 없어도
나는 나 혼자만의 외로운 시간을 지나
떠나야 되돌아올 새벽을 죄다 건너가면서

— 김명인, 「동두천 · 1」

이 시에서 소중한 부분은 '어둠'의 인식이다. 여기에서 어둠은 물론 김명인이 보여준 저간의 시적 정황을 미루어 볼 때 소외되고 고통받는 삶의 현실이 되겠지만, 더불어 이 시에서의 어둠은 허무적 현실 인식을 통하여 현실의 고통을 무화하는 삶의 논리를 숨겨두고 있는 어둠이다. 우리의 삶이란 "대체로 우리들도 어디론가 가고 있는 중"이거나 "혹은 떨어져 남게 되더라도 / 저렇게 내리면서 녹는 춘삼월 눈"처럼 부유하는 것으로서 절망적이기 십상이다. 그러나 이 시가 동두천의 혼혈아들을 통하여 현실의 신산함을 인식하고 그에 대한 정서적 반응을 시화하고 있는 점을 생각한다면 그러한 부유성이란 굳이 절망적일 이유가 없다. 혼혈아들에 있어서는 이 땅에서 살아남는 것이나 미국으로 떠나가는 것이나 모두 마찬가지로 절망적인 현실이 되는 것이므로, 그러한 상황에서는 오히려 절망을 무화하는 삶의 논리가 더욱 절실해진다. 즉 "아무것도 더 이상 알 필요도 없으리라"는 허무적 의식과 함께 막연히 "떠나야 되돌아올 새벽"이 있음을 상정하는 것이다.

이처럼 이 시는 '새벽'에 대한 기다림으로써 고통스런 현실을 위로받고자 하는 민중의 소박한 정서가 구체성을 띠고 깃들어 있음과 아울러 그리움의 정서나 허무 의식으로 환원되는 현실 인식을 보인다는 점에서 다른 시들과 구분된다. 물론 이러한 현실 인식은 패배의식으로 오해될 수도 있다. 그러나 현실의 고통에 대하여 성급하게 달겨들거나 굴복하지 않고 긴장된 모습으로 현실을 들여다보고, 또 구체적인 체험에서 우러나는 섬세한 언어 표현의 미덕을 지님으로써 이 시는 완성도를 얻고 있는 것이다.

나는 이제 너에게도 슬픔을 주겠다.
사랑보다 소중한 슬픔을 주겠다.
겨울밤 거리에서 귤 몇 개 놓고
살아온 추위와 떨고 있는 할머니에게
귤값을 깎으면서 기뻐하던 너를 위하여
나의 슬픔의 평등한 얼굴을 보여주겠다.
내가 어둠 속에서 너를 부를 때
단 한 번도 평등하게 웃어주질 않은
가마니에 덮인 동사자가 다시 얼어죽을 때
가마니 한 장조차 덮어주지 않은
무관심한 너의 사랑을 위해
흘릴 줄 모르는 너의 눈물을 위해
나도 이제 너에게도 기다림을 주겠다.
이 세상에 내리던 함박눈을 멈추겠다.
보리밭에 내리던 봄눈들을 데리고
추워 떠는 사람들의 슬픔에게 다녀와서
눈 그친 눈길을 너와 함께 걷겠다.
슬픔의 힘에 대한 이야길 하며
기다림의 슬픔까지 걸어가겠다.

— 정호승, 「슬픔이 기쁨에게」

정호승의 시는 흔히 '슬픔'에 대한 사색이라는 점이 지적되고 있다. 그러나 그의 슬픔은 전통적인 한의 정조나 개인적 정서의 표출에서 기인하는 슬픔이 아니라 시대의 아픔과 소외된 삶의 고통을 감싸는 슬픔이라는 점에 무게가 얹힌다. 위의 시는 정호승 시의 시원

(始原)이 엿보이는 작품으로서 시대와의 불화를 극복하는 '서정의 힘'을 드러낸다. 사랑보다 슬픔이 소중하다는 인식, "슬픔의 평등한 얼굴"과 "슬픔의 힘"을 이야기하는 반어적 표현 속에 이 시는 가난하고 버림받은 사람들에 대한 인간애를 환기시킨다. 추위에 떨고 있는 할머니나 가마니에 덮인 동사자의 현실은 슬픔 자체이므로 슬픔과 평등한 얼굴이 되어야 고통스런 현실을 함께 나눌 수가 있다는 것이다.

위의 시에서 "추워 떠는 사람들의 슬픔에게 다녀와서 / 눈 그친 눈길을 너와 함께 걷겠다"고 하는 표현은 고통스런 현실에 동행하는 시인의 가열된 현실 인식을 드러내는 것이지만, 그것은 요란스러운 것이 아니라 눈 그친 눈길처럼 차분하게 가라앉은 비애와 서정성을 지닌다. 정호승의 다른 작품인 「슬픔으로 가는 길」에서 "내 진실로 슬픔을 사랑하는 사람으로 / 슬픔으로 가는 저녁 들길에 섰다"라는 표현에서도 확인할 수 있듯이 이 시인은 냉혹한 현실을 눈 그친 눈길, 저녁 들길 같은 서정적 장면 속에 끌어들인다. 이것은 고통스런 현실의 국면을 친근감 있는 일상의 서정적 정조로 다스리는 정호승 시의 방법론에 다름 아니다.

따라서 우리는 김명인의 시가 개인의 구체적인 경험을 현장감 있게 시화하고 있으며 정호승의 경우는 낯익은 풍경 속에 보편적인 정서와 추상적인 관념을 주입하고 있다고 하는 차이에도 불구하고 두 시인에게서 동일하게 사회학적 미학에 대한 배려를 보게 된다. 비극적인 현실을 바라보는 긴장된 시선, 그 현실을 정서화 하는 언어와 감정의 조직, 그리고 현실을 극복해내는 시적 방법론의 모색을 두 시인은 갖추고 있다. 이런 점이 70년대 시에 있어서 두 시인의 작품이 거듭 주목되는 이유가 될 것이다.

## 4. 일상적 시선의 시

김명인과 정호승에게서 시대와의 불화에 맞서는 '민중적 시선'의 시를 읽을 수 있었다면, 70년대 시는 또한 산업화의 그늘에 가려진 우리들의 일상적인 삶의 모습에도 시선을 모으고 있다. 그러나 미리 지적되어야 할 것은, 일상의 묘사가 단순한 신변잡기의 관념으로 끝나는 것이 아니라 시대와의 관련상에서 자아와 세계간의 긴장된 관계를 유지하는 그런 유형의 '일상적 시선'의 시가 70년대 시의 한 주류를 이루고 있는 것이다. 따라서 이 계열의 시는 비록 현실에 대한 정면 도전의 언사나 직접적인 현실 묘파를 보이지는 않지만 현실 생활의 다양한 국면에서 발견되는 사색의 결을 통하여 현실에 대한 시인의 대사회적 논리를 읽게 한다.

조남현은 70년대 시를 논의하는 가운데 김수영, 김춘수와 함께 당대 시의 한 원형질적 존재로 박목월을 상정하고 이 계열의 시를 '일상의식을 바탕으로 한 서정주의'라고 한 바 있다. 그에 따르면, 물질주의 풍조를 부정하고 고향상실의 감정을 강조하는 가운데 도시적인 삶의 밑바닥을 응시해야 하고 또 모든 삶과 존재들이 안고 있는 불안의식을 환기하는 것이 이 계열의 현대시에 대한 관념이 되고 있다.[10) 따라서 아마도 이런 시들은 우리 현대시의 보수성을 지켜오고 있는 시들로 인정될 것인데 여기에 더하여 시대 현실에 대한 추상적・상징적 인식이라고 하는 항목도 추가될 수 있을 것이다.

당신이 저녁나절  
광진교를 건너보면 안다.  
흐린 하늘을 보면

10) 조남현, 앞의 글, p.128 참조.

왜 사람들이 분홍빛으로 아름답게
죽기 원하는지.
한 달 분의 물과 일용의 식량만으로
우리가 나부끼는
이 청빈한 자유와
바람과 빛나는 허식.
지나가다 머문 바람이 아닌
단순한 죽음 따위가 아닌
이 감옥 같은 대낮에
왜 우리는 풀뿌리처럼 모질게 사는지
당신이 저녁나절
광진교를 건너보면 안다.
왜 유독 사나운 바람만
이 들판에 모이는지.

— 김용범, 「명일동에서 쓴 시」

이 시에서 환기되는 것은 삶과 죽음이 교직되는 일상의 긴장된 국면이다. 광진교를 건너가는 한 일상의 체험 속에서 "왜 사람들이 분홍빛으로 아름답게 / 죽기 원하는지"라고 하는 죽음에의 사념과 "이 감옥 같은 대낮에 / 왜 우리는 풀뿌리처럼 사는지" 하는 삶에의 사념을 동시에 갖는 시적 구조는 결말에 이르러 "왜 유독 사나운 바람만 / 이 들판에 모이는지"라는 인식에 이르러 '들판'에 응축되는 일상적인 현실의 긴장감을 드러낸다. 이 시에 따르면 우리는 우리를 풀뿌리처럼 살게 하는 현실의 진면목을 "광진교를 건너보면 안다." 여기에서 광진교는 시인의 살고 있는 일상의 지점으로서 자연적 현실인 흐린 하늘과 사나운 바람에의 인식을 확대하여 삶과 죽음의 사념을 이끌어내는 시적 상상력의 공간이다. 이와 같이 일상의 한 국면을 통하여 모진 현실 속에서 살아가는 시인의 인식 세계를 대입하는 방법론은 그것이 고통스런 현실에 대한 직접적인 발언은 아닐지라도 충분히 현실에 대한 시적 인식을 낳고 있다.

김용범의 시가 보여주는 이러한 양상을 우리는 일상의 경험을 통한 추상적 현실 인식이라고 정리할 수 있겠는데, 강현국의 다음과 같은 시에서도 그와 같은 추상적 현실 인식의 일단을 본다.

> 면도를 하고 나니
> 그대 얼굴이 깨끗하도다.
> 깨끗한 얼굴로는
> 이 밤의 추위를 껴안을 수 없으리.
>
> 자고 남은 시간에 할 일도 없이
> 등이 가렵다.
> 팔을 꺾고 등을 굽혀
> 아무리 구겨져도
> 가려운 그곳은 닿지 않는다.
> 어깨를 발바닥을
> 긁으면 긁을수록 확실한 가려움,
> 이 가려움의 정체는 무엇인가
> 내 손이 닿지 않는 가려움 하나가 .
> 움츠린 것들의 가려움을 일깨우고
> 자고 남은 시간을 난처하게 만든다.
>
> — 강현국, 「내 손이 닿지 않는 가려움 하나가」 일부

위의 시에서 우선 논의되어야 할 것은 "긁으면 긁을수록 확실한 가려움"의 정체이다. 물론 그 가려움에 대한 진실은 시인만이 알고 있는 것일 터이지만, 70년대 시인들이 겪어야 했던 시대와의 불화

의식에서 이 시인을 예외로 하지 않는다면 우리는 가려움을 현실 인식의 한 단면으로 인정해도 무리가 없을 것이다.

가령 "깨끗한 얼굴로는 / 이 밤의 추위를 껴안을 수 없으리"라고 하는 표현이 전제되어 있음을 보자. 위에 인용되지는 않았지만 이 시의 3연에서 "털의 야성도 밀리고, 한결같이 / 발굽마저 뽑혀 정결하게 보인다 / 푸줏간 앞을 지나노라니 / 천리 자갈밭이 치근거린다 / 현장 뒤에 숨어 있는 가려움은 무엇인가"라는 시행을 읽게 된다. 그런데 '현장'이란 단어가 암시하듯 이 표현에서는 아무래도 현실의 현장에서 벗어나 있는 주변인의 자책 또는 부끄러움의 목소리가 느껴진다. 따라서 털의 야성과 발굽마저 뽑혀 정갈해진 푸줏간의 이미지는 일상에 순응된 지신인의 나약한 모습일 것이다. 그러므로 "움츠린 것들의 가려움"을 일깨우는 화자의 행위는 필시 현실에의 적극성을 촉구하는 자기 인식의 과정이라 하겠다.

김용범이나 강현국과는 목소리를 달리하지만 이쯤에서 이하석의 생태시적 성격도 읽고 가야 하겠다. 이하석의 경우는 현실의 비극적 측면이 산업화에 따른 자연 환경의 훼손에도 기인하고 있음을 지적한다. 우리의 행복한 일상이란 자연과의 교감에서 얻는 안락감에 근원을 두기 마련인데 70년대의 산업화는 인공적 힘으로써 그와 같은 안락한 일상의 파괴를 가져오고 있다.

> 폐차장 뒷길, 석양은 내던져진 유리 조각
> 속에서 부서지고, 풀들은 유리를 통해 살기를 느낀다.
> 밤이 오고 공기 중에 떠도는 물방울들
> 차가운 쇠 표면에 엉겨 반짝인다,
> 어둠 속으로 투명한 속을 열어놓으며.
> 일부는 제 무게에 못 이겨 흘러내리고
> 흙 속에 스며들어 풀뿌리에 닿는다,

붉은 녹과 함께 홍건한 녹물이 되어.
일부는 어둠 속으로 증발해버린다.
땅속에 깃들인 쇳조각들 풀뿌리의 길을 막고,
어느덧 풀뿌리에 엉켜 혼곤해진다.
신문지 위 몇 개의 사건들을 덮는 풀. 쇠의 곁을 돌아서
아늑하게, 차차 완강하게 쇠를 잠재우며
풀들은 또 다른 이슬의 반짝임 쪽으로 뻗어나간다.

— 이하석, 「뒷쪽 풍경 · 1」

산업화와 도시 문명으로 인하여 파괴되고 있는 자연과 삶의 환경을 묘사하고 고발하는 동시에 그 속에서 점차 훼손되어가는 우리의 삶의 모습을 희화적으로 드러내는 것이 이 시의 구조이다. 일상에서 흔히 만나게 되는 쇠, 녹, 유리, 비닐, 석유 등의 용어로 표징되는 산업 사회의 오염원에 의하여 '쇳조각'들이 '풀뿌리의 길'을 막는 자연 파괴의 심각성은 우리의 온전한 일상을 위협한다. "풀들이 유리를 통해 살기를 느낀다"는 고백에 이르면 물화(物化)된 70년대 삶의 비극성이 섬뜩하게 다가오는 것이다. 공장 폐수, 산업 쓰레기, 농약, 매연 등의 공해들이 우리 자연의 온전성을 파괴함은 물론 우리 삶의 온전성마저도 빼앗아가고 있음에 대한 이하석의 인식은 아주 예민한 것이다. 80년대 들어 환경 운동이 본격적인 사회 운동으로 제기되고, 또 90년대에 와서는 환경 문학, 생태시에 대한 관심이 촉구되어 문학의 '생태학적 인식'에 대한 논리를 갖추기도 했지만 이하석의 경우는 이를 앞서간 경우가 된다.

## 5. 서정적 시선의 시

앞에서 논의된 민중적 시선이나 일상적 시선이 현실 인식을 매개

로 하여 자아와 세계간의 긴장 관계를 조성하고 있었다면 또하나 70년대 시의 한 주류인 '서정적 시선'은 이념 과잉의 현실에 대한 반작용으로 이해된다. 즉 자연과의 친화력이나 일상에서의 서정적 인식을 노래함으로써 고단한 현실에서 벗어나고자 하는 정신주의를 내보이는 것이다. 이는 시의 사회적 역할을 높이 사는 논자들에게 현실 도피라는 오해를 받기도 했다. 그러나 그것이 현실에의 반작용이니만큼 절대로 현실에서 자유로울 수가 없다는 점을 인식한다면 70년대 시에서 만나게 되는 서정적 시선의 시는 현실의 초월이나 현실에서의 해방이 아니라 현실 극복의 논리가 된다.

> 겨울 산을 오르면서 나는 본다,
> 가장 높은 것들은 추운 곳에서
> 얼음처럼 빛나고,
> 얼어붙은 폭포의 단호한 침묵.
> 가장 높은 정신은
> 추운 곳에서 살아 움직이며
> 허옇게 얼어터진 계곡과 계곡 사이
> 바위와 바위의 결빙을 노래한다.
> 간밤의 눈이 다 녹아버린 이른 아침,
> 산정은
> 얼음을 그대로 뒤집어쓴 채
> 빛을 받들고 있다.
> 만일 내 영혼이 천상의 누각을 꿈꾸어 왔다면
> 나는 신이 거주하는 저 천상의 일각을 그리워하리.
> 가장 높은 정신은 가장 추운 곳을 향하는 법.
> 저 아래 침묵하는 것은 이제부터 결빙하는 것이 아니라
> 침묵의 노래가 되어 침묵의 동렬에 서는 것.
>
> — 조정권, 「산정묘지 · 1」 일부

조정권의 시는 극한적인 고통의 상황을 초월적 의지로 단호하게 받아들이는 높은 정신의 경지를 노래한다. "추운 곳에서 / 얼음처럼 빛나고" "추운 곳에서 살아 움직"일 수 있는 것이 '결빙'이라고 하는 표현은 곧 "가장 높은 정신은 가장 추운 곳을 향하는 법"이라는 시행에서 확인되듯 초월적 인식이 지극한 고통에의 감내에 의하여 얻어진다는 구도적 인식에 근거한다. '산정묘지'가 암시하는바 모든 것의 정점이 죽음일 수밖에 없는 절대적 상황에서 여타의 번다한 일상이란 그다지 의미를 지니지 못한다(이 시의 끝부분에 "육신이란 바람에 굴러가는 헌 누더기에 지나지 않는다"고 하는 표현이 있다). 이처럼 이 시는 "바위와 바위의 결빙"과 같이 견고한 정신 세계를 구축함으로써 현실의 고통을 극복하는 논리를 마련한다.

마음도,  
바다에 누워  
달을 보고, 달을 안고  
목숨의 맥이 실려간다  
나는 무심한 바다에 누웠다  
어쩌면 꽃처럼 흘러가고  
바람처럼 사라진다  
외로이 바다에 누워  
이승의 끝이랴 싶다

— 박해수, 「바다에 누워」 일부

주막집 등불 가까이 눈발이 내리다  
그리운 집이 묻히다 길이 묻히다  
사라짐을 위한 노래도 묻히다  
강가 모래벌에 별이 스치다

그리운 집이 끌려가다
몇 가닥의 길이 끌려가다
끌려가다 끌려가다 아우성소리
끌려감을 위한 노래도 끌려가다

— 김수복, 「산청의 눈보라」

박해수의 시에서도 조정권과 마찬가지로 "이승의 끝"에 대한 인식이 드러나지만 박해수의 경우는 정신적 초월의 경지보다는 음울한 서정의 정조에 호소한다. "어쩌면 꽃처럼 흘러가고 / 바람처럼 사라"지는 삶의 행로를 자연의 순환 속에서 되짚으며 인간의 절망과 한계를 자각하는 것이다. "내 하나의 목숨으로 태어나"기는 하였으나 그 목숨이란 유한한 인간의 목숨이며 그나마 "마음은 시퍼렇게 흘러"가듯 온전한 삶의 자리를 얻지 못한다. 따라서 이 시의 서정적 인식이 도달하는 곳은 인간적 현실에 대한 절망적 인식이며, 그럼으로써 자연이 지니는 영원한 생명력의 상징인 바다에 기대고자 하는 절대성에의 희구라고 할 수 있다.

김수복의 시는 마치 동양화의 화폭에서 추상화의 화면 구도로 장면 전환이 되는 듯한 시적 진술로써 전통적 감수성 속에 현실의 긴장된 국면을 투사한다. 이 시의 상황은 "묻히다" "끌려가다"에서와 같이 비극성이 암시된다. 그러나 우리는 위 시의 구조에서 비극적 현실에의 침윤을 느끼기보다는 현실의 고통을 감내하는 지사적 의지를 읽게 된다. "끌려감을 위한 노래도 끌려"가는 비극의 극한이 설정됨으로써 조정권의 '결빙'의 상태와 같은 정신주의에 바탕하는 서정의 세계를 확립하는 것이다.

이와 같이 70년대 시의 서정적 시선은 비록 삶의 비애나 허무, 죽음과 같은 전통적인 소재와 정조를 지니기는 하지만 현실의 고통을 극복하는 견고한 정신의 세계를 구유한다는 점에서 시사적 가치를 지닌다. 이는 아마도 불화의 시대에 단련된 우리 시의 서정 양식이 보여주는 바람직한 모습으로 생각된다.

## 6. 글을 맺으며

이상에서 우리는 70년대 시의 특성이 시대와의 불화를 대한 시인들의 현실 인식에 놓여질 것이며, 부조리한 현실에 대한 극복 논리라는 측면에서 민중적 시선과 일상적 시선, 그리고 서정적 시선이라고 하는 세 가지의 잣대로서 70년대의 시를 개괄해 보았다. 이러한 세 가지의 시선은 시적 방법론은 다르지만 자아와 세계간의 긴장 관계의 유지라는 면으로 볼 때 현실에의 끈을 팽팽하게 당기고 있다는 점에서 동일한 현실 인식에 놓여진다고 하겠다. 그러나 개괄이라고는 하였으나 우리 시의 70년대적 특성을 확연하게 드러내기 위하여 불가피하게 일부의 시들만이 논의의 대상이 되었으므로 70년대 시의 성과를 말해 주는 다른 많은 시들이 논의되지 못한 점은 아쉽게 생각한다. 이 점은 다른 글에서 보완되어야 할 것이다.

우리가 시에 대하여 기대하는 것은 역사나 사회 구조의 한 현상에 대한 기술이 아니라 그에 대응하는 인간의 의식이나 행위의 기술이다. 70년대의 사회가 산업화로의 이행에 따른 공해 문제 · 근로 조건의 악화 · 소득 격차의 심화 · 인간 소외 현상 · 범죄의 증가 등과 같은 각종 질환들로 당대의 삶을 억압하게 되었을 때, 70년대의 시는 그에 반응하는 인간의 고통과 그것에의 극복을 위한 기록으로 남겨져 있다. 따라서 70년대 시인들의 시는 우리가 소중하게 다루어야 할 시사의 한 내용인 동시에 끊임없이 해석하고 그 의미를 확충시켜 나가야 하는 정신사의 한 궤적인 것이다.

# 서정에 깃든 서사의 울림
## — 조한풍의 시

### 1. 서정을 넘어서

시의 얼개를 다투어 논의해 온 우리 현대시의 관습으로 인하여 다소 새삼스러운 명제가 될 수 있으나, 시의 근원에는 무엇보다도 서정성이 숨쉬어야 함을 부인할 수 없다. 시란 궁극적으로 자아와 세계의 합일을 지향하는 것으로, 외부 세계의 대상·사물에 의탁하여 표출되는 자아의 정서적·인식적 양상이 불러일으키는 합일의 아우라가 바로 서정성이다. 외부 세계와 반목하거나 불화하고 있을 때 우리의 감정은 서정성을 지니지 못한다. 시는 이 모순되고 대립적인 세계 속에서의 삶을 보다 화해롭게 하고자 하는 것이기 때문에, 시가 서정성을 구비하고 있다는 점은 시가 그 존재이유에 충실하다는 점에 다름아니다.

물론 시의 외연에 있어서 오늘날의 시가 항상 화해의 국면만을 형상화하는 것은 아니다. 오히려 우리의 삶과 철저하게 유리되어 있거나 더 나아가서 우리 삶의 온전성을 위협하고 파괴하는 외부 세계의 폭력적인 양태가 더욱 자극적인 언어 표현을 얻고 있는 것이 사실이다. 그러나 그 내포에는 항상 그러한 세계와의 대립을 감싸안고자 하는 인간적인 삶의 애틋함과 의지가 머물러 있기 마련이다. 예를 들면, 최근 들어서 폭넓은 주목을 받고 있는 생태학적 상상력의 시들의 경우에도 자연 환경의 일그러진 모습과 그와 같은 조건 속에서 불구적인 삶을 살아가는 인간의 모습을 그려냄으로써 본래적인 자연과 인간 삶에 대한 갈구를 더욱 핍진하게 보여주고 있는 것이다. 아마도 시가 세계에 대한 감싸안음을 포기한다면 우리는 더이상 시를 가까이 할 수 없게 될지도 모른다. 시의 근원을 서정성에서 찾아야 하는 이유가 여기에 있다.

이러한 점에서 조한풍 시인은 시의 본령에 가장 충실한 언어들을 낳고 있다고 하겠다. 그의 언어는 우리가 자연을 향하고 있을 때 만나게 되는 온갖 사물의 이름들을 축적하고 있으며, 또한 그러한 사물들이 이루어내고 있는 형상 혹은 현상의 양태에 시인의 자아를 투영하여 자연화된 시인, 사물화된 정서의 내밀한 감각을 표출한다. 그의 첫 시집인 『바람의 입술』을 눈여겨본 이들이라면 바람・들판・바다・산・새・흙・풀・꽃・구름 등 우리 자연의 가장 원형적 사물들이 한데 어울려 있는 행간에서 우리의 시원(始原)의 고향, 지금은 사라져버린 모성(母性)의 대지를 거니는 느낌을 가졌으리라 생각된다. 조한풍 시인은 그러한 자연의 사물들을 통하여 고향에 대한 동경과 고향 상실의 비애, 삶의 허무와 이별의 슬픔, 생명의 유한성과 같은 인간의 본연적인 정서를 삼투시킴으로써 순도 높은 서정성의 결정을 추출하였다.

이 글이 관심을 두고 있는 조한풍 시인의 두 번째 시집 『천둥의 샘』 역시 그 근간은 자연적인 사물이 시적 표현의 주체로 등장하여 시인의 정서를 대변한다. 그리움, 외로움, 아픔, 슬픔 등의 서정적 정서가 자연과의 교감 속에서 은근하고도 지속적으로 시적 표현을 얻고 있다. "나는 바람이였습니다" · "나는 별이 됩니다"(「별이 됩니다」 중에서)라고 하는 시행이 압축하고 있듯이, '나'가 바람이 되고 별이 되는 교감의 공간에서 자아와 자연은 감정과 인식을 공유하고 서로에게 부드럽게 스며든다. 이것은 곧 타아를 통한 자아의 표출이며, 이러한 과정에서 서정은 더욱 짙은 농도를 품는다. 그런데 이번 시집을 그러한 서정성의 범주에서 다시 이야기하는 것은 그다지 바람직한 독법이 되지 못한다. 이번 시집을 관류하는 한 특징이자 조한풍 시인의 변모를 읽을 수 있는 부분이 그러한 서정성 속에 내재되어 있는바, 이를 확인하고 그 시적 의미를 가늠해 보는 것이 보다 의미있는 시읽기가 될 것이다.

## 2. 자연적 서사의 수용

『천둥의 샘』은 서사를 탄생시키고 있다. 물론 여기에서의 서사란 인과성과 논리성을 바탕으로 하는 엄격한 의미에서의 '이야기'가 아니라 상상력에 의하여 재구성된 시적 논리를 일컫는 것이다. 우리는 흔히 서정과 서사를 서로 대립되는 의미로 파악하고 있으며, 그런 까닭에 서정이 지배하는 세계인 시에서는 서사가 끼어들 틈이 많지 않은 것이 사실이다. 그러나 서정시라고 하여 직관적이고 순간적으로 포착되는 정서에만 의지하는 것은 아니다. 오늘날의 시는 낭만주의적인 명제인 '정서의 순간적인 표출'보다는 시의 행간들이 이루어내는 상상력에 의하여 엮어지는 서사적 논리가 더욱 유용하게 시인의 자기 표출의 방법이 되고 있다.

따라서 첫 시집에서 고순도의 서정을 지향했던 조한풍의 시가 두 번째 시집에서 서사성의 편린을 보여주고 있음은 자연스러운 전이라고 할 수 있으며, 특히 그의 서사가 보다 울림이 큰 서정의 진폭을 불러일으키는 중심축으로 작용하고 있음을 볼 때는 매우 주목되는 변모가 아닐 수 없다. 다시 말하면, 조한풍의 시가 자연과의 교감을 통한 단순한 정서표출의 단계를 지나 서정에 바탕한 인식론적 깨달음, 삶의 성찰을 풀어놓기 시작했음을 말해 준다.

조한풍의 시가 보여주는 서사의 양상은 딱히 도식화하기는 어렵지만 우선 자연적 서사와 일상적 서사로 크게 나누어볼 수 있으리라 본다. 자연적 서사는 이번 시집의 두 번째 장인 「둥지」편에서 극명하게 드러나고 있는데, 도시와 바다를 '둥지'라고 하는 원형적 처소를 분모로 하여 대비시키고 이를 고향 상실의 정서와 삶의 비애를 드러내는 모티프로 표출시키고 있다.

고희 잔치 전부터 아파트에 와 계시는 아버지는 아침마다 바람의 날개를 달고 도시의 복판을 가로질러 수산시장 아낙이 차려놓은 어물전을 빙 둘러서 푸릇한 물비린내를 묻혀 오신다.

(…중략…)

뭍으로 오르시면서 저 하늘 노을의 깃 폭과 바람의 무게를 저울질하시던 잣대와 눈금을 잃고 심하게 가슴앓이를 하고 계시는 아버지의 몸에서는 아직도 바다의 시퍼런 비린내가 가시질 않았다.
비디에 이는 바림처럼.

—「도시의 둥지 · 1」

넘실거리는 짙푸른 물살 위로 뛰쳐 오르는 눈부신 놈을 찾아서 너른 바다 헤쳐 나갈 때처럼 바람 가득 몰려드는 숲에서 바다의 냄새를 맡고 계신다, 이 도시에서.

(…중략…)

아파트 창 너머로 하늘가를 엿보시며 때맞추어 가스의 파란 불꽃

돋아 탕기의 약 다시 데피시는 어머님.

—「도시의 둥지 · 2」 일부

위의 두 시는 시인의 철저한 의도에 의하여 아버지 / 어머니의 대비적인 양상을 띠고 있기는 하지만, 바다의 둥지를 상실한 채 도시의 둥지에서 살아가는 어느 가족의 서사를 들려준다는 점에서는 동일한 논리를 지닌다. 아버지에게서는 "아직도 바다의 시퍼런 냄새가 가시질 않았"고, 어머니는 "바람 가득 몰려드는 숲에서 바다의 냄새를 맡고 계시"므로 이들이 살고 있는 도시의 둥지는 당연히 불편하고 불행한 처소이다. 따라서 그들이 바다의 둥지를 향하는 그리움은 가슴앓이를 할 만큼 절박한 것일 수밖에 없다.

아버지나 어머니에게 있어 바다는 "바닷속에 숨겨놓은 들로 내려가서 아버지가 뿌려놓은 물컹거리는 바다의 열매를 거두었다"(「도시의 둥지 · 7」 중에서)에서 알 수 있듯이 생산과 생명이 있는 건강한 노동의 땅이었다. 비록 육체적인 고통을 강요하는 것이기는 하지만 바다는 아버지와 어머니의 삶이 온전성의 의미를 지니게 되는 매체였던 것이다. 그러므로 바다의 둥지에서 옮겨와 도시의 둥지에 머물러야 하는 삶의 현실 속에서 "그는 어제부터 산을 오르신다. / 하늘 가까이 다가가서 수 십년 절여진 갯비린내를 우려내겠다 하셨다, 그 구릿빛 몸에서"(「도시의 둥지 · 3」 중에서)라는 시행에서 보여지는 아버지의 안타까운 현실 극복의 몸짓은 우리에게 삶의 처연함을 느끼게 하기에 충분하다. 시의 서정이 탄생하는 부분인 것이다.

「바다의 둥지」는 아버지나 어머니의 삶 – 그러므로 우리 모두의 삶에 있어 원형적 처소인 바다를 더욱 섬세하게 탐구하는 상상력을 갖춤으로써 그러한 바다를 향한 우리의 동경이 지극히 본원적인 것임을 보여준다.

바다에서
모든 생물을 지고 나온 쌍둥여의 봉우리에 올라가 보았다.

바로 앞은 곧 들물이 들어닥칠 것같은 바다의 벼랑으로 시퍼런 물이랑이 절름거리고 저 멀리 먹구름 신기루에 쌓인 용궁의 샘터가 보였다.

—「바다의 둥지 · 3」 일부

위의 시에서 보이듯이 바다는 물의 이미지(들물, 물이랑, 구름, 샘)로 가득한 공간이다. 물의 상징적 의미가 풍요와 다산, 생명 탄생과 모성에 이어져 있음은 널리 알려진 사실인바, "검은 쌍둥여는 썰물에 다시 두 개의 둥근 젖가슴을 수면 위로 봉긋이 들어올리고 있었다"(「바다의 둥지 · 5」 중에서)는 진술이 선명하게 드러내고 있듯이 조한풍의 시에서 바다는 삶의 근원적인 생명성을 표상하는 것이다. "내가 부화했던 그 섬"을 둘러싸고 있는 바다이므로 '나'라는 생명의 근원은 바다이다. 또한 "은빛 찬란한 점박이 고기 떼가 다시 바다의 강으로 거슬러 올라와 파둥거리"는 것을 볼 때, 강과 바다를 순환하며 생명과 종족을 이어가는 점박이 물고기에게 있어서도 역시 그 생명은 바다에 빚지고 있다.

이와 같이 바다가 지니는 생명성이 바로 우리들로 하여금 바다에의 지향을 삶의 근원에 대한 동경으로 인식하게끔 하는 것이며, 그러므로 「도시의 둥지」의 시들이 그려낸 '상실한 바다'의 서사는 곧 우리 삶의 훼손된 모습에 대한 시적 서사로 받아들일 수 있다. 이를테면 조한풍의 시는 훼손되고 불구적인 삶에 대한 인식을 단지 자연적인 사물에 의탁한 비애의 정조로 드러내는 것이 아니라 보다 논리적인 서사로써 시화하고 있는 것이다.

## 3. 일상적 서사의 수용

『천둥의 샘』은 또한 일상적 서사의 양상을 보여주고 있다. 이것은 아마도 이번 시집에서 찾게 되는 가장 특징적인 양상으로서 앞으로 조한풍 시가 갖추어나갈 시적 방향을 예견하는 것이 아닌가 하는 생각이 들기도 하는데, 앞의 시집에서는 전혀 만날 수 없었던 일상적인 삶의 양상이 술회되고 있는 부분이다.

> 흙냄새와 함께 전화벨은 울리고
> 산골에서 올라오시겠다는 가랑잎 같은 아버님 목소리를 급히 두 손으로 받쳐 들고 곧 모시러 내려가겠노라 하니까
> '콩나물 시루 속 같은 버스 안에서도 시큼한 내 옆 자리는 항시 넉넉하다' 하시며 굳이 '괜찮다' 하신다.
>
> 그리고 얼마를 애태우며 기다린 시간을 훨씬 넘긴 오후 늦게
> '창 밖이 너희 집 근처인가 해서 말이라도 붙혀 보려니까 젊은 것이 슬금슬금 딴전을 피우는 사이 그 통통한 알맹이들이 우루루 버스 안으로 몰려 들어오는 통에 이 늙은 쭈글탱이는 구석으로 떠 받쳐 몇 정거장 더 가서 내리게 되었다'는 것이였다.
>
> '늙어 가는 것은 술맛 같아야 하는 건데, 조선의 누룩같이 깡마른 죄 밖에 없는 이 몸이 어디 습습한데라도 있어 썩고 있는 것은 아닌지 하시며 속상해 하시는 아버지는 차거운 술병을 안주가 들어올 때까지 요술 램프처럼 몇 번을 더 비비신다.
>
> —「껍데기는 그렇게 갔다」 일부

아들 집에 들리기 위하여 버스를 탔다가 젊은이들에 밀려 몇 정거장을 더 지나서 내리고, "밤늦게 귀가하여 인사도 없이 코 막고 들어선" 손주들에게 쫓기다시피 다시 산골로 돌아간 아버지를 '나의 껍데기는 그렇게 갔다'는 자조적인 언사로 회상하고 있는 위의 시는 그 서사의 구체성이 진한 서정으로 치환되는 적실함을 보여준다. 늙어가는 아버지를 바라보며 "떠밀려서 소리없는 이 세상 끝으로 한없이 한없이 밀려 갔다"고 느끼는 감정은 비단 아버지를 향한 것만은 아닐 것이다. 아버지가 '껍데기'가 되었음은 '나의 알맹이들'의 아버지인 '나' 역시 껍데기가 되어가고 있음을 확인시켜 주는 것이 아닌가.

늙어가는 것이 술맛 같을 수 없는 삶의 운명에 대한 회한이 해학적인 어조 속에서 담담하게 갈무리되어 있는 이 시에서 우리는 가슴 묵직한 삶에의 성찰을 느끼게 된다. 갖은 기교로 치장된 언어로는 결코 우려낼 수 없는 진솔함이 위의 시가 이루어낸 서정의 경지라 할 것이다. 늙음의 비애를 이처럼 삽화적인 서사로써 감동적으로 형상화할 수 있음은 예사로운 방법론이 아니다. 우리가 이번 시집을 통하여 확인하게 되는 조한풍 시의 한 미덕이라고 하겠다.

실크로드 황량한 사막
길 잃은
떠돌이 악마는 어느 날

내 입안으로 스며들어
몸에서 가장 값지다는
두 눈에서 아예 집을 짓고 산다.
(…중략…)
모든 것 다 내동댕이치고
바람이 되라던

선생의 말에

놈이 다시
내 영혼의 샘터에서
영원히 떠나주길 빌며

나는 수없이 시를 헹구고
놈은 여전히
검은 연기를 피우고 있다.

—「실크로드 검은 악마 베체트」

그도 나를 악마라 부르는지 모릅니다
그에게 매일 사라져 달라고
약을 삼키고 주사 바늘로 마구 찔렀으니까요.

내 몸은 서로 싸우다가
망가져 갔습니다.
그도 나도 이렇게는
더 이상 살 수 없습니다.

그래도 나는 이웃이라도 있어
고독하지는 않았다고 생각하면서
이제는 그에게 다가가
사랑을 고백해야겠습니다.

살아있다는 것이
정말 아름다운 일이 아니냐고 말입니다.

—「난치병과 나」 일부

위의 인용시들은 시인의 일상의 편린을 보여주고 있다는 점에서 논의의 여지가 있다. 이 시들을 통해서 본다면 아마도 시인은 베체트병이라는 난치의 병을 앓고 있으며, 이즈음에는 그 투병의 과정을 '싸움'이 아니라 '사랑'으로 받아들이게 되었음을 알 수 있다. 그러므로 위의 두 시는 난치병을 대하는 시인의 심리적인 변화를 드러냄과 아울러 투병을 통하여 얻게 되는 삶의 성찰도 담고 있다. 난치병을 얻은 이들이 흔히 느끼게 되는 좌절과 절망을 극복하고 '살아있다는 것이 정말 아름다운 일이 아니냐'는 인식에 닿음으로써, 시인의 극복의지는 단순히 병에 대한 것만이 아니라 삶의 온전성을 위협하는 모든 현실의 고통과 위협에 대한 결연한 맞섬을 이룬다.

시인의 실제적인 삶이 여하히 시적 표현으로 용해될 수 있는가 하는 점은 단순하게 논리화할 수 있는 문제가 아니므로 논외로 하거니와, 위의 시에서 형상화하고 있는 일상적인 삶의 서사는 우리에게 훼손된 현실을 담담하게 받아들이는 시적 화자의 모습으로 다가와 보다 고양된 서정을 불러일으킨다. 현실적인 삶에서라면 난치의 병과 싸워야 하는 일상이란 고통스럽기 그지없다. 그것은 "번쩍거리는 황금의 탈이라도 쓰고 / 살아가야 폼 나는 / 이 불량한 시대"(「가면의 무대」 중에서)와 마찬가지로 우리에게 위악의 몸짓을 요구하기 마련이다. 그러나 시인은 시를 헹구며, 사랑을 고백하며 고통스런 시대와 삶을 극복한다. 물론 이러한 현실의 극복은 현실과의 안일한 타협이 아니다. 시는 현실을 삭여내는 고통의 언어에 의하여 이루어지기 때문이다. 위의 시들이 비록 평이한 표현과 단순한 서술적 이미지에 의하여 구축되어 있기는 하지만 생활 속에서의 시적 성찰이 빛나고 있다는 점에서 서정적인 공감을 얻게 된다.

## 4. 시의 근원 찾기

우리는 지금까지 조한풍의 『천둥의 샘』이 서정성의 본령을 지키는 가운데 서사적 의미를 확대시켜 보다 증폭된 서정의 모습을 보여주고 있음을 확인했다. 물론 이 시집의 전체에서 서사적 표현이 차지하고 있는 비중은 그다지 크지 않다. 그러나 한 시인이 하나의 시집을 묶어내는 의미는 이전의 시세계를 답습하지 않고 무엇인가 새로운 시의 세계를 열어두고 있음을 드러내는 데 있을 것이다. 이러한 점에 있어서 우리가 『천둥의 샘』을 통하여 자연과 일상의 모습이 서사적으로 담겨 있는 리리시즘의 한 모습을 볼 수 있었던 것은 의미있는 일이다.

자연과 친화하거나 인간 본래의 고향을 향한 동경이 우리들의 현실적인 삶과 더욱 첨예하게 어긋나고 있는 오늘날 조한풍의 시가 지켜가고 있는 서정적 세계는 소중하게 다루어져야 마땅하다. 따라서 이 시집의 전반적인 정조가 인간과 자연에 내재되어 있는 농밀스런 정서의 표출에 있다고 단정할 때 이는 점차 잃어가고 있는 우리 시의 한 근원을 인식하는 것이 된다. 특히 우리는 이 시집에서 서정에 깃들어 있는 서사의 서정적 울림을 인상깊게 느낀 바 있다. 이것은 조한풍의 시가 그 굳건한 서정을 바탕으로 하여 더욱 폭넓은 언어적 성취를 이루어낼 것을 기대하게끔 한다. 시와 삶이 화해롭지 못한 시대의 시인에게도 여전히 언어는 남겨져 있으므로, 시 역시 여전해야 할밖에 없다.

# 향일성의 시학

— 김연식의 시

## 1. 존재의 진실을 찾는 언어

김연식의 시를 읽다가, 오래 전에 M. 하이데거가 예술 작품의 근원을 살피는 글에서 읽었던 내용을 떠올렸다. 그것은 시가 언어를 어떻게 사용하는가에 대한 비유인데, 새삼스럽기만 하지만 시의 근원을 되새기는 의미에서 잠시 눈여겨보도록 하자. 가령 조각가가 돌을 다루는 것은 외면상으로는 석공이 돌을 다루는 것과 같다. 그러나 그는 돌을 소모로 이끌지는 않는다. 돌의 소모는 조각가에게는 작품이 실패하는 경우에 해당한다. 화가는 물감을 사용하지만, 그는 색채를 소모로 이끌지 않는다. 시인 역시 언어를 사용하되, 그는 일상적으로 말하고 쓰는 사람들이 언어를 소모하듯 사용하는 것이 아니라 오히려 언어가 진정으로 언어가 되어 머물도록 언어를 사용한다. 즉 시는 언어의 진정한 사용이 빚어낸 결과이다.

여기에서 언어의 진정한 사용이란 의미는 곧 예술 작품으로서의 시가 지니는 예술성의 본질을 뜻하게 될 것이므로 보다 깊은 성찰이 필요한 부분이다. 그런데 한 가지 명확한 것은 시의 언어가 일상어보다는 시인의 의사나 의지를 보다 진실되게, 보다 진정하게 드러낼 때 그 사용됨이 올바르다는 점이다. 다시 말하면, 시는 그 언어의 창조자인 시인을 가장 잘 보여주는 언어 사용의 방식인 것이다. 시인이 갖은 비유적 방법을 동원하여 의도적으로 스스로를 감추고자 하여도 시는 오히려 더욱 선명하게 시인의 실체와 진실을 드러내 준다.

우리들의 일상적인 언어는 철저하게 도구화·물질화되어 인간적인 진실을 소통하기에는 적절하지 못한 것이 되어버렸다. 그 언어는 정보의 소통과 축적을 위해서는 비상하게 발전되어 왔으나 그 주체인 인간은 언어의 심연 속에서 불명의 존재가 된 것이다. 이를테면 인터넷의 가상 공간에서 익명으로 이루어지는 대화가 그 단적인 경우로서, 컴퓨터 모니터에 조합되고 있는 언어 속에서 인간 존재의 진실성을 찾기는 어려운 일이다. 이처럼 일상의 언어가 오염되어 진정한 인간 자아를 말해 주지 않는 현실의 삶에서 시가 살아있어야 하는 소이가 여기에 있다. 이 첨단의 시대에 가장 완벽한 수공업의 직능인 시인이 여전히 존재하는 것은 인간이 자신의 진실된 자아를 표출하고자 하는 욕망을 지니고 있는 까닭이며, 시는 그 욕망의 충족에 가장 적합한 형태이기 때문이다.

## 2. 일상과 사물의 내면화

이런 점에서 볼 때 김연식의 시는 그 창작 주체인 시인과 긴밀하게 연결되어 있고, 일상의 모습에서 감추어져 있는 자아의 진실된 측면을 들추어낸다는 점에서 시적 언어의 근원을 탐색하는 것으로 생각된다. 이른바 주체 종속적인 언어 사용이라고 하겠는데, 그녀의 언어는 끊임없이 자아의 실체와 현실의 삶에 대하여 진정성을 확보하고자 한다. 지극히 일상적인 삶의 모습이나 사소한 생활의 발견이라 하더라도 그녀의 시에서는 시인 자아를 향한 내면화의 길을 걷는다. 이와 같은 일상의 내면화, 또는 사물의 내면화는 곧 시인 자아의 존재적인 국면에 대한 인식으로 환기되며, 이러한 인식 작용에 의하여 그녀의 언어는 바로 그녀 자신을 향해 가는 통로가 되고 있다.

소래산 약수터에서
돌아오는 길녘에
산업도로 굴다리 밑
시멘트 돌벽 사이의
아스팔트 길에
피 흘리며
죽어 간
산새 한 마리.

솔숲도
들판도 사라져 버린
아스팔트 길에서
푸드득이다가
차 바퀴에 깔려버린 그
안스러움에 양지바른
호박밭 둔덕에 묻고 보니
왕개미들이 모여들어
큰 잔치 벌리고
봄 햇살도 반짝이더이다.

한 목숨 무덤에 들면

흙살에 묻히어
남는 것은
몇 조각의 뼈 뿐이라
짐승이나 사람이나
그 모든 생명이
흙살에 묻히는 일순
소중한 하나의
세계라 하더이다.

—「한 목숨 무덤에 들면」

위의 시는 소멸 / 생성의 두 대립적인 요소가 자연의 순환 원리 속에서 하나의 세계로 합일되는 지점을 그려내고 있다. 어느날 시인은 아스팔트 길 위에서 차 바퀴에 깔려 죽은 산새 한 마리를 발견하고는 이 새를 호박밭 둔덕에 묻어 주게 되는데, 새의 사체를 노리고 몰려든 왕개미들을 보면서 시인은 "그 모든 생명이 / 흙살에 묻히는 일순 / 소중한 하나의 / 세계"임을 깨닫는다. 한 생명의 '죽음'이 다른 생명에게는 '잔치'가 되는 상황을 긍정적인 시선으로 바라볼 수 있는 이유는 그것이 자연계의 원리를 따른 것이라는 데 있다. 새는 하필이면 산업도로 굴다리 밑 시멘트 돌벽 사이에 있는, 솔숲도 들판도 사라져 버린 아스팔트 길에서 차 바퀴에 깔려 죽었다. 시멘트, 아스팔트, 차 등은 인공(人工) 또는 인위(人爲)의 표상이다. 따라서 새가 소멸되는 죽음의 공간은 인공적인 세계이며, 새의 생명은 인위의 폭력에 의하여 희생당한 셈이 된다. '호박밭 둔덕'으로 표상되는 자연은 이러한 새의 죽음을 또 다른 생명의 원천으로 부활시키는 세계가 된다. 봄 햇살 반짝이는 자연의 힘에 의하여 새의 주검은 죽음에 머무르지 않고 왕개미들의 큰 잔치로 재생하는 것이다.

이와 같이 자연의 생명력과 영원성을 환기시키고 있는 위의 시는

"한 목숨 / 무덤에 들면 / 흙살에 묻히어 / 남는 것은 / 몇 조각의 뼈뿐이라"는 행간을 존재적 허무감에서 멀리 벗어나게 한다. 흔히 죽음은 삶의 무상함에 대한 정서를 일으키기 마련이지만, 위의 시는 죽음이 '소중한 하나의 세계'를 여는 새로운 생명의 공간을 창조함으로써 죽음을 바라보는 시인에게 허무적 정서를 불러일으키지 않는다. 이 점이 바로 김연식 시인이 성취한 삶의 미덕이자 그녀의 시적 지평이라고 하겠다. 그러므로 우리는 생명의 소멸을 재생에의 기대감으로 바라보는 김연식 시의 시선이 인간적인 삶과 자신의 운명을 바라봄에 있어서도 마찬가지의 논리를 유지하고 있음을 여러 시편들에서 확인할 수 있다.

젊은 아낙이
이사를 가던 날
버려진 군자란
양지바른 내실로 옮긴
이후로 줄곧
초겨울 바람에
죽어진 듯 하더니
어느 일순
초록빛 숨결로
다가 와라.

흙과 물의
고마움과 햇살
한 모금의 은혜로움에
인고의 아픔을
이겨낸 군자란의
그 의연한 고고함은

하늘 우러러
부끄럼 없어라.

한 순간에
무심코
버려진 한 생명이
구원의 손길 닿아
아름다운 환희의
꽃숨결 트는
우주의 신비로 다가와라.

—「군자란」

젊은 아낙에 의하여 버려졌던 군자란이 흙과 물, 햇살에 의하여 '구원'을 얻고 있음은 이 시도 역시 앞의 시에서 우리가 읽어냈던 소멸/생성의 합일적 세계를 형상화하고 있다고 하겠다. 그런데 이 시에서 주목되는 것은 '버려진 존재'인 군자란에 대한 시인의 의미부여이다. "인고의 아픔을 / 이겨낸 군자란의 / 그 의연한 고고함은 / 하늘 우러러 / 부끄럼 없어라"에서 알 수 있듯이, 시인은 매우 적극적으로 재생에 이른 군자란의 삶을 칭송하고 있다. 그 이유는 명확하다. '인고의 아픔'을 이겨냈기 때문이다. 군자란은 초겨울 바람에 죽어진 듯 하며 생명의 초록빛 숨결을 가다듬는 기다림을 배웠다. 또한 흙과 물의 고마움과 햇살 한 모금의 은혜로움을 아는 겸손함도 배운 존재이다. 이 모든 것은 인고의 태도로서, 이를테면 군자란은 삶의 진정한 개화(開花)를 기다리는 성숙한 인간 존재의 표상이라고 할 수 있다. 가령 시 「황혼의 길녘에서」를 보면 "가진 듯 / 가진 것 없이 / 모두를 비우고 / 보이는 듯 / 보이지 않는 / 그런 삶의 / 여운 속에서 // 별 하나의 빛 그림자 / 남기고 홀연히 / 어둠 속으로 스러지는 / 침묵의 한 때를 / 만나러 가는 / 황혼의 길녘은 / 아름다워라." 라고 적고 있다. 이 시에서 보여지는 '삶의 여운'이 바로 군자란의 인고의 아픔과 동일하며, 그와 같이 모두를 비우고 보이는 듯 보이지 않는 모습으로 이루어내는 삶의 경지가 바로 아름다운 '황혼의 길녘'으로서 군자란의 개화에 비견되는 양상이다. 그러므로 군자란은 시인에게 있어 인생의 황혼 길녘에서 바라보고자 하는 자아의 모습에 다름아닌 것이다.

## 3. 영원을 향한 향일성

부활의 아침
창가에
서 있는
고목의 나뭇가지에
새 순 열고
연두빛 숨결 트는
빛뿌리 내려라.

하늘과
땅을 신전으로
한 별들의 향연에
초대받은 영혼의
푸른 날개 반짝이며

온 누리에
물처럼
바람처럼
흐르는 영원의

빛 메아리로 일어라.

—「자화상—노시인」

우리는 앞에서의 논의를 통하여 김연식 시인의 자화상이 위의 시와 같은 색채와 질감으로 그려질 것임을 이미 알고 있다. 그녀의 세계에서 생명의 소멸이란 재생을 향하여 활짝 열려 있으며, 군자란처럼 버려진 존재일망정 인고의 아픔을 견뎌내면 환희의 꽃숨결을 틔울 수가 있다. 그녀는 또한 모든 것을 비우고 가는 황혼의 길녘도 아름다움을 말해 준다. 따라서 노년기에 이른 시인의 삶의 인식이 "부활의 아침 / 창가에 / 서있는 / 고목의 나뭇가지에 / 새 순 열고 / 연두빛 숨결 트는 / 빛뿌리"로 표현되고 있음은 자연스러운 일이다. 시인의 논리에 따르자면, 노년의 육체는 장차 어둠에 묻히게 되겠지만 앞의 시에서 보았던 새의 죽음의 의미와도 같은 부활의 아침을 맞이하게 될 것이다. 그리고 그러한 새 생명은 별들의 향연에 초대받은 영혼의 푸른 날개를 반짝이며 온 누리에 영원할 것이다. 이와 같은 행간의 의미에서 우리는 시인의 인생 관조의 한 태도를 읽게 되며, 이러한 삶의 태도가 "물처럼 / 바람처럼 / 흐르는 영원" 곧 자연의 영원한 순환적 원리를 바탕으로 하고 있음에서 자연 지향의 세계관을 엿보게도 된다. 삶의 끝자락에 대한 인식이 죽음이 아니라 새로운 삶이라는 노시인의 목소리가 그 자화상에서 울려나오고 있다

시적 인식의 이러함은 당연하게도 시인의 자아 성찰의 결과에 따른 것이다. 김연식의 시가 주체 종속적인 언어 사용을 보이며, 그녀의 시가 자아를 향한 내면화를 추구하고 있음을 앞서 확인한 바 있다. 이것은 시를 통하여 그녀의 자아 성찰의 한 양상을 만날 수 있음을 말해 주는 것이다. 다음의 시가 그러한 논의를 가능하게 해준다.

온종일
내 안의
나만을
들여다보기도
모자라는
시간 속에서
흐르고 흐른
한 세월 끝에
서성이는
아직도
내가
나를 모르고 있다는
어리석음에 노을빛
세월녘에 서성이는 것
조차 힘에 겨운
삶의 계단에서
별 하나의
고독을 만나라

—「자기 들여다보기」

이 시는 발표 당시 필자가 어느 문예지의 계평란에서 살펴보았던 작품인데, 이번 시집에 수록되는 다른 많은 시들과 함께 읽어보니 지금까지 보아온 김연식 시의 경향을 매우 뚜렷하게 드러내는 것으로 판단된다. 그래서 비록 반복되는 내용이기는 하나 이번 시집의 한 특성을 확인해 둔다는 의미에서 그 내용을 덧붙이기로 한다. 이 시에서 김연식 시인은 서정시의 오랜 문법인 '자기 들여다보기' 곧 자아 성찰에 충실하고 있다. 식민지 청년 윤동주가 「자화상」에서 "산모퉁이를 돌아 논가 외딴 우물을 홀로 찾아가서 가만히 들여다봅니다 / 우물 속에는 달이 밝고 구름이 흐르고 하늘이 펼치고 파아란 바람이 불고 가을이 있습니다 // 그리고 한 사나이가 있습니다 / 어쩐지 그 사나이가 미워져 돌아갑니다"라고 썼을 때, 그 '들여다보기'를 통하여 우물물에 비친 자아의 참모습을 인식하고자 했음은 물론이다. 우물 속에는 달, 구름, 하늘, 바람, 가을 등 자연의 생명 원리를 구현하는 사물들이 존재하고 있다. 그러한 가운데서 비춰지는 인간의 얼굴인 시인의 자아는 짧은 생명을 붙잡고서 일상의 삶에 바둥거리는 '미운' 존재이다.

김연식의 시가 "흐르고 흐른 / 한 세월 끝"을 인식함은 곧 영원한 것으로서의 '세월'과 유한한 것으로서의 '나'를 발견한 것이라고 하겠는데, 그러한 인간적 한계가 거부할 수 없는 것임에도 불구하고 "아직도 / 내가 / 나를 모르고 있다는 / 어리석음"을 고백하는 시인의 자아 성찰은 윤동주가 '미운 사나이'로 표현했던 것과 같은 의미로 보아도 좋을 것이다.

인간의 삶은 일회성이고 유한하므로 운명적으로 '모자라는 시간'이 주어져 있다. 그러므로 그러한 시간 속에서의 바람직한 삶이란 '내 안의 나' 곧 진정한 자아의 발견과 그것을 통한 진실된 삶의 영위가 되어야 한다. 그럼에도 불구하고 세월을 무위하고 흘려보내고 "노을빛 / 세월녘에 서성이는" 존재가 되어 있는 자신을 만나게 될 때 시인이 느끼는 혼란스러운 삶의 지향에 우리 모두는 공감한다. 우리들에게 있어 지나가버린 시간, 흘려보낸 시간은 항상 그립고 아쉬운 것일 수밖에 없다. 더구나 '노을빛'에 이른 자신의 삶에 대한 정체성이 불투명할 경우에는 더욱 비극적인 정서에 젖어들게 된다.

그러나 시란 필연적으로 자기 구원의 몸짓이 아니겠는가. 위의 시에서 시인은 자책과 절망에 빠져 있는 스스로에게 "별 하나의 고독을 만나라"는 주문(呪文)을 읊고 있다. 이것은 자기 존재에 대한 고독한 성찰을 계속함으로써 '삶의 계단'을 내려서는 것이 아니라 올라가고자 하는 의지의 표현으로, '별' 곧 자연(세월)의 영원성을 지향하는 심리기제라고 할 것이다. 김연식의 시는 별의 고독을 만나기를 촉구함으로써 인간적인 삶의 한계에 고뇌하는 자아로 하여금 그 고통을 극복하게 하는 시적 논리를 보여준다. 이와 같은 논리에 의하여 김연식의 시는 늘 자연의 영원성을 향하여 열려 있다.

이번 시집에는 유난스럽게도 '빛'과 관련된 언사가 자주 등장하며, 특히 '빛메아리'라는 어휘는 시적 울림이 큰 이미지를 제공한다. 지금 김연식의 시는 빛을 지향하고 있다. 시인에게 있어 그 향일성(向日性)은 기도이기도 하고, 생의 남겨진 나날을 다 보내고 나면 마침내 다가오게 될 육체의 소멸에 대한 의연한 기다림이기도 하다. 그녀의 시는 아직 남겨져 있는 노을빛의 밝음 속에서 뒷날의 캄캄한 어둠을 보고 있다. 그러나 어둠이 다시 빛을 탄생시킬 것을 믿고 있는 시인은 결코 허무하거나 두려운 정서를 드러내지 않는다. 영원을 향한 그 향일성이 그녀 스스로를 들여다보게 하고 있으며, 그러한 자기 들여다보기의 방법론적 언어가 바로 그녀의 시다.

# 수련, 관음, 폭포

— 채호기·양문규·김수복의 시

## 1. 시의 몸, 수련으로 피다

미학의 창시자인 바움가르텐은 예술 작품이 인간의 인지적 사고를 표상하고 있다는 것에서 미의 이론화가 가능하다고 보았다. 즉 '아름다움'이란 감성을 통한 '앎'의 행위이며, 미의 세계는 인간이 예술 작품을 창조하거나 수용하면서 알게 되는 어떠한 '무엇'의 진리에 닿아 있다는 것이다. 우리가 흔히 무엇을 아름답다고 표현하지만, 그것이 왜 아름다운가에 대해서는 말하기가 힘들다. 그런데 만약 '진리가 가장 아름다운 것'이라는 전제를 가진다면, 그 무엇이 '진리에 가장 가깝기 때문에 아름답다'라는 대답을 할 수 있을 것이다. 이와 같이 존재와 대상의 진리를 인식하는 과정 속에 예술 행위가 놓여져 있고, 예술 작품이 존재와 대상의 진리를 가장 가깝게 표현하고 있을 때 미가 지각된다는 것이 바움가르텐의 논리라고 하겠다. 가령, 모네가 그린 「수련」을 보며 우리가 아름다움을 느낀다고 하자. 그 아름다움의 심리적 반응이 가능한 이유는 무엇일까. 물론

색감이나 구도가 표출하는 시지각적 효과가 기여하는 바가 없지는 않겠으나, 우리는 수련으로 표상되고 있는 모네의 정신적 지향의 한 단면을 발견함으로써 아름다움을 인식하게 된다. 다시 말하면, 수련은 수면 위에 고요하게 떠있는 그 순간의 인상 속에 모네가 추구하는 자유로운 정신을 담아내고 있다는 점에서 아름다움을 느끼게 해준다. 하나의 대상인 수련에서 인간 정신의 자유라고 하는 관념적 사유의 진리를 발견하는 아름다움인 것이다.

채호기 시집 『수련』은 이를테면 언어에 기댄 미의 사유이고, 그러므로 예술적 창조의 산물인 시의 존재성에 대한 의미 규정이다. 그의 시에서 '수련'은 수련 자체의 물성(物性)에 대한 발견을 '시'라는 존재에 대한 인식으로 확대시키고 있으며, 이 인식은 곧 시의 진리에 대한 접근을 지향한다.

> 거울에는 흰 꽃잎의 뒤꼭지와 풍만한 초록 잎의 등짝이 그대로 비친다.
> 가까이 가보면 거울에는 수련을 찾아온 남자의 얼굴이 보이고
> 그 속으로 새끼 피라미와 이름을 알 수 없는 수중 생물들이 꼼지락거리는
> 또 다른 세계가 있다. 수련의 줄기와 뿌리, 수련의 육체의 절반 가량이 들어 있는 세계.
> 꽃과 잎, 그리고 줄기와 뿌리를 가르는 그 세계는 또한
> 수련의 삶과 수련을 찾아온 남자의 삶을 갈라놓고 있다. 그러나 또한
> 그 거울 속의 미세하게 움직이는 세계에는 하늘과 나무, 잡초, 그리고
> 그가 살고 있는 아파트가 겹쳐져 있다.
> 수련은 그 모든 세계를 닦는 흰 수건처럼 피어 있다.
>
> —「수련은 커다란 거울 위에」 일부

수련은 두 세계의 접점에 피어 있다(경계에 피어 있는 것이 아니다!). 두 세계를 가르는 것은 거울(수면)이고, 거울의 위 / 밑의 세계는 마땅히 경계되어 "수련의 육체의 절반 가량이 들어 있는 세계"와 그렇지 않은 세계로, 또는 "꽃과 잎, 그리고 줄기와 뿌리를 가르는 그 세계"로 갈라진다. 그리고 당연하게도 거울은 수련의 삶과 수련을 찾아온 남자의 삶을 갈라놓는다. 그러나 이 갈라짐은 겹쳐짐을 동반한다. 여기에서 거울은 되비침을 보여주는 인공의 거울이 아니라 얼비침을 갖는 자연의 거울 곧 '물'이기 때문이다. 그의 시 「물 1」은 "그녀의 살갗은 닿는 순간 비닐막처럼 버팅기지만 / 쉽게 열리는 문이다 / 약한 흡반처럼 빨아들이기도 한다」고 '물'을 규정하고 있다. 쉽게 열리고, 흡반처럼 빨아들이는 물로 이루어진 거울이므로, 이 거울은 거울 위 / 밑의 경계를 가지면서도 그 두 공간을 한몸으로 받아들인다. 주체와 객체, 자아와 타아, 인성과 물성, 동물성과 식물성, 육체와 정신, 남자와 여자가 겹쳐지는 순간의 인상이 거울에 펼쳐진다. 이 때 거울은 '그 모든 세계'이며, 수련은 그 모든 세계를 닦는 흰 수건처럼 피어 있다. 거울을 닦는 행위는 거울 속의 사물을 더욱 선명하게 살려내는 일이므로, 수련은 그 모든 세계를 부활하게 하는 에너지다. 그러므로 수련이 생명 탄생의 이미지로 전이되는 것은 자연스러운 현상이다.

> 연못의 가장자리를 가로지르는 짧은
> 나무다리의 평평한 바닥에 걸터앉아
> 그가 수련을 바라볼 때
>
> 시간은 수련의 눈빛처럼
> 하얗게 바래져 희미하게 사라져간다.
> 물방울같이 응축되는 시공—집약된 도약의 순간!

한 여인이 수련처럼 물 밖으로 피어난다

—「한 여인」 일부

모네의 몸 전체는 모네의 화구.
열심히 수련을 애무하는 모네의
불룩한 캔버스 속에서 수련이 곧 잉태된다.
물과 빛과 공기와 수련이 함께 뭉쳐지는
살이 맞닿는 한 덩어리의 움직임으로.

모네의 배부른 몸은 밤새 수련을 분만하는
저 물을 닮았다.

—「모네의 수련 2」 일부

수련의 시편들이 상정하고 있는 '남자와 여자의 겹쳐짐'의 순간이 에로티시즘을 낳고 있음은 절정의 에너지를 구현하기 위한 전략으로 보인다. 수련의 피어남은 생명의 잉태 또는 분만과 동일한 상상력을 갖는다. 마치 물방울같이 작게 응축되고 집약되는 순간에, 수련은 폭발하듯 비약하여 한 여인으로 피어난다. 응축 / 폭발, 집약 / 비약의 두 극단적인 힘의 거리만큼이나 여인의 탄생은 극적이고 휠성적이다. 이 여인(수련)은 또한 물과 빛과 공기와 함께 살이 맞닿는 한 덩어리의 움직임으로 잉태된 것이기도 하다. "물과 수련은 늘 붙어서 뭘 할까? / 뺨을 맞대고서 입김에 젖은 채"(「물 6」 중에서), "네가 수련 옆에 머물러 있을 때 / 수련은 쉴새없이 너의 몸에다 속삭인다."(「공기 6」 중에서)와 같은 행간이 보여주듯이 물, 빛, 공기는 수련과 생명의 호흡을 나누는 에너지들이다. 즉 수련은 이들 에너지의 결합의 절정에서 비로소 탄생하고 있다. 수면 위에서 거의 움직임이 없는 것처럼 보이는 수련이 이처럼 역동적인 생명력을 현현하는 존재라는 인식은 그 존재의 진리에 한발짝 다가서는 일이 아닐 수 없다. 이번 시집에서 수련의 언어들이 만들어내는 아름다움을 확인할 수 있는 지점은 이쯤이 될 것인데, 우리는 당연하게도 채호기의 '수련'이 모네와는 다른 아름다움을 환기시키고 있음을 다음의 시에서 보게 된다.

나는 웅얼거리는 시선을 통해
백지 뒤에 숨겨진 수련의 소리를 듣는다.
꽃봉오리처럼 불룩한 종이의 배에 귀를 대면
고동치는 수련의 숨결.

백지의 자궁으로 잉크가 흘러들고
수련을 잉태하고 있는 흰 백지에
분만을 준비하는 글자들의 구멍.

너의 시선이 닿는 순간 수련은 피어난다.
잔잔한 백지의 수면 위로,
네 의식의 고요한 수면 위로.

—「백지의 수면 위로」 일부

모네의 수련이 '불룩한 캔버스 속'에서 잉태되었다면, 시의 수련은 '불룩한 종이의 배'에서 그 숨결이 고동치고 있다. 백지는 수면이고 거울이다. 그 백지에 '나'의 시선과 '너'의 시선이 얼비쳐 '그 모든 세계'로 접점되는 순간 수련은 피어난다. 이 수련은 "백지의 자궁으로 잉크가 흘러들어" 잉태되며, 글자들의 구멍에 의하여 분만이 준비된 것이다. 시적 대상으로서의 수련은 그 뿌리와 줄기를 물 속에 숨긴 채 꽃만을 물 밖으로 드러내고 있으며, 시로서의 수련은 의식의 심연에 발을 담근 채 언어적 기표로써 저 심연의 세계를 닦아낸다. 즉 시는 우리가 들여다보기 힘든, 혹은 죽어 있는 의식을 우리의 시각 또는 인상에 되살려내는 것이다. 시인 스스로가 고백하였듯이, 수련이 수중 세계의 신비를 알려주는 메신저라면 시는 우리 몸이 부딪히며 겪는 세계를 의미화하여 알려주는 메신저이다. 수련이 물, 빛 공기의 에너지를 흡입하며 존재하는 것처럼, 시에서도 "많은 언어들이 저 물 속에 잠겨 있다. //많은 생각들이 공기 속에 녹아 있고 / 많은 말들이 햇빛 속에 숨어 있다"(「많은 언어들이 저 물 속에 잠겨 있다」 중에서). 그러므로 수련의 몸은 시의 표상이다.

채호기는 이번 시집을 통하여 이전의 시집들에서 탐구했던 '동물성의 몸'의 덮개를 어느 정도 벗어내고 있는 것으로 생각된다. 수련의 몸은 식물성이다. 그에게 있어 시쓰기는 욕망하고 투쟁하고 갈등하는 몸의 저 깊은 곳으로 내려가 부동(不動)의 한 근원을 찾는 일이 되고 있다. 우리가 볼 수는 없으나 수련의 뿌리가 심연에 닿아 있듯이 아마 시의 뿌리도 우리를 그 근원으로 인도해 주지 않을까. 그래서 시인은 이렇게 적고 있다.

> 수련의 향기와도 같은 삶의 매혹은 그것에서 생기는지도 모른다.
>
> ―「어느 날 문득」 일부

## 2. 시, 관음의 울음을 울다

양문규 시집 『영국사에는 범종이 없다』가 그려내는 풍경은 쓸쓸하고 아름답다. 가령 이 시집에 실린 첫 번째 시에서 시인이 "눈이 내리고, 찬바람 부는 날 / 어두워져 가는, / 검은 들녘 속으로 사라져 간 / 네 그림자를 / 망연히 생각해 보는 때가 있는가?"(「나무에게 묻는다」 중에서) 하길래 정말 그런 생각을 해보았더니 참으로 쓸쓸해졌다. 그 그림자가 나의 것인지 또는 한 번의 면식도 없는 시인의 것인지는 알 수 없지만 어떻든 한 쓸쓸한 사람의 뒷모습을 보는 것 같았다. 그리고나서 이 시가 아름답다는 생각이 들었다. 나를 쓸쓸한 감정에 빠뜨릴 수 있는 시를 아름답지 않다고 할 수는 없는 일이다. 이렇듯이 양문규의 시는 서정의 힘을 지니고 있다. 새삼스러운 이야기가 되겠지만, 서정시의 언어는 주관과 대상이 만나는 지점에서 탄생한다. 이른바 동일성의 시학, 주관이 대상화하거나 또는 대상이 주관화하는 과정에서 이루어지는 서정적인 교감의 순간에 시의 언어는 빛난다. 시인이 "저기 저 산처럼 / 하늘에 귀를 대고 / 가슴 미어질 / 소리 듣는 때 있는가?"라고 나무에게 묻고 있음은 곧 시인 스스로에게 그렇게 묻고 있음이며, 가슴 미어질 소리를 듣는 것도 나무이며 또한 시인이다. 우리가 흔히 시적 정서라고 부르는 것이 독자로 하여금 동화력을 발휘하는 이유는 이와 같이 시의 세계를 이루는 주관과 대상이 한덩어리의 몸으로, 온몸으로 그 정감을 세계 밖으로 밀고나오기 때문이다.

절 속으로 들어가는 길
무심코 밟고 지나갔을,
이 세상의 가벼운 눈물 한 방울
눈을 맞춘다
눈의 길이 눈 속으로 들어간다
끊임없이,
추억의 오랜 울음을 감싸안고
그 속을 내가 간다

—「눈길」 일부

바람은 매양 절 속에서
나래를 접고 깊은 숨쉬기를 한다.
모든 것들의 울음으로
마르지 않는, 물의 꿈을 몸 속에 가둔다.

—「수국」 일부

이번 시집에서 주목되는 정서적인 현상은 '절 속'에 들어앉은 화자의 '울음'이다. 절 속으로 들어가는 화자는 오랜 울음을 감싸안고 있으며, 모든 것들의 울음을 몸 속에 가두고 있다. 절 속으로 들어가는 길이 아니라면, 즉 세속적 · 일상적 세계로 열린 길이라면 "무심코 밟고 지나갔을, / 이 세상의 가벼운 눈물 한 방울"이, 절 속으로 들어가는 길의 탈속적 · 비일상적 세계("눈의 길이 눈 속으로 들어간다"는 행간이 열어두는 세계)에서는 격렬한 감정을 수반하는 '무거운 울음'이 된다. 그러니까 절 바깥에서는 가벼이 울었지만, 절 속에서는 무겁게 울게 되었다는 것이다. 세속적 세계에서의 삶을 표상하는 '서울의 새'는 두 다리에 족쇄가 채워져 있어 "주는 모이에 배를 채우고 / 흘린 빵 부스러기에 눈이 멀어 / 노란 부리로 제 몸을 치장할 뿐 / 새는 나는 것을 모른다"(「서울의 새」 중에서). 세파로 인한 좌절과 자기 모멸의 삶이 바로 절 바깥의 세계이다. 그러기에 시인은 눈물을 흘렸을 것이고, 마침내는 서울을 떠나기에 이르렀을 것이다. 시 「화정을 떠나며」가 여실하게 형상화하고 있는 세속에서의 떠남은 시인의 현실인 동시에 시의 현실로 의미화한다. 서울(화정)을 떠난 시인은 절 속으로 들어가는 길의 풍경 속에서 "새들은 푸드득, / 눈 속으로 가지 않아도 가고 있"(「눈길」 중에서)는 장면을 발견하고는 추억의 오랜 울음을 감싸안는 것이다. 그런데 마치 새의 두 다리를 옭아매었던 족쇄를 풀어버린 것처럼 일상적 삶의 구속을 벗어버린 '절 속'에서의 울음은 '절 바깥'인 서울에서의 울음과는 다른 의미를 지니기 마련이다.

우리 삶 또한 저 가을산과 같아서
우러러 그 울음 지상의 단 한 번 마지막 불을 켜들고
세상 속으로, 그 어둠 속으로
불타는 꽃잎 속을 가로질러 간다.

—「삶이 아름다운 까닭」 일부

마음속의 관음
종소리 아닌 종이 운다

절 밖
아름드리 은행나무,
큰 울음
나무등걸 속에 내장한 채
하늘을 떠받들고 서 있다

—「영국사에는 범종이 없다」 일부

삶의 고통에 좌절했던 시인은 어느덧 "단 한 번 마지막 불을 켜들고 / 세상 속으로, 그 어둠 속으로" 가로질러 가고자 하는 욕망(시인에 의하여 이 욕망은 '불타는 꽃잎'으로 미화된다)을 내비침으로써 삶이 아름다운 까닭을 성찰하고 있다. 시인은 스스로 자기 존재를 '가을산'으로 인식하는데, 가을산은 삶의 중심에 아직도 꽃을 피운다. 우리의 삶이 가을산과 같다면 시인은 자신의 울음을 '단 한 번 마지막'으로 세상 속으로 붉게 붉게 토해내고자 하는 것이다. "그리움 저편, 애태우며 토해내지 못하는 / 바위 속 뜨거운 눈시울 / 내 몸 속에 너를 파묻고 / 내 몸 속에 너를 키운다』"(「내 몸 속에 너를 키운다」 중에서)와 같은 시행에서 확인할 수 있는 것처럼 시인의 내면은 은밀하게 '어둠 밑으로 뿌리를 뻗는' 의식의 지향을 키워 왔다. 뜨거운 눈시울로! 시 「대숲 속으로」가 "나, 해진 몸을 이끌고 / 대숲 속으로 입주하고 싶다"고 분명하게 언명하고 있음도 이와 통한다고 하겠다.

이쯤에서 우리는 양문규의 시가 세상살이의 신산스러움과 삶의 좌절로 인하여 분연히 떠나왔던 세계에 대하여 은밀하게 맞서고 있음을 확인하게 된다. 그러므로 절 속에서 흘리는 시인의 눈물은 세상에 절망하는 눈물이 아니라 세상을 꽃피우는 눈물이다. 그것은 관음(觀音)의 울음, 불교적인 표현을 빌리자면 사바 세계의 중생을 구원하기 위한 눈물인 것이다. 시인의 마음속에는 관음이 살고 있어 구원의 종소리를 울리고자 한다. 영국사에는 범종이 없으므로 그 종소리가 마음속에서 울려나와야 할 것은 당연하다. 그 관음의 울음은 '절 밖'의 아름드리 은행나무의 울음으로 실체화된다. "큰 울음 / 나무등걸 속에 내장한 채 / 하늘을 떠받들고 서 있"는 은행나무야말로 시인의 지향하는 스스로의 삶의 모습이다. 양문규는 이 시집에서 우리에게 관음의 울음소리를 들려주고 있다. 시가 그것을 가능하게 했던 것이다.

## 3. 폭포가 사라진 곳

폭포가 사라진 곳은, 폭포가 '없는 곳'이 아니라 폭포가 '있었던 곳'이다. 다시 말하면 지금의 시점에서 폭포의 부재를 확인하는 곳이 아니라, 지금은 비록 없지만 지나간 시절의 그 어느 때에는 현존이었던 폭포를 떠올리는 곳이 바로 폭포가 사라진 공간이다. 따라서 이 곳은 소멸되거나 상실한 것이 다시 존재하는 재생의 공간이며, 시의 언어가 아닌 그 어떤 것으로도 이러한 공간을 그려낼 도리가 없다. 그러기에 우리가 김수복의 시집『사라진 폭포』에서 사라진 것, 잃어버린 것을 다시 만나게 되는 것은 가장 근원적인 시적 체험이 된다.

> 을지로 5가 방산 시장 골목 안 은하장 여관 옥탑방에서 보낸 그 해 겨울의 빈 의자와 쓸쓸한 전화 몇 통, 밖으로 나돌 수 없었던 침묵 속의 미로들, 출구를 봉쇄당한 슬픔, 자꾸만 내려가고 싶었던 계단, 돌을 던지고 싶었던, 그러나 가 닿지 않았던 막막한 공중, 창문을 열 수도 없었던, 아니 창문이 없었던, 그림자도 지우고 숨어 있었던, 아니 뜨거운 그림자를 가슴에 품고 거리를 뛰었던, 사랑하는 사람을 사랑한다고 말할 수 없었던, 모른다 모른다 모른다고만 말했던, 그러나, 밤마다 은하수 흐르는 옥상에서 하늘을 우러러보았던, 은하장 여관 옥탑방,
>
> 옥탑방으로 이사 온 후 며칠 동안 앓았습니다 빗소리가 가슴을 두드리고 지나가고 새들이 그 동안 잊고 있었던 먼 소식을 던져놓고 하늘을 건너갑니다 밖에는 갓 피어난 능소화들이 낡은 계단을 타고 올라옵니다
>
> —「옥탑방 · 하늘 민박 1」 일부

이 시의 화자는 옥탑방에 이사를 들어 오래 전 '은하장 여관 옥탑방'에서 보낸 겨울을 떠올린다. "돌을 던지고 싶었던, 그러나 가 닿지 않았던 막막한 공중, 창문을 열 수도 없었던, 아니 창문이 없었던, 그림자도 지우고 숨어 있었던 (…중략…) 사랑하는 사람을 사랑한다고 말할 수 없었던, 모른다 모른다 모른다고만 말했던, 그러나,

밤마다 은하수 흐르는 옥상에서 하늘을 우러러보았던" 지난 날의 옥탑방은 이미 현실의 삶에서는 사라져버린 것일 수밖에 없다.

그러나 시인은 현실의 옥탑방을 '지상으로 내려가는 길은 너무 멀고 계단은 하늘 가까이로만 뻗어' 있는 시적 공간으로 유추함으로써 잃어버린 옥탑방을 현존시킨다. 이 시의 화자에게 있어 은하장 여관의 옥탑방은 고독, 열정, 사랑과 같은 젊은 날의 시간을 뜨겁게 달구었던 정서들로 충만한 공간이었다. 그 공간이 '갓 피어난 능소화들이 낡은 계단을 타로 올라' 오듯이 현실로 되살아남으로써 화자는 며칠 동안을 앓아야만 한다. 과거 / 현재, 땅 / 하늘, 빛 / 어둠, 소멸 / 재생 등의 대립적인 국면이 은밀하게 소통하는 지점에서 시는, 그리고 시인은 보다 본질적인 세계로 거듭나기 위하여 신열을 앓기 마련인 것이다.

그래서 저녁 강물, 늙은 물푸레나무, 가을 들녘 등 이전에 김수복의 시에서 자주 만날 수 있었던 '어스름'과 '젖음'의 이미지들이 이번 시집에서는 더욱 예사롭게 보이지 않는다. "몸 속으로 번져오는 슬픔을 온몸으로 떠받아 올리며"(「저녁 강」) 삶의 불화를 다스리고 있는 시적 주체의 지극한 내적 성찰이 그러한 이미지들에 겹쳐지고 있기 때문이다. 김수복의 언어가 '제 몸 속의 슬픔'을 들여다보고 있음을 말할 때 그 슬픔은 폭포가 사라진 곳, 은하장 여관의 옥탑방이 사라진 곳에서의 우리 삶을, 우리 몸을 '떠받아 올리는' 힘이 되고 있다.

제2부

# 삶의 은유와 사유

# 시적 주문과 우울한 실재

시의 근원에는 시인의 자의식이 도사리고 있다. 아무리 의도적으로 찢고, 뒤틀고, 흔들어도 시인의 언어는 그 시인에게서 그다지 멀리 벗어나지 않는다. 시적 언어의 자기충족성을 추구하는 것이 시가 지향하는 것이기는 하지만, 이때의 시적 언어는 '의미'에서 해방되고자 하는 것이지 '시인'에게서 해방되고자 하는 것은 아니다. 즉 한 편의 시가 의미를 낳든지 또는 낳지 못하든지 간에, 시는 시인의 자의식의 표현일 수밖에 없다. 다시 말하면, 시적 텍스트가 원관념이 삭제된 기호로서만 존재하고 있는 경우라고 할지라도 그 텍스트는 파편화된 이미지 속에 시인이라고 하는 실재를 드러내고 있는 것이다. 이를테면 김춘수의 무의미 시론이 이르렀던 곳, 시의 언어가 주문(呪文)이 되고 무(無)의 소용돌이가 되는 곳에는 아무런 의미도 남아 있지 않지만, 신을 향하여 주문을 외움으로써 구원받고자 하는 인간의 종교적 절실성은 뚜렷하게 시에 남겨져 있다. 의미가 배제된 시적 언어가 마치 주문처럼 반복됨으로써 '리듬'을 낳고, 그것은 '소리를 통한 절대 해방'으로 인간 구원의 메시지를 던져 주는 것이다. 따라서 의미의 연결성이나 이미지의 완결성을 보여주지 않는 시적 텍스트의 독법은 일단 그 추상화된 색채 속에 감추어진 인간적 실재를 추출해 보는 것이 중요하다.

> 나도 기계가 되고 싶다
> 풀을 뜯는 기계
> 쇠를 깎는 기계
> 땅을 갈아엎는 기계
>
> 기계가 되고 싶다
> 풀을 뱉는 기계
> 딱딱한 열매를 까는 기계
> 쇠를 깎아 쇳조각을 토하는 기계
>
> 식초를 만드는 기계
> 곡식을 녹이는 기계
> 휘발유를 먹는 기계, 전기를 먹는 기계
>
> 공장에 놓인 기계
> 밀실에 놓인 기계
> 화물선이 싣고 갈 기계
> 보이는 기계
> 만져지는 기계
>
> 그런 기계가 되고 싶다
> 숨통을 물어뜯어 기름을 붓고
> 손목에 구멍을 내 전선을 넣고
> 나도 그런 기계가 되고 싶다
>
> — 박상순, 「아메바에게 부치는 편지」

기계가 되고 싶어서 '기계'라는 말을 주문인 듯 되풀이하는 시적 화자가 있다. 그런데 그가 되고 싶어 하는 기계의 정체가 선명하지 않다. 풀을 뜯고 쇠도 깎으니 자연과 인공에 두루 작용하는 기계이므로 그 기능을 규정하기 어렵고, 공장에 놓이기도 하고 밀실에 놓이기도 하므로 그 크기나 형체가 짐작이 되지 않는다. 이와 같이 기계로서의 용도와 형태가 불분명한 기계가 되고자 하는 시적 화자의 화법은 결국 하나의 사물로서의 기계가 아니라 관념 또는 상황으로서의 기계를 지향하는 것으로 보인다. 그런데 "숨통을 물어뜯어 기름을 붓고 / 손목에 구멍을 내 전선을 넣고" 해야 하니까 화자가 되고자 하는 기계는 아무래도 '인간적인 것'(숨통, 손목)을 포기하거나 파괴시켜야만 만들어지는 것인 것 같다. 어떤 경우이든 시적 화자는 인간일 수밖에 없으므로, 인간이 자기 스스로의 인간성을 파괴시키고 기계가 되고자 하는 시의 논리는 당황스러운 것이다. 위의 시는 이처럼 언표상으로는 낯설고 애매한 의미를 지시하는 분절된 이미지로 구성되어 있다.

시인의 자의식을 찾아내는 일은 이 지점에서부터 시작된다. 우선 시의 텍스트가 '아메바에게 부치는 편지'로 규정된 점을 주목해 보자. 아메바는 원생동물로서 아주 저등 단계의 생명체인데, 하필이면 그런 아메바에게 보내는 편지가 바로 기계가 되고 싶다는 내용이다. 이 시에서 기계는 무슨 일이든 해내고 그 어디에도 존재하며, 인간의 숨통과 손목을 바쳐야만 실현되는 신적인 존재이므로 아주 고등한 생명체이다. 그런 기계가 되고 싶다는 편지를 아메바에게 보내다니! 우리는 이쯤에서 시적 화자가 처해 있는 삶의 환경이 기계 시대 - 고도로 산업화되고 문명화된 시대임을 알아차릴 수 있으며, "나도 기계가 되고 싶다"는 행간은 기실 기계의 삶을 살아가야 하는 비극적인 운명에 대한 혐오를 역설적으로 드러낸 것으로 보여진다. 이 시가 반복하고 있는 '기계'라는 언사는 기계의 삶에서 해방되고자 하는 시인의 자기 최면을 위한 주문이었던 것이다.

> 정월 초닷새
> 따스한 날,
> 젊은 사내를 묻는다
> 술 취한 친구와 쑥국새 울음소리
> 사내를 자꾸 밟는다
> 어느 아낙이
> 밥알이 붙은 양푼 그릇에 떠준
> 물을 마시다,
> 목숨 壽字 새겨진 그릇 밑바닥을 보았다
> 살얼음이 낀 정월 초닷새
> 설답지 않은 설을 끝내고
> 물그릇 속에 목숨 壽字 하나 붙은
> 몇 사람 서 있다
> 울지도 않고
> 수런수런 서 있다
>
> — 우대식, 「山役 · 2」

이 시는 요즘 들어서는 드물게 발견되는 전통적인 시의 어법을 보여준다. 오래 단련된 어법을 지니고 있으니만큼 "술 취한 친구와 쑥국새 울음 소리 / 사내를 자꾸 밟는다"와 같은 행간의 예처럼 견고하고 투명한 의미와 이미지를 드러내고 있다. 우리는 이 시에서 죽은 자를 보내는 산역(山役)의 한 장면에서 추출한 시적 성찰이 살아남은 자의 삶에 '살얼음'처럼 서리는 순간을 만나게 된다. 젊은 사내를 묻다가, 살아있다는 것이 "목숨 壽字 새겨진 그릇 밑바닥을 보"

는 행위로 확인됨을 보는 시인의 시선에는 삶과 죽음의 경계가 그다지 뚜렷해 보이지 않는다. 삶이란 그저 물그릇 속의 물을 마시는 과정이며, 그 한정된 물을 다 마셔버렸을 때 죽음이 찾아오는 것이다('물'은 원형적인 의미로 생명을 뜻하는 것이기도 하다). 그 물그릇인 양푼에는 '밥알'이 붙어 있다. 시인의 예사롭지 않은 감각이 여기에서 빛난다. 밥알이 붙어 있는 양푼-이것이 곧 삶의 모습인 것이며, 그러므로 삶이란 누추하고 몫이 그다지 크지 않은 것이다. 그런 삶을 유지하고 있는 사람들이 죽은 자를 위하여 울어 줄 자격이 있는 것일까. 이 시는 "울지도 않고 / 수런수런 서 있"는 삶의 모습을 통하여 우리를 팽팽하게 긴장시켜 준다.

가을 산 초입에서
수천의 사연들이 명멸하는
동안
나도 내 몸을 쪼개고 나눈다
삶의 군더더기
헐거운 육신으로 쌓아올린
높고 낮은 층마다
견고하게 자리잡은
단아한 욕망들
해탈의 굴레를
벗으면 벗을수록 무거워져
영겁의 시간으로도 허물 수 없는,
허!
존재는 관념 덩어리.

— 양은창, 「돌탑」

양은창에 이르면 삶의 인식은 보다 관념화된다. 이 시에서 '돌탑'은 시적 화자의 자기 존재와 동류항이자 대체물이다. 욕망으로 가득 찬 인간이 그 욕망의 실현을 꿈꾸며 쌓은 탑은 욕망 자체일밖에 없다. 그러므로 인간의 돌탑 쌓기는 "벗으면 벗을수록 무거워져" 감으로써 견고해지고, 그것은 "영겁의 시간으로도 허물 수 없는" 것이 된다. 그것은 해탈이 아니라 굴레인 것이다. 이 경우 시인의 존재 인식은 매우 비관적인 것으로 보여진다. 즉 돌탑은 종교적인 해탈의 상징이 아니라 인간 욕망의 표현이 되고 있으므로, 존재는 '관념 덩어리'인 동시에 '욕망 덩어리'인 것이다. "나도 내 몸을 쪼개고 나눈다"는 돌탑 쌓기가 삶의 군더더기를 벗어내는 것이 되지 못하고 오히려 욕망을 쌓는 것이라는 시인의 자의식이 체념적으로 들려오고 있다.

미끄러운 지하 계단을 밟고
굴 속으로 내려갑니다
시린 발소리만 울리는 긴
통로를 지나 더 깊은 곳으로
에스컬레이터를 타고 내려가

전철 속 말이 없는
사람들 속에서
선전 포스터 속 졸고 있는
시간 속에서
스쳐 지나가는 어둠 속
바퀴와 레일의 마찰음 속에서

모자를 눌러 쓴 소녀의
지쳐 있는 가방 속에서

촉수 긴 겨울 귀뚜라미가
굴 속을 더듬으며 여러 번
울었습니다
가방에서 나온
빨간 휴대폰 속에서
울었습니다

— 허의행, 「빨간 휴대폰」

삶을 비관적으로 바라보는 시선은 현대화된 일상의 모습에서 더욱 뚜렷해지기 마련이다. 이 시는 단절되고 고립된 이미지를 반복함으로써 현대적인 삶의 우울을 그려내고 있는데, 그것은 굴 속, 전철 속, 사람들 속, 선전 포스터 속, 시간 속, 어둠 속, 마찰음 속, 가방 속 등과 같은 폐쇄적인 공간을 배치시켜 둔 것이나 미끄러운, 시린, 말이 없는, 졸고 있는, 스쳐 지나가는, 지쳐 있는 등과 같은 격절감이 느껴지는 감각을 동원하고 있는 것에서 확인된다. 그리고 이와 같은 공간 배치와 감각 처리는 '촉수 긴 겨울 귀뚜라미'인 듯 우는 '빨간 휴대폰'의 이미지를 드러내기 위하여 작용하고 있다. 휴대폰이란 기능적으로 볼 때 사람과 사람 사이의 커뮤니케이션을 가능하게 하는 것이다. 따라서 그것은 인간의 관계를 매개하는 매우 바람직한 문명의 산물이다. 그러나 이 시에서 휴대폰은 오히려 철저하게 고립된 존재의 이미지로 표현되고 있다. "울었습니다"라고 하는 행간이 두 번 겹쳐지는 동안 우리는 전언(傳言)의 기능을 상실한 채 공허하게 떠도는 인간의 소리를 지켜보게 되는 것이다. 어디에서나, 누구에게나 메시지를 전할 수 있는 핸드폰을 갖고도 항상 단절의식을 품고 사는 것이 현대인이다. 아마도 이 근원의 고독을 치유하기 위하여 시가 존재할 것인데, 이 시가 마치 겨울 귀뚜라미처럼 울고 있는 인간의 모습을 상상케 하는 것도 그런 까닭에서일 것이다.

삶의 우울을 이야기하거나 시인의 비관적인 세상 읽기를 드러내는 것은 시가 스스로의 역할에 충실하고 있음을 말해 준다. 위에서 읽은 몇 편의 시를 통하여, 시의 문학적 에너지가 소진되었음을 경고받은 지가 이미 오래임에도 불구하고 결핍되고 피곤한 삶을 살고 있는 우리가 긴장된 성찰의 계기를 얻을 수 있게 된 것은 다행스러운 일이다. 한 세대 전의 시인인 신동엽은 시를 "우리들의 내질(內質)을 통찰하여 그 영원의 하늘을, 그 영원의 평화를 슬프게 그리는 것"이라고 한 바 있다. 퇴폐의 미학에 빠져들지 않고 세계와의 불화를 '슬프게' 언어화하는 것은 시의 위의를 지켜내는 일이 될 것이다.

# 사물의 몸을 여는 시

우리는 사물을 현상이나 풍경으로 인식하는 데 익숙해져 있다. 사물이 자재적 존재로서 그 스스로를 누군가에게 드러내고 있다는 생각보다는 인간의 눈에 보여지고 인식되는 여부에 따라 그 사물의 존재성을 받아들이는 태도가 그것이다. 이것은 철학적 인식론의 오랜 논의와도 이어지고 있기 때문에 이 글에서 다룰 만한 내용이 되지 못하지만, 시의 사유에 있어서도 이러한 태도는 매우 익숙한 사물 인식의 방법임을 확인해둘 필요가 있다. 가령 시의 비유적 표현이나 낯설게 하기, 전경화와 같은 현대시의 기법들은 인간이 지니고 있는 사물에 대한 자동화된 인식을 전복시키기 위한 장치이므로, 이와 같은 기법의 심리적 기제 속에는 인간의 인식 여부에 의하여 사물이 죽거나 혹은 새로 태어날 수 있다는 논리가 스며들어 있는 것이다.

그러나 인간이 만든 철학이나 시의 논리가 어떠하든지에 상관없이 사물은 스스로 존재하고 또 스스로 생장·소멸하는 것이 자연의 본질적인 모습이다. 한 송이의 꽃이 피었다가 지고, 한 마리의 새가 태어나서 죽는 우주적 질서 앞에서 인간의 인식은 아무런 역할도 하지 못한다. 인간이 보아주지 않아도 사물은 존재하고 있으며, 자연을 이루고 영속시키는 데 있어 인간과 마찬가지의 힘으로 존재의 관계망을 형성하고 있다. 이를테면 사물들 역시 그 하나하나가 메를로 퐁티의 현상학이 말하는 '세계-로의-존재'로서, 주변 환경과 하나가 되어 일정한 계획을 설계하고 그 속에서 꾸준히 관계를 맺는 '주체적 몸'인 것이다. 따라서 우리가 바라보는 자연(대상)의 현상이나 풍경이 본질성을 갖기 위해서는 사물이 타자의 주체임을 우선 인정해야 하는데, 우리의 관습화된 관념은 이를 방해하기가 십상이다. 시 또한 오래도록 사물을 인간 정서의 상관물로 여겨왔으므로 사정은 마찬가지라 하겠으나, 그런 관습을 전복시켜 보고자 한다면 아무래도 시에 그 역할을 맡기는 것이 옳을 듯하다. 시는 반역에 아주 적절한 도구인 까닭이다.

딱새 한 마리가 잡목림의
산뽕나무 가지에 앉아 허공에서
무엇인가 찾고 있다 딱새의 그림자도
산뽕나무에서 내려오지 않고
가지에 그냥 붙어 있다
박새 한 마리도 산뽕나무 뒤편
붉나무 가지를 두 발로 잡고 있다
그러나 산뽕나무 저편 필배나무에서
문득 날아오른 새 한 마리는
남쪽의 푸른 하늘에 몸을 숨기더니
다시 나타나지 않는다
새가 몸을 숨긴 그 하늘 아래는
집을 짓고 사람들이 산다

— 오규원, 「새와 집」

위의 시는 근년에 이르러 오규원이 이루어낸 시적 성취를 온전하게 보여주고 있다. 그의 화두인 '날[生] 이미지'의 세계는 인간의 관념과 판단이 거부된 사물의 현상, 곧 '살아 있는 현실'을 드러내는 존재의 공간이다. 이 공간에서는 인간의 시선이 배제된 상태에서 사물이 그 색과 질을 스스로 현현시키며, 모든 존재는 서로에게 간섭하기를 포기한 채 자신의 몸을 여는 행위만으로 스스로의 존재를 말한다. 이때 시는 인간적인 정서나 인식에 관련된 것이 아니라 사물 자체의 역동성, 사물과 사물 사이의 관계성, 시간적·공간적 변화와 함께 양태를 달리하는 존재적 질의 변환성에 대한 기록이 된다. 즉 언어에 의하여 구현된 소우주가 바로 시가 되는 것이다.

가령 위의 시에서 보자면, 딱새 한 마리, 산뽕나무 가지, 허공, 딱새의 그림자, 박새 한 마리, 붉나무 가지, 팥배나무, 문득 날아오른 새 한 마리, 푸른 하늘, 집을 짓고 사는 사람들 등 이 시를 이루는 사물들은 인과관계나 종속관계로 서로를 구속하고 있지 않다. 딱새 한 마리가 산뽕나무 가지에 앉아 있으므로 딱새의 그림자가 산뽕나무 가지에서 내려올 수 없는 것은 현상적 실체이다. 그러나 시인은 "딱새의 그림자도 / 산뽕나무에서 내려오지 않고 / 가지에 그냥 붙어 있다"고 표현함으로써 딱새의 그림자를 딱새에게서 해방시키고 있다. 딱새의 그림자는 딱새에 종속된 사물이 아니라 그 스스로 산뽕나무에서 내려오지 않고, 가지에 그냥 붙어 있는 개별화된 존재인 것이다. 딱새와 딱새의 그림자 사이를 규정하는 것은 두 개의 사물이 보여주는 공간적인 분할과 존재태이며, 이것은 곧 사물이 순수하게 그 자체의 현상만으로써 존재함을 보여준다. 이때 시의 언어는 인간에게 빼앗겼던 사물성을 다시 사물에게 되돌려주는 역할을 하게 되며, 이것은 운명적으로 인간을 위해 봉사할 수밖에 없었던 언어로서는 매우 불순한 행위가 된다.

그렇다면 시인은 왜 언어적 반역을 노리는 것일까. "새가 몸을 숨긴 그 하늘 아래는 / 집을 짓고 사람들이 산다"고 했음을 눈여겨 보자. 사람이 아닌 모든 존재들이 사물성을 획득하고 있는 그 공간 속에서는 사람들 역시 사물로서 존재하게 된다. 사물로서 타자화되지 않은 현실 세계의 사람들은 '집'을 짓고 산다. 집은 자연에 제대로 깃들지 못한 인간의 반자연적 행태가 구축한 인위(人爲)의 표상이다. 인간은 집을 짓게 됨으로써 자연과 경계를 긋고, 다른 사물들을 집 바깥에 놓아둔 채 인간들만의 세계에 안주하고자 했다. 따라서 집을 짓고 사는 사람들은 존재의 관계망을 훼손한 존재이므로, 그들의 사물성을 회복시키는 일은 곧 자연의 본래적인 질서를 되찾는 일이 될 것이다. 자연은 '허공' 또는 '하늘'처럼 무한하게 열려 있으므로 모든 존재의 어울림을 가능하게 하며, 모든 생명의 영속성을 지켜줄 수 있다. 이 시와 같은 지면에 발표된 「마당과 새똥」이라는 작품의 첫 행은 "집을 나서면 어느 곳에나 길이 있다"고 적고 있는데, 허공이나 하늘이 '어느 곳에나 있는 길'로서 인간을 생명의 시원으로 인도하는 공간 지향을 보여준다. 텅 빈 공간이 가장 충만한 존재의 근원이 되는 역설로써 인간을 하나의 사물로 환원시키는 오규원의 시적 논리는 의미있는 것이 된다. 그의 언어는 다른 사물과 더불어 자연적 질서 속에 존재하고자 하는 욕망의 표현이기 때문이다.

매연과 소음이 층층이 쌓인
주차빌딩이 텅 비었습니다
별의별 주인들 싣고
형형색색 자동차들 모두 퇴근한 밤
출입구 비상등마저 꺼지고
철근시멘트의 흉칙한 몰골만 남았습니다
사람의 자취 끊어지면 저렇게 되는군요

캄캄한 고요가 깊어갈 때
시커먼 주차장 기둥 뒤에
신분을 알 수 없는 인적이 어른거리면
불안한 긴장이 어둠을 깨뜨리고
보는 이 마음까지 두려워집니다
사람의 형체 나타나면 이렇게 달라지는군요

— 김광규, 「사람의 자취」

이 시는 오규원의 표현대로라면 '집을 짓고 사는 사람'들의 일그러진 '몸'을 보여주고 있다. 주차빌딩에 사람의 자취가 끊어지면, 출입구 비상등마저 꺼지고 철근시멘트의 흉칙한 몰골만 남는다. '집'은 이렇듯이 인간의 부재에 의해 쉽게 공동화(空洞化)되는 것이므로 집의 존립 근거는 인간의 존재 여부에 따른다. 말을 바꾸면, 인간의 몸과 집의 형체가 존재적 의미에서 등식을 이루게 된다. 그런데 집의 형체는 어떠한가? 매연과 소음이 층층이 쌓여 있고, 흉칙한 몰골의 철근 콘크리트이다. 물론 "사람의 자취 끊어지면 저렇게 되는군요"라고 했으니까, 사람의 부재가 그와 같은 폐허적 이미지의 집(주차빌딩)으로 만든 원인이라고 할 수도 있겠다. 그러나 기실 사람이 부재하든 존재하든 간에 집은 매연과 소음이 쌓여 있고 흉칙한 몰골인 것이 현실적인 상황이다. '형형색색 자동차들'이 모두 출근한다고 한들 그 몰골이 아름답게 변하는 것은 아니다. 사람이 부재하고는 있으나 집은 이미 사람의 존재를 담보하고 있으며, 그런 까닭에 집의 폐허성은 현재의 집을 잠시 떠나 다른 집으로 갔다가 아침이면 돌아오는 인간적 삶의 폐허성을 암시하고 있다. 즉 주차빌딩에 사람의 자취는 끊어졌으나 여전히 사람들은 흉칙한 몰골로 그 주차빌딩에 남겨져 있는 것이다.

이 점은 시의 후반부에 이르러 사람의 형체가 실체로 나타날 때 화자가 갖는 심리적 두려움에서 명확해진다. 주차장 기둥 뒤에서 '신분을 알 수 없는 인적'에 의하여 두려워지는 화자의 심리는 인간에 대한 공포감의 표현이다. 인간이 아름다운 존재라면 텅 비고 어두운 주차장에서 만나는 사람의 형체에 이렇듯이 두려움을 느낄 이유가 없다. 이 시가 형상화하는 '사람'은 어둠 속에 숨어서 노려보는 흉칙하고 두려운 존재로서, 이는 '집'의 폐쇄된 공간 속에서 마주치게 됨으로써 더욱 공포스러운 대상이 된다. 이렇게 볼 때 위의 시에서 사람의 자취, 사람의 형체로 구체화된 사람의 몸은 생명성이 넘치는 건강한 존재가 아니라 매연과 소음에 찌든 병적 존재로서, 자연적 질서에서 낙오하여 인위의 집 속에 폐쇄당한 현대인의 삶의 양태를 구현하고 있다. "몸을 전혀 못 느끼고 / 내 몸이 있는 줄도 모르면서 오래 / 살아왔습니다 (…중략…) 어느새 정신이 멀어져 가는 자리에 / 몸뚱이 혼자 주저앉아 / 안으로부터 무너지고 있습니다"(「가느다란 소리」 중에서)라는 행간에서, 화자가 자신의 병든 육신을 인식하고 있음도 포괄적인 의미에서 인간의 병든 삶에 대한 천착이 되고 있다.

박수근 화집 빌리러
도서관 가다가
신호등에 잠깐 멈춘 모래내
길갓집 마당의 홍시 한 알을 보았다

눈 올 듯 흐린 저녁,
잎 다 떨군 나무에 누가 숨어
저토록 환한 불꽃을 피워 올리는지

점점 얼어붙는
하늘의 꿈, 땅의 슬픔을 안고
둥글게 타오르는 저 묵언의 빛 속에

술 취한 부랑자도 종종걸음치는 여학생도
부서진 낙엽도 도둑고양이도
두런두런 형제처럼 모여 앉아
언 손과 발을 녹이는 것을 바라보다가

그러다가,
휙, 핸들 꺾어 집으로 돌아간다

오늘밤엔 며칠 째 등 돌린
아내의 몸을 풀무질 해
감씨 같은 아이 하나 만들어 볼까,
콧노래 부르면서 혼자
얼굴 붉히면서

— 전동균, 「홍시 한 알을 보았다」

인간의 하나의 사물로 환원시키려는 노력이 인위적인 세계에 대한 반감의 표현이라면, 자연적인 세계에 대한 동화는 생명성 확보의 측면에서 바람직한 태도라 하겠다. 우리는 위의 시를 통하여 자연에 간섭하는 것이 아니라 자연에 동화하는 건강한 인간의 몸을 만난다. 이 시의 화자가 바라보는 '길갓집 마당의 홍시 한 알'은 사물의 역동적 생성에 관여하는 존재들의 관계망이 피어 올린 '환한 불꽃'이다. 홍시 한 알을 피워 올리기 위하여 하늘과 땅, 빛과 기후, 잎과 나무가 모두 자신의 몸을 여는 한편으로 다른 사물들의 몸에 부드럽게 스며들었던 것이다. 그렇게 하여 몸이 열린 홍시는 다시 술 취한 부랑자, 종종걸음치는 여학생, 부서진 낙엽, 도둑고양이 등이 "두런두런 형제처럼 모여 앉아 / 언 손과 발을 녹이는 것"을 바라보는 화자의 인식 속으로 스며든다. 그때 화자에게는 사물과 사물, 존재와 존재가 서로 기대어 언 손과 발을 녹이는 충일한 합일의 순간이 다가

오며, 그러다가 그는 핸들을 꺾어 집으로 돌아간다. "아내의 몸을 풀무질해 / 감씨 같은 아이 하나 만들어 볼까" 하는 생각에 얼굴을 붉히는 화자는 사물적 존재로 전이되어 붉은 홍시로 피어 오른다. 이런 점에서 사물적 대상인 홍시에 동화되어 '꿈 / 슬픔'의 대립성과 '며칠 째 등 돌린 아내의 몸'이 암시하는 단절성을 감싸안게 되는 이 시의 상상 체계는 매우 건강하고 활력이 있다.

그는 지금 여기가 바닥이라고 생각한다
더는 밀려내려갈 곳이 없으므로
이제 박차고 일어설 일만 남은 것 같다
들끓는 세상이 잠시 식은 것처럼 느껴지기도 하지만
갈증은 그런 게 아니다
바닥의 바닥까지 내려가
여기가 바로 밑바닥이구나 싶을 때
바닥은 다시 천길 만길의 굴욕을 들이민다는 것을
굴욕은 굴욕답게 캄캄하게 더듬어 온다는 것을
그는 여전히 고개를 가로 저어보지만
스스로를 달래기가 그렇게 쉬운 게 정말 아니다
그는 바닥의 실체에 대해
오래 전부터 골똘히 생각해온 듯하다
그렇다고 문제의 본질에 가까워진 것은 아니지만
바닥이란 무엇인가
털썩 주저앉기 좋은 곳이다
물론 그게 편안해지면
진짜 바닥은 거기서부터 시작된다

— 강연호, 「바닥」

자연적 사물이 드러내는 '몸의 현상'은 그 이미지의 선명함으로 인하여 비교적 수월하게 존재적 교감의 양상을 파악할 수 있다. 그러나 관념적 사물인 경우는 그 실체가 겹겹의 장치에 싸여 있으므로 애매성을 드러내며, 그런 만큼 더욱 신중한 독법이 요청된다. 위의 시에서 '그'는 '바닥'이라는 사물과 대면하고 있다. 그는 누구인가? 더는 밀려 내려갈 곳이 없고, 한밤중에 일어나 찬물을 들이켜도 해소되지 않는 갈증을 가지고 있다. 그래서 그는 지금 여기가 바닥이라고 생각한다. 그러면 바닥이란 무엇인가? "여기가 바로 밑바닥이구나 싶을 때 / 바닥은 다시 천길 만길의 굴욕을 들이민다"는 점에서 그야말로 '바닥 모를 것'이 곧 바닥이다. 여기에서 그는 '여기가 바닥이다'는 인식과 '여기가 바닥이 아니다'는 인식의 충돌을 겪는다. 만약 그가 인간적 사유에 충실한 인물이라면 이러한 인식의 충돌은 아주 심각한 심리적 파탄을 낳게 될 것이므로 어떠한 방법으로든 해결되어야만 할 것이다.

위의 시에서 문제의 해결은 문제의 본질을 전복시키는 방법으로 이루어진다. 즉 "바닥이란 무엇인가 / 규정하자면 / 털썩 주저앉기 좋은 것이다"에 이르면 바닥과 관련하여 팽팽하게 당겨졌던 긴장의 끈이 일시에 풀어져 버린다. 이것은 그의 다른 시 「복권방」이 '참을 수 없는 존재의 가려움'을 복권을 긁는 행위로 환치시키는 부분과도 합치된다. 굴욕이 캄캄하게 더듬어 오는 바닥과 털썩 주저앉기에 좋은 곳으로의 바닥은 서로 그 거리가 극단에 있다. 위의 시는 바닥이라고 하는 관념적 사물에 대한 인식의 층위들을 맞세워 둠으로써 오히려 그 대립을 해소시켜 버리는 특이한 논리를 보여준다. 이것은 화자의 말대로 문제의 본질에 가까워진 것은 아닐 수 있지만, 본질의 존재성에 대한 확인은 될 수 있다. 화자는 '진짜 바닥'에 대한 인식을 버리지 않고 있으니만큼 그것과의 마주침을 거부하지 않을 것이며, 시는 그 가운데서 항상 존재할 것이다.

# 분지의 시, 대지의 시

『시와반시』 창간 10주년을 맞아 기획된 '분지의 시인들 속으로'(2002. 가을호)는 지방성의 한계를 넘어서고 있는 달구벌 시의 면모에 비평적인 관심을 기울이게 한다. 도심 한복판에 이상화 시인의 고가(古家)를 품고 있는 곳, 김춘수 시인이 만촌동 집 뜰에서 "천리향이 멀리 멀리 / 첫몽오리를 맺는 것을 보고 있었"(「아주 누워서」 중에서)던 대구 분지가 우리 시사의 지형도에서 매우 선명한 경계구역을 확보하고 있음은 물론이지만, '지금 여기'의 시공간에 펼쳐진 대구 시인들의 시적 언어는 어떠한 양상을 지니는가, 그들의 시적 지향에는 어떠한 유사함과 차별됨이 있는가? 이른바 텍스트 상호성이 존재하는가? 그러나 이러한 비평적인 관심이 논리화되어 체계와 질서를 얻기 위해서는 아주 섬세한 독법이 요구되며, 보다 본격적인 논의가 필요할 것이므로 지금의 이 글에서는 접어둘 수밖에 없겠다. 그 대신에 나는 이번에 얻은 대구 시인들의 텍스트를 통하여 그들이 지향하고 있는 시세계의 양상에 대한 내 나름의 의미 부여를 시도해 보고자 한다. 헤겔이 현대를 일컬어서 '시를 생산해내기에 부적합한 시대'로 규정한 지가 이미 오래이고, 지금 여기의 우리들도 시를 쓰기에는 그다지 적합하지 않은 삶의 환경 속에서 살아가고 있음은 다들 공감할 것이다. 그런데도 대구는 여전히 시인들을 탄생시키고 키우고 있으며, 이번 기획에 오롯하게 보여지듯이 독자적이고 견고한 시의 분지를 이루고 있다. 그런 까닭에 대구 시인들의 시세계가 드러내는 시적 지향은 오늘날의 시가 총체적으로 직면하고 있는 불편함을 견디면서 시의 본래적인 존재 의미를 지켜나가는 양상을 확인시켜 주지 않을까 하는 기대를 가지게 되는 것이다.

그렇다면 시의 본래적인 존재 의미는 어디에서 찾아지는 것일까. 쑥스러움을 무릅쓰고 지적하건대, 너무나 당연하게도 시를 비롯한 모든 문학의 존재 의미는 인간에 대한 성찰에 있다. 인간다운 삶의 추구, 인간성의 회복, 비인간적·반인간적인 것에 대한 응전 등 인간에게 주어진 삶을 보다 고귀하고 행복하게 만들기 위한 인간의 자기 성찰 행위가 언어를 매개로 하고 있을 때 우리는 그것을 문학이라 이름하는 것이다. 그리고 시는 언어의 기호성을 가장 극단으로 확장시키는 장르적인 특성으로 인하여 인간의 직관과 통찰을 가장 효과있게 전달하는 언어 활동이 된다. 가령 메를로 퐁티에 따르면 시적 언어는 언어의 틀을 벗어나는 의미들을 창조적으로 생산해내는 언어로서, 이와 같은 의미의 확대 또는 재생산이 바로 시어의 속성이다. 이를테면 지시대상에 한정된 의미를 넘어서는 포괄적이고 내포적인 의미를 창조한다는 점에서 시는 인간적 성찰에 매우 적합한 언어적 행위이며, 이러한 역할을 제대로 수행할 때 시는 제몫의 존재 의미를 지켜나갈 수 있음이 확인된다.

삶의 모서리에 바다가 서 있다
나의 기도는 바닷가 성당에서 더욱 어려워졌다
바닷가 성당에서 지난날
무진장 지은 삶의 죄를 어이할까

삶은 저 멀리 더욱 푸르게 펄럭이는데
죄는 더욱 내게 가까이
바다가 혹시 울고 있는 것이 아닐까
하늘이 있고 바다가 있기에 나는 긴부리물총새처럼
바닷가 성당을 그리워했다
묵상하는 바다, 그 바닷가 성당에서
나는 홀로 서 있네, 바다도 홀로 서 있네
짐승처럼 말도 없이 홀로 서 있네
삶의 서러움 모두 버리고 홀로 서 있네
황소뿔빛 노을, 삶의 몸 시려운 그 바닷가 성당에서

— 박해수, 「바닷가 성당」 일부

위의 시에서 '바다'는 자연적 대상에 머물러 있는 것이 아니라 자아의 객체화, 객체의 자아화가 가능한 존재적 대상이다. 그러므로 이 시에서 바다는 육지가 끝나는 곳에 있지 않고 '삶의 모서리'에 있으며, 울고, 묵상하며, 홀로 서 있는 하나의 존재이다. 시적 자아가 바다에 투사하고 있는 경험적 현실은 '삶의 죄'이다. 위에 인용하지 못한 이 시의 앞부분에서 "외진 삶이 물이랑 높듯 / 바다는 물 끝에서 파도 끝에서 눈물 높았다"는 표현이 있음을 볼 때 바닷가 성당은 외진 삶에 직면한 화자가 스스로의 삶을 회한하고 회개하는 지점에 놓여 있을 것이다. 그래서 이곳에서는 기도가 어려워지고 '지난날 무진장 지은 삶의 죄를 어이할까' 하는 고백을 하게 된다. 즉 바다의 끝과 육지의 끝이 만나는 '바닷가'의 성당은 시적 자아가 속되고 일상적인 삶 속에서 성스럽고 영적인 세계를 지향하는 공간이다. 그런데 이 바닷가 성당에서 시적 자아는 '홀로 서 있네'라는 표현이 거듭되고 있듯이 존재의 고독을 느끼고 있다. 이러한 고독감은 지금까지의 일상적인 삶이었던 경험적 현실을 '삶의 죄'로 인식할 때, 곧 현실과 심리적인 거리를 설정함으로써 은폐되었던 자아의 본질을 직관하게 될 때의 정신적 경험이다. 다시 말하면 이 시에서 고독은 시적 화자가 일상적인 세계에서 떨어져 나와 그 동안 인식하지 못하고 있었던 존재적 본질을 성찰하려는 의도에서 설정된 상황이다. 자아를 고독하게 바닷가 성당에 유폐시킴으로써 존재적 승화를 꿈꾸는 것, 이를 두고 우리는 시적이라고 말한다.

> 한여름 깊숙한 곳은 서늘하기도 애닯기도 하다 경북 봉화에 있는 청량사가 그렇다 (…중략…) 백 팔배를 올리는 저 보살의 땀 절은 불심이 절을 한 뼘 더 공중으로 밀어 올린다 승과 속의 경계가 그러하듯 한 번도 뒤돌아볼 수 없도록 휘돌아지는 돌산길 끝은 허공이고 허공 중에 매달린 누옥 청량사, 애닯은 손짓 같다
>
> — 김복연, 「허공에 매달리다」

> 집을 떠나 허위허위 가지산 상상봉에 올라서니 그대가 떠나온 도시란 한낱 경계에 지나지 않았다. (…중략…) 하여 나는 산정의 키 작은 꽃이며, 무명의 새소리며, 산안개와 함께 고요히 두 눈을 감을 수밖에. 성과 속의 경계에서 여전히 갈피를 잡을 수 없는 그대의 생은 이제 가지의 산 아래 묻어둘 것. 뿌리째 묻어 둘 것. 발 아래 석남사의 풍경 소리 허공에 흩어지다. 그 경을 고쳐 읽다.
>
> — 김상환, 「가지산 혹은 경을 읽다」 일부

> 마치 이승과 저승의 경계 같은 차가운 마루바닥에 엎디어서 창밖으로 하늘을 쳐다보았다
> 코 앞에 바짝 다가선 앞산 용지봉이 희뿌옇게 젖고 나무들이 달빛 속에서 꿈틀거리는 게 생생하게 보였다
> 아, 나는 살아 있는 게 분명하구나
>
> — 김용락, 「꿈」 일부

위의 시들에서 우리는 '경계'(승과 속의 경계, 성과 속의 경계, 이승과 저승의 경계)에 선 시인의 자의식을 읽을 수 있다. 그 경계는 지상과 천상, 세속적인 삶과 탈속적인 삶, 삶과 죽음 등 인간 삶의 한계성과 그 한계의 극복을 꿈꾸는 초월성이 만나는 지점에 그어진 심리적인 거리이다. 이들 시에서 시적 자아가 산사(山寺)에 머물거나 산정(山頂)을 바라보는 행위는 박해수 시의 화자가 바닷가 성당에 스스로를 유폐시키는 상황과 동일한 의미로 읽혀진다. 이를테면 고독한 자기 성찰의 과정인 것이다. 시적 화자가 일상의 번잡함과 도시적 삶에서 일탈하여 자연 속에 깃드는 것은 근대문학에서 흔히 논의되는 향수 모티프와 이어진다. 도시인에게 있어 자연 지향은 성인기의 소외·결핍의 의식과 대비되는 풍요로운 현존, 원초적 세계의 조화롭고 행복했던 경험을 구현하는 이미지인 '어머니로서의 자연'으로써 환기된다.

현대인은 이러한 자연 지향을 통하여 물질주의의 증가나 과학적 이상의 숭상과 같은 현대 문명을 비판하며, 도시의 소외나 환경 문제와 같은 현대적인 삶의 구속에서 인간을 벗어나게 함으로써 현대의 도구적이고 비인간적인 삶의 모습이 전복된 구원의 도피처를 상정하고 있다. 이런 이유 때문에 향수 모티프는 이상화된 과거를 지향하는 퇴행의 욕망임에도 불구하고 여전히 근대문학의 지배적인 주제로 나타난다. 위의 시에서 시적 화자들이 "한 번도 뒤돌아볼 수 없도록 휘돌아지는 돌산길 끝은 허공"임을 인식하거나, "성과 속의 경계에서 여전히 갈피를 잡을 수 없는 그대의 생" 또는 "아, 나는 살아 있는 게 분명하구나" 하는 인식이 가능했던 것은 모두 시인의 자의식이 일상 / 비일상, 도시 / 자연, 성 / 속의 경계선에 설 수 있었던 때문이다. 그러므로 이 경계선은 일반적인 의미처럼 무엇을 구분하거나 단절시키는 것이 아니라 시인의 주관적 자아와 객관적 대상인 자연(세계)이 만나는 접점의 의미가 더 크다고 하겠다.

이렇듯이 시는 시인의 주관적인 정서와 인식이 일방적으로 토로되는 것이 아니라 주관과 객관이 합일되어 보다 총체적인 의미를 드러내게 되는데, 이 과정을 제어하는 것이 바로 언어이다. 시가 선택하는 어휘 또는 이미지는 그것이 지시하는 대상의 차원에 한정되는 것이 아니라 그 어휘 또는 이미지 자체를 넘어서는 의미의 세계를 창조한다는 사실에 우리는 이의를 제기하지 않는다. 그런데 시의 언어적 기교가 단지 새로운 의미의 산출로 만족한다거나 기존의 의미를 해체하는 파괴적 욕망에 사로잡혀서는 안되며, 그 언어 기호는 반드시 시적 자아와 세계와의 관계를 규정하고 수용하는 의미를 확보해야 한다. 이 점은 현대시가 겪어 왔던 많은 실험적 양상에도 불구하고 서정시가 시의 근원적인 양식으로 대접받고 있음에서도 확인할 수 있다.

시인의 정신이 언어의 차가운 물질성으로부터 풍부한 미적 체험과 철학적 인식을 얻어낼 때 시는 시다워진다. 가령 김춘수 시인이 「처용단장」 연작시편을 쓰던 무렵, 그의 언어에서 대상이나 이미지를 소멸시키고 하나의 원초적인 파동인 리듬을 구현하던 논리가 바로 인간적 허무를 구현하고 그 허무를 초극하기 위한 방법론이었음을 우리는 알고 있다. 시의 언어는 관념의 유희가 아니라 시인의 철저한 자기 성찰과 비판적 사유를 담아내는 그릇인 것이다. 우리는 다음의 시들에서 시적 언어와 사유의 세계에 대한 사색을 읽을 수 있다.

굴참나무라고 부르자 굴참나무로 느껴지고
물푸레나무라고 부르자 물푸레나무로 느껴지고
때죽나무라고 부르자 때죽나무로 느껴졌다
점차 플라스틱만 보이기 시작했다

비슬산을 오를 때마다 나무의 이름을 부른다
마침내 나무는 사라지고
플라스틱만 바람에 덜렁거린다
플라스틱으로 새긴 나의 사랑은
나무의 가지 끝에서 홀로 덜렁거린다

— 구석본, 「플라스틱으로 걸려있는 사랑」 일부

내면의 등불을 비추자 깊은 어둠 속에서
나무 한 그루가 벌떡 일어나
세계의 중심으로 성큼성큼 걸어나왔다
비로소 빛을 되찾은 존재
나도 그렇게 캄캄한 변방이 아니라
우주의 한가운데, 혹은
정오의 태양 아래 지금 우뚝 서 있다

— 이진엽, 「중심」 일부

구석본의 시는 삶의 허위적인 존재 방식을 언어와 그 지시대상 사이의 관계에서 유추해내고 있다. '플라스틱에 새겨진 이름'이 그 이름의 지시대상인 존재 자체가 아닌 것이 분명하지만, 우리는 플라스틱에 새겨진 이름을 부르며 그 존재를 느끼게 된다. 만약 플라스틱 이름표를 뒤바꾸어 단다면 어떻게 될까. 시적 화자의 눈에 점차 플라스틱만 보이기 시작하다가 "마침내 나무는 사라지고 / 플라스틱만 바람에 덜렁거린다"에 이르는 과정은 존재의 실체에 대한 규정이 오류에 빠져듬을 보여준다. 플라스틱은 현대적인 삶이 추구하는 편리성과 일회적인 존재 양상을 상징하는 데 충분한 물질이다. 그런 플라스틱이 존재의 근원적인 생명성을 간직하고 있는 나무의 본질을 사라지게 하는 것이다. 이러한 양상은 인간 관계의 사랑에 있어서도 마찬가지로 나타난다. 플라스틱에 새겨진 이름이 존재의 가식적인 표징이거나 또는 가치판단의 전도를 유발시키는 것이므로 '플라스틱에 새긴 나의 사랑'도 역시 존재의 진실을 왜곡하는, 삶의 본질을 훼손시키는 사랑이 될 것이다. 이진엽의 시는 '플라스틱'의 허울을 벗겨낸 참 존재의 발견에 시선을 두고 있다. 어느 비탈에서 십수년간 서 있었던 나무가 비로소 보이기 시작한 것은 '내 마음을 흔드는' 나와 대상 간의 존재적 소통이 가능해진 데 있다. 이를 시인은 '내면의 등불'을 비춘 것으로 표현하고 있는데, "나무 한 그루가 벌떡 일어나 / 세계의 중심으로 성큼성큼 걸어"나오는 순간을 포착해내는 것이 시적 사유만이 가질 수 있는 세계임은 물론이다. 이와 같이 시는 존재의 실체를 드러내고자 하며, 존재의 본질을 흐리게 하는 허위적 세계를 거부하고자 함으로써 존재한다.

워낙 시가 다양한 기법으로 실험되고 있는 오늘날의 현실에서 본질적인 이야기를 꺼내기가 어색하기는 하지만, 시의 근원에 대한 천착이 아직도 유효하다면 지금까지 읽어온 대구 시인들의 작품에서 우리는 시의 한 근원을 만날 수 있으리라 생각한다. 지면이 허락하지 않아 논의를 이끌지는 못했지만 "길은 무덤에서 끝나 있다 집을 떠난 새들이 바람 속에 길 / 없는 길을 물을 때 물오리나무에서 죽비소리가 쏟아진다"는 이동백 시인의 「청산도」나, "해와 달의 가위질에 시간이 깎여 나가고 시침 분침의 달빛 햇빛에 한 꺼풀씩 산과 들이 낮아지고 마침내 말간 이마의 봉분! 이발관 딱딱한 의자에 앉아 어느 새 한 평생이 다 저물었다"는 장옥관 시인의 「새를 키우는 사내」와 같은 시편들도 역시 시의 의미를 새삼 확인한 경우였다. 이들 시인들이 시세계의 일단은 날이 갈수록 우리의 삶과 불화하고 있는 시를 여전하게 시게끔 하는 노력이 아닐 수 없다. 그런 까닭에 그들의 시는 분지의 시에 머물지 않고 대지의 시로 읽히는 것이다.

# 자연과 소통하는 시의 양상

우리들의 삶이 '자연 속의 생활'을 상실했음은 의심의 여지가 없다. 이미 G. 루카치가 단언했듯이, 산업의 발달과 도시화로 인하여 인간 주체와 세계 사이의 상호 작용이 붕괴됨으로써 오늘날의 인간은 자연과 분리된 하나의 관조자로서 자연을 보고 있다. 다시 말하면 자연의 바깥에 서 있는 관찰자로서 자연을 단순히 하나의 풍경으로 바라보는, 주관과 대상 간의 지양될 수 없는 거리를 노정하고 있는 것이다. 현대 이전의 인간 삶에는 자연 속에서의 생활을 통하여 공유된 체험이 존재하고 있었다. 그러나 현대인은 자연과 결별한 소외되고 원자화된 환경 속에서 개인과 개인이 공유할 수 있는 진정한 경험을 갖지 못하고 파편화된 체험만을 간직한다.

시인의 현실적인 삶도 역시 이러한 보편성에서 멀리 벗어나지는 못한다. 그러나 시인은, 시를 통하여 자연에서 얻은 과거의 체험들을 회상함으로써 여전히 자연과 소통하려는 충동을 포기하지 않는다. 이른바 '어머니로서의 자연'－성인기의 소외감 또는 결핍 의식과 대비되는 풍요로운 현존, 환상적인 원초적 조화의 이미지를 구현하는 자연을 환기시켜 현대사회의 도구적이고 비인간적인 국면을 전복하고자 한다. 그러므로 시인에게 있어 자연 관조는 퇴행의 모습이기는 하지만 상실된 세계를 회복하고자 하는 총체성 추구의 몸짓이 된다.

우리의 시가 자연을 바라보는 태도는 여러 가지가 있다. 요즈음 흔히 논의되는 것이 생태의식 또는 생명 의식이지만, 단순한 자연 예찬이나 실향의식, 향수 등 자연의 관조에서 얻어지는 시의식의 형태는 아주 다양하다. 우리는 이와 같은 다양한 시의식의 근저에 공통적인 자연 관조의 태도가 개재되어 있음을 확인할 수 있다. 즉 거기에서는 단순한 자연 관찰자로서의 역할을 거부하고 적극적으로 자연에 개입하여 자연과의 소통을 시도하는 시인의 목소리가 들려오는 것이다.

> 하얀 모시옷 정갈하게 입으신
> 조금은 지친 모습
> 그대 고우신 얼굴 들어
> 흰 구름 흩어지는 하늘을 향하네요
>
> 그대 시선 흔들리는 곳에
> 선홍색 진달래꽃
> 벼랑 끝
> 파란 하늘에 매달려
> 팔랑팔랑 떨고 있네요
>
> 나 비록 초라하나
> 그대 눈 스친 진달래꽃
> 힘들여 꺾어 드리나니
>
> 주변 둘러보는 그대 부끄러움

놀라움과 기쁨어린 웃음
한송이 진달래꽃으로 발갛게 피어나
반짝이는 햇살 속으로 번지어
내게 오네요

— 옥인기, 「헌화가－그 한순간의 교감」

위의 시에서 주목되는 것은 진달래꽃을 매개로 하여 이루어지는 '그대'와 '나'의 교감의 순간이다. 고전시가인 「헌화가」의 의미를 보다 풍부하게 정서화하고 있는 위의 시는, 벼랑 끝에 매달려 떨고 있는 진달래꽃을 '초라한 나'의 객관적 상관물로 대치함으로써 '그대'의 놀라움과 기쁨어린 웃음을 피어나게 하는 상황을 연출하고 있다. 이때 진달래꽃은 '벼랑 끝'이라는 원거리에서 존재하는 단순한 사물로서의 꽃이 아니라 타인과 자아를 정서적으로 교감시키는 매우 의미 있는 존재로 승화한다. '그대'가 지친 얼굴을 하고 있고, 또 '내'가 비록 초라하기는 하나 진달래꽃의 자연적 정서를 공유하는 까닭에 "반짝이는 햇살 속으로 번지어" 오는 지극한 교감의 희열을 낳고 있는 것이다. 이러한 희열은 시의 창조자인 시인의 것이 동시에 이 시를 읽는 수용자의 것이기도 하다. 이 경우 진달래꽃은 하나의 자연물로서만 존재하는 것이 아니라 인간적 정서의 교류를 가능하게 함으로써 인간 관계의 파편성을 극복하는 역할을 하게 된다. 한송이의 꽃에 지니고 있는 이 풍만한 상상력의 공간은 곧 자연의 정화력 또는 생산력에 기인하는 것인 바, 다음의 시에서 우리는 이를 선명하게 확인할 수 있다.

먼 하늘만 바라보는
습관이 내가 해야 할
일과 중의 하나가 되어

어머님의 꿈이 서린
꽃밭에 앉아 물을 주며
도란도란 나는 꽃이 된다
간간이 바람이 불면
초록들이 흔들흔들
기지개를 켜면
싱그러운 풀잎과 꽃들이
휘파람 소릴 낸다
담장 넘어 씨뿌리지 않던
골목길과 들판까지
그대의 향기가 퍼져 온다
후두둑 후두둑 내린 봄비는
작은 꽃밭에 나는 뿌리가 된다
살아가는 날의 모습들이
다가오고 지나가면
무조건 사랑하고
깊은 존재처럼
흙같이 살라하신다

— 정명섭, 「그대의 꽃밭」

위 시의 화자는 "먼 하늘만 바라보는 습관"과 "꽃밭에 앉아 물을 주"는 일을 동일한 의식의 차원에서 받아들이고 있다. 여기에서 먼 하늘을 바라보는 습관이란 아무래도 일상의 삶을 넘어서는 근원적인 것에 대한 동경이거나, 또는 현실에서 상실한 어떠한 것에 대한 그리움과 회복 의지를 뜻하는 것이 될 것이다. 화자는 이를 꽃밭에 물을 주는 행위로 환치한다. 그럼으로써 그는 꽃이 되며, 봄비는 꽃밭에서 뿌리가 된다. 삶의 일상과 자연의 현상이 한데로 어우러지는 상황의 설정이다. 이렇게 일상의 몸이 자연의 몸으로 인식될 때 "담장 넘어 씨뿌리지 않던 / 골목길과 들판까지 / 그대의 향기가 퍼져" 오는 생명성의 확대가 보여진다. 즉, 인간이 자연에 합일되는 지점에서 '어머니의 꿈' 곧 인간 삶의 원형적 공간인 대모(大母)의 세계가 펼쳐지는 것이다. 그러므로 이 시의 결말에서 "무조건 사랑하고 / 깊은 존재처럼 / 흙 같이 살라하신다"고 하는 시인의 목소리에 우리는 진정성을 느낄 수밖에 없다. 좋은 시는 우리를 억압하지 않는다. 시인의 소리가 격앙되지 않고서도 충분히 호소력을 지니는 시의 경우를 우리는 위의 시에서 확인할 수 있다. 물론 이 시에서 그것이 가능했던 것은 시인이 적극적으로 자연의 일부에 몰입되었기 때문이다. '흙같이 살라'는 언표를 위해 흙과 동화된 삶의 이미지가 충분하게 형상화되고, 그 이미지의 상승 작용이 자연적 사물을 통하여 다양하게 변주되고 있다는 점에서 위의 시는 미덕을 지니는 것이다.

어쩌자고 너는 나를 꽃피게 하는가
가만히 있는 나를 흔들어 목마르게 하는가
나를 보아줄 이 하나 없는데
어찌 나를 흔들어 깨워 몸 떨게 하는가
삼백 예순 닷새 동안 가장 화사한 꽃을 피워
아름다운 생애를 노래하고 싶지 않는
나무가 어디 있으랴
시도때도 없이 마른 몸은 타오르고
쓰러지지 않는 가슴에 불을 놓고
어찌하여 가장 뜨거운 날 소리 없는
울음으로 울게 하는가
절정에 이르렀던 날의 추억으로
진종일 몸부림치며 눈물나게 하는가

— 이은자, 「잔인한 유월 – 백일홍」

이 시는 자연물에 대한 시적 화자의 감정 이입이 보다 직접적으로 토로된 경우에 속한다. 이 시에서 '백일홍'은 나를 꽃피게 하는 것이며 나를 흔들어 목마르게 하고, 몸 떨게 하는 것이다. 즉 주체로서의 '나'의 인식과 행위가 전적으로 객체인 '너'에 의존하고 있다. 이와 같은 논리에서는 주체를 규정하는 것이 곧 객체이므로, 객체가 드러내는 시적 정서가 시의 전체상을 보여 주게 된다. 위의 시에서 백일홍은 "절정에 이르렀던 날의 추억으로 / 진종일 몸부림치며 눈물나게 하는" 자연의 섭리에 절망하고 있다. 그러기에 '잔인한 유월'이다. 시적 자아는 이러한 백일홍의 절망에 온전히 투영되어 있다. 인간적 삶의 한계성이 개화 / 낙화, 있음 / 없음의 선명한 대비로써 극명하게 드러나고 있는 것이다. 이 경우 자연이 지니는 순환성은 인간의 운명성을 뚜렷이 각인시켜 주는 역할을 한다. 인간 삶의 한계를 자연물에 빗대어 노래하는 것은 새삼스러운 것이 아니지만, 위의 시는 보다 고양된 정서적 충동을 낳고 있으므로 그 절실함이 더해진다.

이와 같이 시인의 자연 관조의 태도가 의식 현상의 측면에서 이야기 될 수 있는 반면에, 다음의 시들은 자연을 하나의 이미지 형태로 재창조하고 있다는 점에서 주목된다.

숲에 정박해 있던 바람은
쩡쩡거리며 어제까지 땅 속으로 곤두박질 친
하얀 닻을 걷어 떠 나갔다
소란스러워진 강변 나무는
빨간 실눈을 떠 매서웠던 세상을 살피고
갈라진 틈새로 푸른 귀 세워 엿듣고 있는
언덕의 풀

— 조한풍, 「봄날」

조용히 아주 조용히 미끄러지는
모래산을 보았다
지극히 작은 바람끼리 날다가
무너지고 미끄러지는
아주 큰 산을 보았다

이 봄에 미끄러지며
피려는 고사리,
두릅하며

불타버린 나무둥치는 무겁게
누워서 껌벅이며 푸른 하늘로
숨을 쉰다

조용히 아주 조용히
스스로의 따가운 살을 태우며
견디는 산이 있었다.
이 봄,
지난 해에 숨막히게 활활 타던
저 산의 숨가쁜 핏빛가슴을

— 이창년, 「모래산을 보았다」

위의 시들은 다같이 봄날의 자연 현상에서 얻어지는 이미지를 구현하고 있다. 또한 앞의 시의 경우 "갈라진 틈새로 푸른 귀 세워 엿듣고 있는 언덕의 풀"이 상징하는 것이나, 뒤의 시가 보여주는 "조용히 아주 조용히 / 스스로의 따가운 살을 태우며 / 견디는 산"의 상징이 모두 인고의 시간을 견딘 재생의 뜻을 지니고 있다는 점에서 유사한 의미 체계를 보여 준다. 그런데 위의 시들에서 관심이 가는 유사성을 한 가지 더 지적해 보면, 두 시가 동일하게 하강과 상승의 이미지를 대비적으로 사용하고 있다는 점이 될 것이다. 가령 『봄날』은 '땅 속으로 곤두박질친 하얀 닻'과 '푸른 귀 세워 엿듣고 있는 언덕의 풀'을 하강 / 상승의 이미지로 구현하여 겨울과 봄의 계절적 의미를 형상화하며, 『모래산을 보았다』는 '아주 조용히 미끄러지는 모래산'과 '지난 해에 숨막히게 활활 타던 저 산'의 대비로써 동일한 이미지 형태를 구축하고 있다.

결국 이들 시가 노리고 있는 것은 봄의 시간성이 지니고 있는 재생 · 정화의 힘에 대한 성찰이므로, 위의 시들은 겨울과 봄의 이미지적 양상을 극명하게 대립시키는 방법에 의하여 주체적 시간인 봄의 인식을 가능케 한다. 이 시들에서 우리는 시적 화자의 개입을 찾아보기 힘들다. 자연은 그 스스로의 이미지로써 시적 의미를 창조하고 있는 것이다. 이것은 시인 / 자연, 또는 자아 / 세계의 관계에 있어서 철저한 객관화가 이루어지고 있음을 말해 준다. 그런데 우리는 이와 같은 도저한 객관화의 세계가 역설적으로 철저한 주관화에 의하여 가능했음을 인식해야 한다. 왜냐하면 위의 시들이 구현하는 이미지는 다른 누구도 아닌 바로 시인에 의하여 창조된 세계이기 때문이다. 이렇게 볼 때 위의 시들은 자연에 대한 시인의 개입이 지극히 철저하게 이루어진 경우가 될 수 있다.

지금까지 우리는 자연 관조의 시적 태도에서 보여지는 몇 가지의 양상을 살펴 보았다. 시는 근원적으로 자연과의 교감에서 얻어지는 서정에서 탄생하는 것이며, 우리는 오늘의 시가 직면하고 있는 자연과의 관계를 살펴봄으로써 우리 시의 현장성을 확인할 수 있다. 자연을 잃어버린 삶에서 여전히 시가 가능한 까닭은 시가 끊임없이 자연의 의미를 확대해나가기 때문이다. 대지를 일구는 농군이듯이, 시인은 자연을 일구고 있는 것이다.

# 농민시와 공생의 상상력

정약용은 “천지간에 가장 훌륭한 문장은 물태(物態)와 인정(人情) 만한 것이 없다”는 말로써 인간의 삶과 사회의 양상을 반영하는 문장(문학)에 대한 그의 신뢰감을 드러내고 있다. 그의 이시경세론(以詩經世論)은 민초들의 고통을 자아의 고통으로 동화시키는 도저한 문학 정신을 구현하였던 것이다. 어지러운 시국을 아파하지 않거나 피폐한 습속을 통분해 하지 않으면 시가 아니라고 하는 『여유당전서』의 결연한 행간을 읽을 때 우리는 시의 위의가 엄숙하게 지켜지는 세상을 그려볼 수 있게 된다. 시는 그렇듯이 삶의 현실과 더불어 존재하고 있다.

이러한 반영론적인 관점에서라면, 흔히 경세적 사회시라고 불려지는 정약용의 많은 한시들이 증거하고 있듯이, 시란 곤궁한 삶의 현실을 표출하고 비판함으로써 의미있는 문자 행위가 된다. 그런데 90년대 문학의 사인화(私人化) 경향에 억눌려서인지 근년에 들어서는 시를 놓고 현실을 운운하기가 쑥스러운 것이 되어버린 듯하다. 물론 사회 변혁의 욕망과 민주화의 욕구가 분출하던 지난 시대의 거대 담론에서 벗어나 개인적인 삶의 내면성이나 다양성에 천착하는 미시 담론에 몰두하고 있음은 오늘날의 문학도 그 나름의 존재 의의는 지닌 것이다. 그러나 동시대를 관류하는 공동체적인 삶의 현실과 치열하게 부딪치지 않은 채 산출된 개인의 자의식은 폐쇄적이고 공허할 뿐이다. 사회적 · 현실적 고민이 거세된 개인성의 문학은 독자로 하여금 타자의 세계에 대한 말초적인 관심을 자극함으로써 일시적인 반응을 얻을 수는 있겠으나 그것이 오히려 인간적 단절과 고립을 조장하는 문제성을 갖는다. 이것은 컴퓨터에 의하여 구축된 사이버 세계가 거리와 공간에 구애받지 않고 모든 인간을 연결시켜 주고는 있으나 기실은 철저하게 폐쇄된 인간 관계를 낳고 있다는 사실과 유사한 경우이다.

그러므로 우리의 시가 경계해야 할 점은 그 본질상 인간을 억압하는 거대한 힘일 수밖에 없는 현실의 고통에 대한 두려움을 회피하고자 자의식의 세계를 미화시켜 세계(현실)와의 맞부딪침을 포기하는 것이다. 김수영이나 신동엽, 그리고 80년대 민중문학의 웅혼한 목소리들이 사라진 지금, '대도(大道)를 소통시키는 것'이 문장이라는 정약용의 단언이 절실하게 들려오는 것은 우리 시대의 문학이 더 이상 무력감과 패배 의식에 젖어들어서는 안되는 때문이다. 이와 같이 시가 지켜나가야 할 공동체적 의식과 현실에의 부딪침을 생각할 때 주목되는 것이 바로 '농민시'이다. 그런데 농민문학의 경우와 같이 농민시도 개념상의 합의가 우선 이루어져야 할 것이다. 농민을 창작 주체로 할 것인가 아니면 수용 주체로 할 것인가, 또한 인물과 배경을 농민의 범주로 한정하는 소재 차원으로 할 것인가 아니면 농민의 삶과 인식 세계를 다루는 주제 차원으로 할 것인가 등에 따라서 농민시의 범위는 좁아들거나 또는 넓어지거나 할 것이다. 따라서 농민시의 개념은 보다 깊고 다양한 논의가 필요하겠으나 이 글에서는 우선적으로 농민적 세계관을 드러내는 시, 즉 농촌 현실이나 농민 문제를 인식케 하고 그 현실을 개선·극복하고자 하는 의지가 수용된 시를 농민시로 규정해 두고자 한다.

왜 우리가 농민시를 주목하는가? 첨단 기술의 발달과 정보화로 인하여 육체적인 노동의 역할이 점차 무디어지면서 노동문학, 노동시가 약세를 면치 못하고 있는 상황에서 농민문학, 농민시는 생태의식 또는 환경 운동과 상승 작용을 일으키며 여전히 문제성을 드러내고 있는 까닭이다. 다시 말하면 농민시는 생태시, 환경시 등의 운동적 요소를 내포하면서 이 시대의 전 지구적인 이슈인 자연 파괴, 환경 오염에 대한 문학적 대응의 논리를 갖춤으로써 오히려 지난 시대보다도 더욱 예각화된 시적 경향으로 받아들여지는 것이다.

우덜도 이젠 일어설 거여
호미 들고 삽 꼬나들고 일어나
체냥 고추맛으로 매웁게 하나되어 일어나
농투성이 촌놈들의 당당한 뚝심으로 일어나
노도처럼 밀려오는 쓰레기를 거둬낼 거여
청정산천 오염시키는 쓰레기를 깡그리 쳐낼 거여
체냥 촌놈들의 양심의 주먹맛을 보일꺼다 이거여

매운 맛을 보여야혀
정신 못 차리고 지각없이 제 잇속만 차리는 비열한 놈들
남이야 죽던 살던 저만 잘살면 된다고
온 세상 풀 한 포기 살 수 없도록 철저하게 오염시킨
파렴치한 인간 쓰레기는
체냥 고추 뜨거운 맛을 봐야혀
체냥 고추 매운 맛을 봐야혀

— 김윤완, 「청양고추」 일부

이 시는 농민의 목소리로 농민의 이야기를 들려주고 있다는 점에서 전형적인 농민시의 형태를 지닌다고 하겠다. 이 시의 화자는 "물에 물탄 듯 술에 술탄 듯 그렇고 그런 / 농투성이 바보 천치 체냥 촌놈"으로 무시당하는 '우덜'(우리들)의 현실을 직시하고 있으므로, 그의 현실인식은 '체냥 촌놈' 전체의 인식으로 확대되어 보다 심각한 문제성을 도출해낸다. 그의 화법은 사설시조처럼 긴 호흡의 가락을 충청도 사투리에 얹은 형태로서 뚝심있는 농민의 삶을 은유하는 적절한 말투가 되고 있으며, 그런 만큼 화자의 이야기가 호소력 있게 독자에게 전달되도록 하는 역할을 해준다. 그런데 이 시에서 보다 강조되어야 할 것은, 청양에서 살아가고 있는 농민의 실체로서 생동감을 얻어낸 화자의 거침없는 입심이 "체냥 땅이 쓰레기로 뒤덮여 그 악취가 하늘을 찌르는" 현실에 분노함으로써 더욱 생생하게 체감되는 환경의식을 낳고 있는 점이다. 전에는 사람 좋고 인심 좋고 산천 좋은 천하의 으뜸 고을이었으나, 지금은 도시의 쓰레기로 오염되어 '썩은 고을'이 된 청양은 산천의 파괴로 인하여 인심마저 훼손되기에 이른 우리 농촌의 전형적인 모습을 보여준다. 따라서 이 시의 화자가 드러내는 분노심은 모성(母性)의 자연을 훼손당한 우리들 모두의 심경을 환치시킨다.

이러한 공동체적인 인식을 바탕으로 화자는 그의 비판 의식을 현실 극복의 적극적인 자세로 구체화한다. 마치 갑오년의 농민 봉기가 연상되는 "호미 들고 삽 꼬나들고 일어나 / 체냥 고추맛으로 매웁게 하나되어 일어나" 하는 행간에 이르러 우리는 현실을 회피하거나 좌절하지 않는 '농투성이 촌놈들'의 적극적인 세계관을 만난다. 노도처럼 밀려오는 쓰레기를 거둬내고, 청정 산천 오염시키는 쓰레기를 쳐낼 것이라는 그들의 의지는 도시적 감수성에 길들여진 나약한 시적 화법을 무색케 하기에 충분하다. 또한 이 시에는 한걸음 더 나아가 논의되어야 할 사항이 있다. 그것은 바로 "온 세상 풀 한 포기 살 수 없도록 철저하게 오염시킨 파렴치한 인간 쓰레기"의 정체이다. 미국의 환경 보호론자인 커머너는 환경 문제의 원인을 인구 증가, 인간의 풍요를 향한 욕망, 인간의 타고난 침략성, 현대의 과학기술, 환경을 수탈하는 정책, 자본주의 등에서 찾아낸 바 있다. 즉 환경 파괴는 인간에 뿌리를 두고 있었던 것이다. 그렇다면 위의 시는 우리들로 하여금 스스로 '인간 쓰레기'임을 인정할 것을 촉구하고 있는 것이 아닌가. 이 시인이 같은 지면에서 발표하고 있는 「보리」라는 시를 읽으면 이 점이 더욱 명확해진다. "온 세상의 보리밭을 깜부기로 오염시켜 고통스럽게 하는 자기들의 파렴치한 실체를 모르는 채 / 이 세상에서 저희가 가장 훌륭하고 이상적인 보리라고 뽐내며 / 시커멓게 썩은 머리를 반짝 세우고 다른 동네 보리를 비웃고 있는 / 우리 동네 보리는 구제불능 착각의 노예"라는 행간으로 볼 때 '우리 동네 보리'에 대한 비판적 인식은 외부보다는 내부를 향하여 겨누어진 것으로 판단된다. 그러므로 김윤완의 「청양고추」는 우리들이 바로 우리의 고향을 오염시키는 '인간 쓰레기'임을 매섭게 질타함으로써 모성이 충만한 고향을 회복하고자 하는 것이다.

산자락 허연 속살
뚝, 뚝 잘려나간
골 깊은 솔밭에도
개발은
뇌물과 공존하는 논리대로
초록을 잘라먹고
버섯처럼 자란다

고향 잃은 애기봄이

쉽게 울며 돌아서는
산마루
도라지꽃 지천으로 피던 기슭도
송홧가루 곱게 날던 맑은 계곡도
개발의 쇠바퀴에 깔린
반신불수 내 고향

이제 봄도 깊어
보리이삭이 한창 팰
오월달 푸른 계절인데도
내 고향 솔밭 골짝에는
영
뻐꾹새가 울지 않는다

— 홍종태, 「뻐꾹새는 울지 않는다」 일부

공해를 묵과한
그 장기 독살 음모자들
지금도 어디선가
대갈통을 숨기며 잘 살고 있겠지

순천하며 살아갈 사람은 믿고
문화와 자연을 아끼는 사람을 믿고
그들이 믿는 사람들을
넉넉히 앞줄 세우는 날을 위해

너와 나 우리 모두
이 더런 놈의 세상 굴레를 벗어 던지자

— 윤익삼, 「더런 놈의 세상」

위의 시들도 탐욕스런 개발 논리에 의하여 파괴되고 오염된 고향과 자연을 바라보며 우려하거나 분노하고 있다. 그런데 "개발은 / 뇌물과 공존하는 논리"라든가, "공해를 묵과한 / 그 장기 독살 음모자들"이라는 행간이 시사하듯이 이들 시는 위정자나 정책 당국과 같은 보다 구체적인 고향 파괴의 원인 제공자들을 드러낸다. 어떠한 대상이나 사물에 대하여 비판적인 인식을 보이고자 할 경우 그 일차적인 단계가 현상이나 실상을 그대로 보여주는 것이라면, 이차적인 단계는 그와 같은 현상을 가능케 한 원인이나 동기에 관심을 가지기 마련이다. 생태 환경시에 있어서도 그 첫단계는 생태계 파괴의 구체적인 실상을 들추어내는 데 주력하였으며, 그 다음 단계에서 그것의 근본 원인인 산업 문명과 자본주의의 해부, 그리고 정책적 오류 등을 비판하고자 하였다. 이러한 점으로 볼 때 농민시가 제대로의 비판논리를 갖추기 위해서는 부단하게 현재의 농촌 현실과 농민 문제를 배태한 원인에 대한 성찰을 지속해야 만 할 것이다. '도라지꽃 지천으로 피던 기슭'과 '송홧가루 곱게 날던 맑은 계곡'이 반신불수가 되어버린 고향의 현실에 대하여 시는 관찰자로 머물러 있을 수만은 없다. '순천하며 살아갈 사람'을 믿고 앞세우는 세상을 꿈꿀 때 현실은 '더런 놈'이기 마련이므로, 우리는 더욱 현실에 대한 비판적 시각을 견지해야만 하는 것이다.

이상에서 살펴본 시들이 자연 환경의 파괴가 심각하게 진행되고 있는 농촌의 현실을 강한 어조로 비판·고발하고 있다면, 다음의 시에서는 자연의 한 구성체로 깃들어 존재하고 있는 인간의 생명과 삶에 대한 성찰이 엿보인다.

안 보이는 친구가 하나 둘 늘고
다음엔 내 차례일 수도 있다는 걸 알지만
아무도 그걸 떠벌릴 필요가 없었네

아무쪼록 누구보다도 더 어린
철딱서니 없는 아이로 돌아가
보다 유치한 농을 주고받으며
왁자지껄 떠들고 웃으면 되었네

거기엔 마주 다가선 검푸른 산이 있고 그 사이
골짜기로는 폭 넓은 개울이 길게 흐르고 있었네
물을 타고 건들거리며 올라온 맑은 바람은
세상을 온통 하얀 빛으로 수선스럽게 만들고 있었네
그리고 몸을 기댄 채 아무렇게나 나뒹구는
거기의 돌이면 싶던 사람들의 소망이
속절없이 한창 기울어지고 있었네

— 옥인기, 「오대천에서」 일부

이 시는 "반백을 넘긴 흰머리와 / 입 밑에 새로 그어진 주름살을 / 제 얼굴 보듯 보고 새삼 느끼"는 중년들이 모인 천렵의 장면을 사생화처럼 그려내고 있다. 그런데 그들의 천렵이 벌어지고 있는 자연 공간, 즉 산 · 물 · 바람 · 돌 등의 세계는 그들로 하여금 인간적 생명의 유한성을 인식하게 한다. 안 보이는 친구가 하나 둘 늘고, 다음엔 내 차례일 수도 있다는 비애감 속에서 "철딱서니 없는 아이로 돌아가 / 보다 유치한 농을 주고받"는 그들의 행동에는 아마도 자연의 영원성과 순환성을 동경하는 회기적 욕망이 개재되어 있으리라 본다. 동심을 회복함으로써 중년의 상실감을 보상받고자 하는 것이다. 인간은 노화하여 소멸하는 존재이지만, 자연적 사물은 되풀이하여 존재하는 영원한 생명을 지닌다. 그러한 자연 속에서 중년의 천렵은 떠들고 웃는 유희의 과정이지만, 한편으로는 "아무렇게나 나뒹구는 / 거기의 돌이면 싶던 사람들의 소망이 / 속절없이 한창 기울어지고"

있는 자기 삶의 인식이 되기도 한다. 이렇듯이 자연은 인간으로 하여금 자기 성찰을 가능케 하는 철학적 인식의 매개물이 되는 것이다. 만약 인간에게 그 오만함과 유한함을 가르쳐 줄 자연이 존재하지 않는다면 인간의 삶은 그 얼마나 막무가내의 것이 되어버릴 것인가.

썩지 않는 것은 얼마나 오만하랴
우리집 앞마당 짙푸른 두엄 무더기
노숙자의 머리칼처럼 김이 엉킨다
마늘 껍데기며 쓸모 없어진 지푸라기
뿌리까지 뽑힌 풀이 썩어 흙이 되고
썩은 흙에서 신통하게 두엄풀이 돋았다
썩은 것에서 저렇게 풀이 살다니
썩고 썩은 것들이 거름이 되는구나
내 마음은 썩지 못하고 냄새만 풀풀 풍긴다
얼마나 더 썩어야 거름이 될 수 있을까
그리하여 누군가의 가슴에 거름이 되어
풀 한포기 자라게 할 수 있을까
무성한 두엄풀 아래 독오른 버섯을 본다
내 몸이 자꾸만 가렵다

— 이은자, 「두엄풀」

우리 인간이 지니고 있는 자연적인 속성 중의 하나는 '썩는 것'이 될 것이다. 자연계가 영원성을 지닐 수 있는 이유 중의 하나도 만물이 자연에 나서 생장하고 죽어 마침내 썩어버리는 데 있을 것이다. 따라서 썩지 않는 것은 자연의 원리를 위반하는 '오만한 존재'이다. 이 시에서 화자는 앞마당의 두엄 무더기에서 돋은 두엄풀을 보고 있다. "썩은 것에서 저렇게 풀이 살다니 / 썩고 썩은 것들이 거름이 되는구나" 하는 인식에 이르러 화자는 소멸이 곧 생성이 되는 자연의 생명원리를 깨닫는다. 그러나 화자의 마음은 썩지 못하고 냄새만 풍기고 있으므로, 거름이 되지 못하는 삶의 안타까움은 "내 몸이 자꾸 가렵다"는 병적 징후로 나타난다. 삶은 '노숙자의 머리칼'처럼 남루한 것이므로 마늘 껍데기, 쓸모 없어진 지푸라기, 뿌리까지 뽑힌 풀과 같이 썩어야 "누군가의 가슴에 거름이 되어 / 풀 한포기 자라게 할" 것이다. 그렇다면 무엇이 우리로 하여금 썩지 못하게 하는가. 그것은 아마도 쾌락과 물질을 추구하는 인간의 욕망이 될 것이다. 생태 의식적인 측면으로 볼 때도 환경 문제의 큰 요인으로서 합성 물질과 같은 '썩지 않는 것'을 대량 생산하는 점이 지적되듯이, 인간의 편의와 즐거움을 위하여 '썩지 않는 욕망'을 고수하는 것은 심각한 문제를 야기한다. 썩지 않는 것의 오만함은 자연을 파괴함과 아울러 인간을 파괴할 수도 있는 것이다. 위의 시 「두엄풀」은 자연의 생명원리에 대한 인식을 보임과 아울러 누군가의 가슴에 거름이 되고자 하는 인간애를 표출하고 있으며, 또한 거름이 되지 못하는 현실의 상황에 대한 비판적 자의식을 가려움으로 환치시키는 등 많은 미덕을 갖춘 시로 생각된다.

지금까지 전형적인 농민시의 양상을 드러내는 시, 그리고 농민의 삶의 터전인 자연 속에서 인간 존재의 의미를 성찰하는 시를 몇 편 읽어보았다. 우리가 왜 본래의 모습이 파괴되고 공해와 쓰레기로 오염된 자연 속에서 생명과 존재의 위협을 받으며 살아가야만 하는가 하는 의문을 품을 때 그 원인은 기술 문명과 물질주의가 배태시킨 소비적 욕망에서 찾아진다. 따라서 인간의 욕망을 억제하는 길이 자연과 환경의 파괴를 막는 최선의 방법이 될 수 있겠다. 영국의 화학자 러브록에 의하면 지구는 생명을 위한 단순한 환경이 아니라 살아있는 유기체이며, 자기 자신이 지속하는 체계이며, 자신이 계속 생존할 수 있도록 주위를 수정 변화시키는 체계이다. 그러므로 생명체의 우주이자 유기체인 지구로 볼 때 자연 파괴와 환경 오염을 자행하는 인간이란 암적인 존재이기 마련이다. 우리의 농민시가 진지하게 천착해야 할 것은 인간과 자연이 더불어 있는 공생(共生)의 상상력이다. 그 속에서 농민시는 인간의 삶과 사회를 향한 준열한 비판의 목소리를 가다듬을 수 있을 것이다.

# 정감의 객관화와 사유의 공간

우리는 서구적인 문예 이론에 매우 익숙해져 있지만, 동양의 철학적 전통이 사유하고 있는 미학에 근거하여 이루어지는 동양적인 문예 이론도 눈여겨볼 필요가 있다. 가령 주지주의의 개념인 '객관적 상관물'과 유사한 '비흥(比興)'의 개념을 살펴보자. 중국의 예술철학자인 이택후(李澤厚)에 따르면, 정감의 주관적인 발설은 단지 개인에게만 의미가 있을 뿐이지 보편적이고 객관적인 효력은 지니지 못한다. 예를 들면, 주관적인 발설에 머물러서는 한 시인의 분노가 다른 사람을 분노하게 할 수 없으며, 그 시인이 슬프다고 해서 다른 사람까지도 슬프게 할 수 없다. 시인의 분노·슬픔이 전달적인 감화력을 갖기 위해서는 시인의 주관적 감정이 객관화·대상화되어야 한다.

따라서 시인이 시를 통하여 자신의 정감을 표출하려면 그 정감을 정돈시키거나 배양하거나 하여 그에 걸맞는 객관적 형상을 찾아 전달해야 한다. 이것이 바로 사물에 의탁하여 말을 일으키는 것, 즉 '비흥'이다. 그런데 이와 같은 비흥을 통한 정감의 형상화가 이지(理智)를 중개로 하여 실현됨을 중요시한다는 점에서 "시는 뜻을 말하는 것이다(詩言志)"는 유가 미학의 성격을 그대로 드러내는 논리가 된다. 즉 시는 주관적인 정감이 객관적인 형상으로 표출되는 것이며, 이러한 정감의 표출에는 시인의 이지적인 조작이 요구되고 있는 것이다. 따라서 시인의 감정이 조작·통제되지 않고 단순한 언어적 배설에 머무르는 것은 올바른 시적 표현이 될 수 없음을 동양 미학은 가르치고 있다.

동백꽃이 핀 까닭은
가슴에 품은 정열 때문이다
시퍼런 잎 사이에 붉은 꽃송이 하나

대한이 내일 모레인데
흰눈 위에 핏방울들 뚝뚝 떨어뜨리고 있다

누가 질투하여 목을 쳤나?
아, 진한 핏방울처럼 핀 동백꽃

— 성기조, 「동백꽃 1」

위의 시는 '정열'을 '동백꽃'으로 환치시키는 일반적이고 단순한 형태의 비응을 보여준다. 그런데 여기에서 시인의 지적 조작이 돋보이는 부분은 1연의 '시퍼런 잎 / 붉은 꽃송이'와 2연의 '흰눈 / 핏방울'이 드러내는 색채 이미지의 대립적 국면이다. 1연에서, 붉은 꽃송이 하나가 시퍼런 잎 사이에 있음으로써 그 붉음은 더없는 정열의 뜨거움을 표출하는 색채로 부각된다. 즉 여기에서는 '푸름'과 '붉음'이 상호 작용하여 팽창적이고 상승적인 이미지를 구현하고 있는 것이다. 그런데 2연에 오면, 동일한 붉음의 이미지인 '핏방울'이 '흰눈'을 만남으로써 하강적 이미지로 변화되고, 푸름과 붉음으로 뻗쳐오르던 정열의 기운은 좌절되고 만다. 이 좌절은 매우 강렬한 상승적 이미지가 돌연하게 하강적 이미지로 전환된 가운데서 느껴지는 것이므로 더욱 고통스런 좌절로 된다. 그러기에 그것은 3연의 "누가 질투하여 목을 쳤나?"라는 행간에서 확인되듯이 매우 참혹스럽고 비극적인 감정을 환기시킨다.

이쯤에서 우리는 '대한이 내일 모레'인 혹한 속에서 피어난 동백꽃을 바라보고 있는 시인의 정감이 단순히 '동백꽃=정열'로 비흥되는 것에서 멈추어 있는 것이 아니라 그 정열의 좌절을 비감스럽게 받아들이는 심사를 표출하고 있다는 점을 확인하게 된다. 즉 위의 시는 동백꽃의 '개화'를 통해 혹한의 고통을 이겨내고 핀 환희와 정열을 형상화하기보다는 오히려 개화 속에 예정되어 있는 낙화의 절망과 비애를 대상화하고 있는 것이다. 이와 같이 사물의 현상과 실태를 주어져 있는 그대로 표출하지 않고 그 배면의 의미를 탐색하는 시인의 이지적인 노력에 의하여 시는 가능해지며, 우리가 시의 언어를 곱씹어야 하는 이유도 여기에 있다.

햇살 비추는
양수리 강가
반짝이는 그대가
너무나 눈이 부셔
다가갈 수가 없네

인생이란 꽃은
담배연기에 사라지고
바람에 묻혀
활자 희미한 깃발 아래
바람도 울어 버리네

종영이 다가오는 단막극
겨울잎들은 강물 위
날리고 또 휘날려
겨울 나무도 울다
목이 쉬어 버리네

조각진 마음들
강가를 거닐다
모든 것의 주인공이
되지 못한 배우들
길, 강, 바람, 빛, 물결들

나 흘러가네
모두들 흩어지고
반짝임이 너무 서러워
다가가지도 못하네
겨울 강을 바라 보는 겨울 나무

— 정명섭, 「양수리 겨울강」

앞에서 살펴보았던 성기조의 시가 혹한 속에 피어난 동백꽃을 보고서 삶의 정열이 다한 인생의 비애를 쓸쓸하게 느끼고 있었다면, 정명섭의 시는 "종영이 다가오는 단막극"과 같이 삶의 막바지에 이른 서러움을 '겨울 나무'에 투영하고 있다. 이 시에서 겨울 나무의 이미지는 묻히다, 희미하다, 울다, 날리다, 흩어지다 등의 분산적 · 파편적인 느낌의 언어로 구현된다. 겨울 나무와 동체를 이루고 있는 잎도 강물 위로 날리고, 겨울 나무 스스로도 울다 목이 쉬어 버리는 상황은 "인생이란 꽃은 / 담배연기에 사라지고 / 바람에 묻혀 / 활자 희미한 깃발 아래 / 바람도 울어 버리네"라고 하는 행간을 보다 정서적으로 객관화한 심상이다.

시인의 자아는 겨울 나무의 시선으로 겨울 강을 바라보고 있는데, 한 자리에 고정되어 움직이지 못하는 존재인 나무는 길, 강, 바람, 빛, 물결 등과 같이 흘러가고 움직이는 사물들에 대비되어 고립감과 고독함을 인식한다. 따라서 "햇살 비추는 / 양수리 강가 / 반짝이는 그대가 / 너무나 눈이 부셔 / 다가갈 수가 없네"라는 언술로써 햇살 반짝이는 강물의 흐름을 함께할 수 없는 '서러움'을 극대화하며, 그 서러움은 "나 흘러가네"라고 하는 역설적인 표현에 의하여 더욱 비애스런 정서를 드러낸다. 햇살이 흘러가는 겨울 강의 풍경 속에서 겨울 나무는 흘러가버린 삶을 인식하고 있으며, 시인 화자는 한곳에 고정된 채 옴짝달짝할 수 없는 나무의 현존을 인간 존재의 운명론적 한계로 받아들임으로써 삶을 비극적으로 성찰하고 있는 것이다.

이제서야
돌아다본 세상

하나 둘씩
사라져 가는 뒷모습뿐이고

빈자리가 살랑살랑
바람과 어두운
그늘로 채워지고 있었다.

저 불혹의 문을
마아악 열고 들어선 그녀도

시린 무릎 어루만지며

명랑한 곡조의 노래도
슬프게 불렀다

질경질경 파랗게 부은
눈을 꼭 짜내면서
빈자리의 얼룩을 훔쳐내고 있었다.

— 조한풍, 「불혹의 노래」

조한풍 시인은 그 서정적인 정조로써 시의 본령에 가장 충실한 언어들을 탄생시킨 바 있다. 그의 언어는 바람, 들판, 바다, 산, 새, 흙, 풀, 꽃, 구름 등 우리들이 자연 속에서 발견하게 되는 온갖 사물의 이름들을 가리키고 있고, 그와 같은 사물에 시인의 자아를 투영시켜 내밀한 정서적 감각을 구축한다. 그래서 어느 글에서 필자는 조한풍의 시에 대하여 "우리 자연의 가장 원형적 사물들이 한데 어울려 있는 행간에서 우리의 시원의 고향, 지금은 사라져버린 모성의 대지를 거니는 느낌"을 받는다고 쓰기도 했다. 이를테면 조한풍 시인은 고향에 대한 동경, 고향 상실의 비애, 삶의 허무, 이별의 슬픔, 생명의 유한성 등과 같은 인간의 본연적인 정서를 자연적인 사물에 삼투시켜 순도가 매우 높은 서정성의 결정을 추출한다.

위의 시도 그러한 시적 정서의 연장 선상에서 읽혀진다. 위의 시에서 중심에 놓여 있는 이미지는 '빈자리'이다. 삶의 어느 지점에서 시인은 '세상'을 되돌아본다. 여기에서 세상은 객관화된 자아, 즉 철저한 자아인식에 근거한 자아가 존재하는 공간일 것이다. 그 세상 속에는 "하나 둘씩 / 사라져 가는 뒷모습"이 남겨져 있으며, 바람과 어두운 그늘로 채워지고 있는 '빈자리'가 있다. 그 빈자리는 세상사에 휘둘려서 살아온 일상적 자아가 스스로를 성찰하게 되었을 때 필연적으로 발견하게 되는 공허함, 즉 진정한 자아의 부재를 의미하는 공간일 것이다.

'불혹의 문'과 '시린 무릎'이라는 표현이 있으므로 이 시의 화자가 고백하는 진정한 자아의 부재는 육체의 노쇠함과 관련된 인간적 한계인 생로병사의 운명에서 연유하는 것으로 짐작된다. 따라서 "질경질경 파랗게 부은 / 눈을 꼭 짜내면서 / 빈자리의 얼룩을 훔쳐내고 있었다"는 표현의 주체인 '그녀'는 짐짓 그 인간적인 좌절을 빈자리의 얼룩을 훔쳐내는 행위로써 극복하려는 안타까운 몸짓을 보여주고 있으나 이것은 더욱 비감스러운 정황으로 다가올 뿐이다. '그녀'는 시인에 의하여 관찰되어진 대상인 동시에 인간적인 한계에 좌절하는 우리들 모두의 존재 양상이 되고 있다.

어머니 살아 계시면 아마 저 연세쯤 되셨지
그래서 예사로 보이지 않는 앞집 할머니
나는 아침마다 빗자루 들고 얼쩡거리면 할머니는
요강단지 들고 남새밭에 가시느라 얼쩡이시고
어쩌다 눈 마주쳐 나는 어머니 생각하며 인사 삼아
씨익 웃으면 할머니는 쑥쓰러워 씨익 웃으시고
이제 저 모습도 이 시대 마지막 풍경이려니 싶어
내가 새삼 돌아보며 다시 한번 씨익 웃으면
할머니는 더욱 쑥쓰러워 요강단지
허리 뒤로 황급히 감추며 씨익 웃으시고

— 오하룡, 「아침과 요강단지」

우리들은 앞에서 살펴본 성기조 · 정명섭 · 조한풍 등의 시에서 공통적으로 지나가버린 삶에 대한 연민, 잃어버린 삶의 열정에 대한 회한, 노년으로 접어드는 인생의 허무감 등과 같은 인생론적 성찰을 읽을 수가 있었다. 그런데 오하룡의 위의 시는 "요강단지 들고 남새밭에 가시느라 얼쩡이시는" 할머니의 모습을 해학적으로 그려냄으로써 노년의 비애를 불식시키는 또다른 삶의 성찰을 보여준다.

이 시가 그려내고 있는 "어쩌다 눈 마주쳐 나는 어머니 생각하며 인사 삼아 / 씨익 웃으면 할머니는 쑥스러워 씨익 웃으시고" 하는 아침 풍경 속에는 늙음의 탄식이 끼어들 수 없는 건강성이 돋보인다. 요강단지를 허리 뒤로 황급히 감추며 웃는 할머니의 웃음은 나이에 상관없이 우리의 어머니들에 내재되어 있는 대모(大母)의 여성성을 표출하는 것이며, 그 요강단지의 내용물은 대지(남새밭)에 부어짐으로써 생명의 성장을 재촉하게 된다. 그러므로 이 시에서 할머니는 인생의 늙음을 한탄하는 한계적인 인간이 아니라 자연적 질서에 순응하여 생명 순환의 질서를 지켜나가는 자연인의 모습으로 표출된다. 누구에게나 늙음은 비감한 상황일 것이지만 이렇듯이 시는 인간적 삶의 한계마저도 건강한 생명성으로 부활시키는 사유를 지니고 있다.

# 삶의 은유와 사유로서의 시

현대를 일컬어서 '시를 생산해 내기에 불리한 산문적 시대'로 규정한 이는 헤겔이었다. 헤겔은 또한 이러한 산문적 시대에 걸맞는 것은 예술이 아니라 철학이라고 하여 예술의 종말을 예언하기도 하였다. 헤겔이 살았던 시대로부터 두 세기 정도를 지나온 오늘날의 상황은 아마도 더욱 비시적(非詩的)·반시적(反詩的)으로 변해버렸을 터이지만, 아직도 시와 예술은 여전하다. 이를 두고 혹자는 헤겔의 생각이 잘못되었음을 지적하고자 할 것이다. 그러나 필자가 생각건대, 헤겔의 예언은 여전히 유효한 것 같다. 예술뿐만이 아니라 철학을 비롯한 인문학 전반이 위기를 맞고 있고, 인간의 존재적 의미와 인간적인 삶에 대한 성찰이 그다지 위의를 갖지 못하고 있는 것이 사실인 것이다. 그렇기 때문에 필자가 주목하는 것은 비시적이고 반시적으로 더욱 악화된 이 시대에 시를 쓰고 있는 시인의 운명, 루카치가 꿈꾸었던 그리스적인 시의 이상이 사라진 세계에 살고 있는 시인의 고통에 관한 것이다. 이 시대에 시를 쓴다는 것은 그 얼마나 고통스러운 운명일 것인가.

사회학적인 논의를 따른다면, 현대 사회가 산업 기술이 발달되고 재화가 대량 생산됨으로써 물질적인 풍요는 크게 확대되었으나 인간이 스스로 정신적인 안락을 유지하는 능력은 오히려 축소되었다고 한다. 도시의 거대한 빌딩, 공장, 사람들 속에서 소외와 불안, 비인간화를 경험하는 인간에게 있어 물질은 풍요로운 삶을 보장해 주는 것이 아니라 삶을 억압하고 규제하는 폭력적인 수단이 될 수도 있다. 허위와 위선을 강요하는 현대인의 존재 방식은 인간으로서의 자기 정체성을 의심하고 모멸에 빠져들게도 만든다. 시인은 이와 같은 현대인의 불구적인 삶의 양태를 가장 예민하게 감지하고 있으며, 그런 까닭에 그는 현재의 삶을 그 누구보다도 고통스러운 것으로 받아들이게 된다.

> 뼈대도 없이 옮겨다니는 건
> 살이 닿는 고통뿐이다
> 세상은
> 걸친 것 없이
> 한 몸뚱이 뿐인 걸 알아차리기 때문이다
> 조그만 나를 가려 주는 건
> 한두 겹의 옷이 아니고 헐렁한 집뿐이다
> 도저히 빠져나갈 수 없는
> 집채만한 체면과 늘 동행한다
> 허술한 내가 들통나지 않는
> 그늘 속에서
> 세상과 돌아누울 때
> 나는 때때로 꿈꾼다
> 작열하는 저 태양 속으로 뛰쳐나가
> 내 온전한 살로 뜨겁게 달아오르며
> 목숨의 한때를 맛있게 굽고 싶다
> 바람에 흐느적거리는 저 잡풀같이
>
> — 김현숙, 「달팽이」

위의 시에서 시인은 "세상은 / 걸친 것 없이 / 한 몸뚱이 뿐"인 존재의 고독을 알아차리고 있다. 자아와 격절되어 있는 타아들, 손을 내밀어도 결코 닿을 수 없는 존재간의 거리가 노정된 채 삶은 달팽이 걸음처럼 어기적대고 있다. 분업화·전문화로 치달아온 산업 사회로의 발달과 도시화가 인간과 인간, 그리고 인간과 세계 사이의 상호성을 무너뜨리고 인간과 자연을 분리시켰음은 주지의 사실이다. 이것은 사회 구성원들의 친밀성·동질성을 근간으로 하는 생활 공동체의 사람살이가 소원성·이질성에 의하여 유지되는 도시 사회의 기능 공동체로 변화된 사회 구조를 반영하는 삶의 변화이다. 즉 현대는 산업화에 수반하는 분업적 성격이 사회 구성원들을 이질화시킴으로써 각 개인을 고립화, 원자화된 개체로 살게 하는 것이다. 삶의 현실이 이러하므로 가닿을 곳, 머무를 곳에 대한 지향점도 명확하지 않다. 이와 같이 자기 존재에 대한 전망이 결여된 채 살아가는 사람살이를 시인은 '뼈대도 없이 옮겨다니는' 달팽이의 이미지로 제시한다. 그리고 '조그만 나'로 규정되는 자아는 '집채만한 체면'과 동행하고 있음으로써 스스로에게서 허위와 위선, 자기 기만을 들여다보는 비극적인 자기 존재의 인식에 이르고 있다.

시인은 왜 이다지도 자학적으로 자신을 몰아붙이고 있는 것일까. 그것은 "허술한 내가 들통나지 않는 / 그늘 속에서 / 세상과 돌아누울 때"의 그 단절적 상황을 극복하기 위한 시적 논리로 생각된다. 이를테면 '밀실'(그늘)로 숨어들기만 하는 자의식이 '허술한 나'를 숨기려는 위선적인 행위라는 인식이 뒤따른다면, 밀실로의 숨어들기는 더 이상 지속될 수 없는 삶의 방법일 것이다. 이쯤에서 시인은 존재의 근원적인 고독으로 무장하고 있는 자폐적인 자아의 허울을 벗어버린다. '목숨의 한때'를 밀실의 어둠 속이 아니라 태양 속으로 밀어넣고 뜨겁게 달아오르고 싶은 욕망이야말로 그의 실체이다. 뼈대도 없이 옮겨 다니며 살이 닿는 고통을 겪고 있는 달팽이의 형상은 곧 인간적인 한계, 또는 인간을 억압하고 있는 삶의 조건에 짓눌려진 우리들의 존재 양상을 보여준다. 그러한 가운데서 우리는 고통스런 살덩이를 지니고 살아가는 달팽이가 아니라 잡풀과도 같이 태양과 바람 속에서 원초적인 생명력으로 흔들리는 '온전한 살'이기를 꿈꾼다. 이 꿈은 비극적인 운명을 감내하는 시인의 언어를 만나서 뜨겁게 부풀어오르고 있는 것이다. 김현숙 시인이 같은 지면에 발표하고 있는 다음의 시는 그러한 꿈이 성취되는 환희의 순간을 형상화하는 의미로 읽혀진다.

너를 만나기 위한 것이라면
그 긴 눈보라 속은
참을 만한 것이었구나
나는 이제 네게서 시작되니
네가 지나는 나의 어디쯤
끝없이 꽃이 피고
그렇구나
너는 햇빛과 물과 바람으로
날마다 내게 스며
나를 가장 당두(糖度) 높은
한 열매로 익히는 구나

— 김현숙, 「흙 속의 길」

우리는 위의 시에서 고통을 감내하고 '가장 당도 높은 한 열매'로 탄생하는 존재를 발견하게 된다. 그 존재는 햇빛과 물과 바람이 날마다 스며 이루어진 자연 합일체이다. 이 시의 자아는 자연과의 통로를 열어두는 것으로써 존재 전환의 방법론을 마련한다. "네가 지나는 나의 어디쯤 / 끝없이 꽃이 피"는 순간이 바로 앞의 시에서 만났던 '온전한 살'이 이루어지는 시간이다. 이를 우리는 인간인 자기 존재를 자연에 의탁하여 그 영원한 생명을 꿈꾸는 욕망의 현현으로 볼 수 있을 것이다.

촉촉이 젖은 물안개 밀어낸
천년 원시의 바람에
일순 내 영혼은 정화되고
층층나무 가장이로
쏟아지는 눈부신 햇살은
너무 황홀해 현기증을 안겨 준다

계곡을 타고 나린 산 여울에
부끄런 속살 드러내는 바위,
세월의 발끝에 채여 떨어지는
작은 풀꽃의 이슬하며
바람결에 묻혀 오는
산새의 청아한 울음은
꿈틀거리는 세상적 고뇌도
지난 날의 哀恨도 잠재워
평온 하나 허락한다

애증과 역겨움을
그리움으로 다스리며
빛과 소리 자리한 숲길 차 오르면
발에 밟혀도 일어서는
풀들의 모진 목숨,
어제의 우울한 회한도
오늘의 피곤한 삶도

그저 한갖 허망한 흐름이다

— 엄창섭, 「대관령 옛길」

위의 시는 우울한 회한, 피곤한 삶, 허망함과 같은 삶의 인식을 대관령 옛길의 자연적 사물과 만나는 과정에서 위로받고 있다. 유한한 존재인 인간이 영원한 존재인 자연과의 교감, 또는 자연 지향의 의식을 확보함으로써 현실의 한계성을 넘어서고자 하는 것이다. 루카치의 견해를 빌리자면, 오늘날 우리들의 일반적인 삶의 양식은 '자연 속의 생활'을 붕괴시킨 산업의 발달과 도시화로 인하여 인간 주체와 세계(자연) 사이의 상호작용이 깨어져 있으며, 인간은 자연과 분리된 관조자로서 자연을 보고 있다. 다시 말하면 자연의 바깥에 서있는 관찰자로서 자연을 단순히 하나의 풍경으로만 바라보는, 주관과 대상 간의 지양될 수 없는 거리가 노정되어 있다. 자연과의 소통, 또는 교감이 차단되어 있는 것이 삶의 현실이다.

이러한 일반적인 상황을 염두에 두고 위의 시를 읽어갈 때 우리는 앞의 김현숙의 시에서 확인한 시와 삶의 교감적 상황을 이해할 수 있다. 대관령 옛길은 지난날 무수하게 지나다니던 차와 사람들의 흔적이 사라진 공간이다. 그러므로 원시의 바람과 햇살, 바위, 이슬, 산새의 울음 등 인위의 굴레에서 해방된 순수한 자연물만이 존재한다. 그 속에서 화자는 너무 황홀하여 현기증을 느끼거나 지난날의 애환을 잠재우는 '평온 하나'를 허락받는다. 원초적인 자연의 품속으로 물화된 인간의 안식이 가능해진다. 이와 같이 자연적인 본성을 회복한 자아에게 있어 우울하고 피곤한 삶은 한낱 허망한 흐름으로 인식될 수 있으며, 이것은 재생의 경험에 다름아니다. 그러므로 번잡스럽고 생기없는 일상에 구속되어 있던 화자의 삶은 "발에 밟혀도 일어서는 / 풀들의 모진 목숨"과도 같이 질긴 생명력을 지닌 새로운 삶으로 거듭 태어나는 것이다.

온종일
내 안의
나만을
들여다보기도
모자라는
시간 속에서
흐르고 흐른
한 세월 끝에
서성이는
아직도
내가
나를 모르고 있다는
어리석음에 노을빛
세월녘에 서성이는 것
조차 힘에 겨운
삶의 계단에서
별 하나의
고독을 만나라

— 김연식, 「자기 들여다보기」

김연식 시인은 서정시의 오랜 문법인 '자기 들여다보기' 곧 자아 성찰에 충실하고 있다. 인간의 삶은 일회성이고 유한하므로 운명적으로 '모자라는 시간'이 주어져 있다. 그러므로 그러한 시간 속에서의 바람직한 삶이란 '내 안의 나' 곧 진정한 자아의 발견과 그것을 통한 진실된 삶의 영위가 되어야 한다. 그럼에도 불구하고 세월을 무위하게 흘려보내고 "노을빛 / 세월녘에 서성이는" 존재가 되어 있는 자신을 만나게 될 때 시인이 느끼는 혼란스러운 삶의 지향에 우리 모두는 공감한다. 우리들에게 있어 지나가버린 시간, 흘려보낸 시간은 항상 그립고 아쉬운 것일 수밖에 없다. 더구나 '노을빛'에 이른 자신의 삶에 대한 정체성이 불투명할 경우에는 더욱 비극적인 정서에 젖어들게 된다. 그러나 시란 필연적으로 자기 구원의 몸짓이 아니겠는가. 위의 시에서 시인은 자책과 절망에 빠져 있는 스스로에게 "별 하나의 고독을 만나라"는 주문(呪文)을 읊고 있다. 이것은 자기 존재에 대한 고독한 성찰을 계속함으로써 '삶의 계단'을 내려서는 것이 아니라 올라가고자 하는 의지의 표현으로, '별' 곧 자연(세월)의 영원성을 지향하는 심리기제라고 할 것이다. 앞에서 살펴본 김현숙의 시가 '온전한 살'이기를 꿈꾸었듯이 김연식의 시는 별의 고독을 만나기를 촉구함으로써 인간적인 삶의 한계에 고뇌하는 자아로 하여금 그 고통을 극복하게 하는 시적 논리를 보여주고 있다.

시는 이렇듯이 삶의 은유이자 사유인 것이며, 우리의 불편하기 짝이없는 일회적인 삶은 시에 의하여 새로운 생명을 얻음으로써 보다 진정스런 국면을 맞이할 수 있다. 아마도 이것이 바로 이 비시적이고 반시적인 시대에 시와 시인이 존재할 수 있는 이유가 아니겠는가.

# 사물의 현시와 언어

하이데거의 미학에 등장하는 한 켤레의 구두를 떠올려 본다. 그 구두는 고흐의 잘 알려진 그림 속에 등장하는 바로 그 낡은 구두이며, 하이데거는 이 구두를 예로 들어 예술 작품의 존재적 개시(開示)를 이야기하고 있다. 예술을 '진리의-작품-속으로의-자기-정립'으로 본 하이데거 미학에서 사물로서의 진정한 존재성을 보여주는 한 켤레의 구두는 하나의 자율적인 우주이다. 그러기에 우리는 이 구두를 바라보며 "내부의 어두운 틈으로부터 들일을 나선 이의 고통이 응시하고 있으며, 구두라는 도구의 실팍한 무게 가운데는 거친 바람이 부는 넓게 펼쳐진 평탄한 밭고랑을 천천히 걷는 강인함이 쌓여 있고, 구두 가죽 위에는 대지의 습기와 풍요함이 깃들어 있다. 구두창 아래에는 해 저물녘 들길의 고독이 저며들어 있고, 이 구두라는 도구 가운데는 대지의 소리 없는 부름이, 또 대지의 조용한 선물인 다 익은 곡식의 부름이, 겨울 들판의 황량한 휴한지 가운데서 일렁이는 해명할 수 없는 대지의 거부가 떨고 있다"(오병남 · 민형원 역, 『예술 작품의 근원』 중에서)는 것을 느낀다. 한 켤레의 낡은 구두가 예술 작품으로 탄생하는 순간인 것이다. 하이데거의 논리를 너무 단순화하는 위험이 있기는 하지만, 시의 탄생도 역시 자연의 현상이나 일상의 관습적인 삶 속에서 무의미하게 또는 무자각적으로 나동그라져 있던 사물이 하나의 자족적인 존재로 우리에게 현시되는 지점에 놓여 있다고 할 것이다.

물론 시의 존재로서의 현시는 시인의 의도에 따라 조작된 것이므로, 보다 엄밀하게 말하자면 시는 시인과 사물이 합일되어 탄생한 새로운 존재이다. 이른바 동일성의 시학이 설정하고 있는 시인과 사물과의 관계인 것이다. 그러나 어떻든 사물 쪽에서 본다면 시는 사물의 새로운 자기 현시이고, 시인 쪽에서 볼 때도 시는 시인의 새로운 자기 현시임이 틀림없다. 따라서 우리가 하나의 작품으로 시를 느끼거나 이야기할 때, 시 속에 등장하는 사물들이 여하히 자기 존재를 드러내고 있는가 하는 점을 눈여겨볼 필요가 있다. 거기에 하이데거가 '일상적으로 있던 곳과는 전혀 다른 곳'으로 표현했던 예술의 세계가 숨어 있을 것이기 때문이다.

어느 산골 빈 집 마루 밑에
오른쪽 헌 구두 한 짝이
가을 밤 혼자서 외로웠다
무서리 내리는 밤에는
가난한 귀뚜라미 기족들이
어두운 구두 속에서
병든 세월을 노래하고 있었다
빠른 세상 따라다니다가
다 닳은 구두창
한 사나이의 생애가
빈 집 마루 밑에서
조용히 썩어가고 있었다

— 박희선, 「어느 빈 집 마루 밑에」 일부

이 시에서 우리는 "한 사나이의 생애가 / 빈 집 마루 밑에서 / 조용히 썩어가고" 있음을 보여주는 구두를 만난다. 그 구두는 헌 구두이며, 한 짝만 남은 외로운 구두이며, 그 구두 속에는 가난한 귀뚜라미가 병든 세월을 노래하고 있다. 빠른 세상을 따라다니다가 구두창이 다 낡아 버렸으니 틀림없이 낙오된 삶이다. 어느 빈 집의 마루 밑에 버려진 구두 한 짝은 시인을 만남으로 하여 늙고 병들고 가난한 한 사내의 모습으로 탄생한다. 이 작품이 시적일 수 있는 소이는 이와 같이 길을 딛는 것이던 기존의 도구성은 이미 사라지고, 한 사내의 인생으로 환치된 존재인 구두가 현시된다는 데 있다. 그런데 이러한 환치성은 필연적으로 시인의 자아 인식을 드러내는 과정이라고 하겠는데, 이 시가 보여주는 시인의 자아 인식은 스스로를 늙고 병든 인생으로 몰아감으로 해서 매우 비극적이다. 이를테면 이 시는 시인이 자기 존재의 비극성을 확인하는 하나의 전략인 것이다. 그렇다면 시인이 왜 이러한 전략을 구사하고 있는가 하는 물음을 제기하지 않을 수 없다. 이 물음에 대한 대답으로 필자는 "그 작품이 지니고 있는 단순한 현존재와의 거리는 그 존재의 허위와 악의 척도가 된다"고 한 아도르노의 말을 되새긴다. 삶의 비극성에 대한 확인은 결국 비극적이지 않은 삶에 대한 꿈을 말하고 있는 것이 아니겠는가. 우리는 아래의 시가 삶의 온전성을 대한 아련한 그리움을 드러내고 있다는 점에서 시인의 시적 전략의 일단을 엿볼 수 있다.

이월 초하루 장날
암송아지 팔러 가는 길에
검은 절벽 위에 핀
산수유 꽃을 처음 만났다
눈 녹은 뒤 피는 꽃은
착한 사람에게 잘 보인다고

돌아가신 어머님께서 말씀하셨다
눈물 섞어 보면 더욱 아름답다고
열여섯 살 때
서문시장 비단장사한테 시집 간
울보 순님이도 말했다
이월 초하루는 임산 장날
대장간에 다녀오는 길에
절벽에 핀 산수유 꽃을 다시 만났다
순님이의 못다한 사연들이
깊은 강 얼음 위를 건너고
푸른 보리밭을 질러와서
가지마다 노란꽃으로 매달려 있었다

— 박희선, 「산수유 꽃」

이 시의 화자가 만나고 있는 산수유 꽃은 돌아가신 어머님이 '착한 사람에게 잘 보인다'고 말씀하셨던 꽃이며, 어린 시절의 추억 속의 인물인 순님이가 '눈물 섞어 보면 더욱 아름답다'고 말했던 바로 그 꽃이다. 즉 시적 화자가 그리움의 대상으로 간직하고 있는 인물을 환기시킴과 아울러 그 인물에 의하여 체득하게 된 삶의 인식을 확인시켜 주는 것이 비로 산수유 꽃인 것이다. 따라서 이때의 산수유 꽃은 이미 자연적인 사물로서의 꽃이 아니라 시적 자아를 새로운 존재로 현시하는 사물이 된다. 이 시의 의미망을 따라가 보자면, 시적 화자가 놓여 있는 삶의 현실은 매우 고난에 찬 것으로 생각된다. 이월 초하루라고 하는 시간적인 설정이 매서운 날씨를 떠오르게 한다는 점에서 그렇고, 화자가 암송아지를 팔러 간다고 하였으니 살림살이의 궁핍함도 느껴진다. 눈 녹은 뒤에 피고, 눈물 섞어 보는 산수유 꽃은 한마디로 엄혹한 현실 속에서 피어나는 존재이다. 그러나 산수유 꽃은 현실의 고통 속에서 피어난다는 바로 그 이유로 하여 고통을 극복하는 힘을 지니게 된다. 다시 말하면, 산수유 꽃은 고통스런 현실을 환기시키기 위한 것이 아니라 그것이 극복된 세계를 향하여 열려 있는 꿈의 환기가 되는 것이다.

이러한 논리는 "순님이의 못다한 사연들이 / 깊은 강 얼음 위를 건너고 / 푸른 보리밭을 질러와서 / 가지마다 노란꽃으로 매달려 있었다"고 하는 행간에서 명징하게 드러난다. '순님이의 못다한 사연' 이란 기실 우리 모두의 삶이 못다한 사연일 것이므로, 그러한 고통스런 현실을 간직한 채 살아가는 우리의 삶이란 '얼음 위'를 건너는 것이기 마련이다. 그러나 이 시의 화자는 삶의 고통에 결코 좌절하지 않고 '푸른 보리밭'의 세계를 지향한다. 이는 마치 이육사의 시 「절정」에서 시적 화자가 "매운 계절의 채찍에 갈겨 / 마침내 북방으로 휩쓸려" 온 뒤에 '강철로 된 무지개'를 생각하는 의미에 비견할 수 있겠다. 이쯤에서 우리는 다시 앞의 시 「어느 빈 집 마루 밑에」로 돌아가서, 시인의 비극적인 자기 인식이 비극적이지 않은 삶에 대한 꿈을 보여주기 위한 전략이었음을 확인하게 된다. 그러므로 우리는 이 시인의 다른 작품에서 "오늘 아침에는 / 하늘에서 까치들이 찾아와 / 마지막 남은 열매를 먹고 가고 / 내 사랑 슬픈 이야기에는 / 아프도록 감물이 들어 / 아직도 지워지지 않는다"(「감나무 풍경」 중에서)와 같은 행간을 읽을 때 단지 표층의 애상감을 보는 데 그치지 않고 그 행간 속에 감춰진 시인의 모습을 떠올릴 수 있다. 그 시인은 삶의 아픔과 현실의 냉혹함을 철저하게 내면화하여 자기 존재의 정체성을 확보하고 현실 극복의 내성을 키워낸다. 그 존재의 자리가 바로 산수유 꽃이 피어 있는 곳이다.

박희선 시인의 '산수유 꽃'이 그랬듯이, 지난 계절의 시에서는 유독 '꽃'을 제재로 한 시편들이 눈에 띈다. 김춘수 이래로 꽃은 존재와 언어, 시와 대상과의 관계성을 드러내는 데 자주 등장하는 사물임은 주지의 사실이다. 가령 근자에 김수영문학상을 수상한 바 있는 채호기 시인의 시집 『수련』에서, 시인이 바라보고 있는 시적 대상인 수련은 물 속에 그 뿌리와 줄기를 숨기고 물 밖으로 꽃을 피워냄으로써 매우 관념적인 성찰을 가능하게 한다. "많은 언어들이 저 물 속에 잠겨 있다. // 많은 생각들이 공기 속에 녹아 있고 / 많은 말들이 햇빛 속에 숨어 있다"(「많은 언어들이 저 물 속에 잠겨 있다」 중에서)는 진술이 보여주듯이 수련은 의식의 심연에 닿아 있는 기표로서의 언어를 상징하고 있다. 이러한 경우와 같이 꽃의 사물성은 시적 인식과 매우 밀접하게 연관되어 있으므로 아래의 두 시편들이 보여주는 꽃에 대한 인식은 어떠한 것인지가 궁금해진다.

몇 날 며칠 빗물에 목욕하고
나무들은 검푸른데
백일홍 꽃잎은 붉다못해
입술을 떤다

내 안에 고인 얼굴 하나
백일홍 꽃잎으로 핀다
— 이시은, 「백일홍」

망초꽃하고 토끼풀하고
노는 걸 보았다
논두렁 밭두렁에 서늘한 바람일 때
망초꽃은 서 있고 토끼풀은 누워
석양에 살 맞대고 서로 떤다
오래살이 풀들에 이별은 없다

꽃방망이가 날리는 꽃가루
결초(結草)가 아름답다
산나리꽃처럼 활짝 젖힌 어깨 잡고
꿈결 같은 구름 위에 너는 누웠다
초연(初緣)이다
청실 홍실 햇살이 간지럽구나
소나기 한줄기 피부을 듯하다

바람은 서늘하고
벌 나비 꽃들은 씨받기에 바쁜데
때늦은 목동은 풀밭에 소 매어 놓고
길 떠난 다음
석양에도 오지 않는다.

— 엄한정, 「망초꽃과 토끼풀」

이시은 시인의 꽃은 '내 안에 고인 얼굴 하나'가 되고 있다. 이처럼 백일홍이 시적 화자의 내면에 간직된 얼굴로 상정되는 이유는 그 꽃잎이 붉게 떨리던 입술을 환기시키기 때문인데, 이 단순한 은유의 논리는 시의 근원적인 존재 양태를 드러낸다. 현대시가 발전시켜 온 기법적 측면에서 은유는 '사물의 낯선 충돌'을 의미하고 있지만 위의 시에서 '백일홍'과 그 누군가의 '얼굴'은 충돌이라기보다는 연상의 측면이 강하게 드러나고 있는 것이다. 이런 점에서 이시은의 시는 기법상의 문제로 접근하기보다는 자신의 정서를 사물에 이입시키는 시인의 어법을 살펴보는 것이 적절한 태도가 될 것으로 보인다. 위의 시와 함께 발표된 작품인 「내일은 누가 있어」에서 "담장 밑에 쪼그리고 앉아 / 송아리져 핀 수국 꽃잎에 / 어젯밤 누군가가 뿌리고 간 / 눈물이 맺혔다"는 시행에서 확인되는 것처럼, 이시은 시인에게 있어 꽃은 시적 화자의 감정을 그대로 표현해 주는 대리물이다. 그래서 그는 별다른 수사를 덧붙이지 않은, 위에서 말했던바 단순한 은유로써 사물과 조우한다. 그러기에 사물은 자연적인 형상을 그대로 유지한 채 시인의 정서를 함축하고 있다.

그런 반면에, 엄한정 시인에게 있어 꽃은 자연물로서의 존재 양태를 벗어나 가히 인공적이라 할 만한 형태로 나타난다. "석양에 살 맞대고 서로 떤다 / 오래살이 풀들에 이별은 없다"는 시행의 주체인 망초꽃과 토끼풀은 시인에 의하여 인위적으로 '결초(結草)'된다. 두 사물의 초연(初緣)의 순간을 장식하기 위해 햇살과 소나기가 동원되어 시인의 연출에 따르고 있다. 시의 화자는 "망초꽃하고 토끼풀하고 / 노는 걸 보았다"고 하였지만, 그 속사정은 시인이 억지로 망초꽃과 토끼풀이 어울려 놀게 하고 있는 것이다. 그 이유는 뭘까. 그것은 "때늦은 목동은 풀밭에 소 매어 놓고 / 길 떠난 다름 / 석양에도 돌아오지 않는" 현실을 말하기 위해서이다. 즉 벌, 나비, 꽃들은 씨받기에 바쁜 자연의 모습과는 달리 인간의 모습은 그렇지 않다는 것, '목동'은 인간의 본원적인 사랑이 충만해야 할 '풀밭'을 떠나 돌아오지 않음으로써 인간애의 결핍을 가져오고 있음을 확인시켜 준다. 망초꽃과 토끼풀은 비록 자연적인 사물이기는 하나 인간이 잃어버린 인간의 모습을 보여주는 역할을 하고 있는 것이다. 따라서 두 사물이 서 있거나 혹은 누워서 살 맞대고 있는 모습은 비록 현상 그 자체로는 자연적이지만, 우리는 그 자연에서 위로받지 못한다. 우리 삶의 훼손이 심각해져 있기 때문이다.

지금까지 살펴본 시편들에서 우리는 마치 인간적 존재이듯 우울하게 삶의 고통과 결핍을 현시하고 있는 사물들을 만났다. 이 과정에서 한 가지 분명하게 드러난 사실은 오늘의 현실을 바라보는 시인들의 시선이 결코 낙관적이 아니라는 사실이다. 시는 근원적으로 현실을 넘어서는 세계를 바라보고 있으므로 이 세계에 대하여 비판적인 시선을 갖는 것이 당연한 일이기는 하다. 그러나 삶의 온전성에 대한 추구가 강렬할수록 현실의 엄혹함은 더욱 뼈저리게 느껴지기 마련이므로 시인은 더욱 고통스런 삶을 살아가야만 한다. 그럼에도 불구하고 시가, 그리고 시인이 삶과 현실에 대하여 차가운 시선을 견지하고 있음은 결국 아직도 시적 에너지가 소진되지 않고 있음을 말해 준다. 이 점에서 우리는 여전히 시에 대한 기대를 걸어봄직한 것이다.

## 물의 시간, 뼈의 시간

삶의 불가사의함을 드러내는 것들이 많이 있지만, '시간'만큼이나 여전히 비밀스러운 것도 드물 것이다. 우리 주위의 사물과 현상이 지니고 있던 불가해의 요소들, 이를테면 인간의 유전자 형식이라든가 우주 탄생의 신비 같은 것들에 관한 의문이 점차 해명되고 있는 가운데서도 시간이란 존재만은 아직도 완고하게 그 정체를 감추고 있다. 인간이라면 그 누구나 시간의 굴레에 갇혀 있고, 시간이 허락해 주는 한도 내에서만 숨쉬고 사랑한다. 그러므로 인간에게 있어 시간이란 마치 자신의 모습을 결코 보여주지 않은 채 그 존재감을 느끼게 하는 신을 닮아 있으며, 인간은 운명적으로 시간을 받아들여야만 한다. 더욱이나 "시간은 현대의 생활에서 점점 더 지배적이고 압도적인 구실을 하게 되었다"고 마이어호프(H. Meyerhoff)가 지적했듯이, 오늘날에는 시간에서 자유로울 수 있는 삶을 영위하기가 거의 불가능해지고 말았다.

근년 들어서 우리나라에서도 '느림'이 하나의 문화 코드로 떠오르고, 프랑스 철학자 피에르 상소의 『느리게 산다는 것의 의미』나 미국 작가 어니 젤린스키의 『느리게 사는 즐거움』 같은 책들이 주목받은 적이 있었다. 이러한 현상은 결국 근대 이후 끊임없이 빠름을 추구해 온 시간의 미망에서 해방되고자 하는 반근대 또는 탈근대의 시간의식이라고 하겠는데, 이 또한 현대인이 시간에 의해 철저하게 억압받고 있음에 대한 반증이라고 할 것이다.

『생각과느낌』2004년 여름호의 시들을 읽으면서, 시인에게서 더욱 예민하게 감지되기 마련인 시간의식에 관심이 갔다. 사회 전반에 무기력한 기운이 떠돌고, 세상살이를 그다지 신나지 않게 느끼는 이들이 많으므로 시의 고민도 한층 깊어져 있기 십상일 것이다. 그 고민을 내면화하는 매개로 사용되고 있는 시간성을 통해 우리는 현실을 극복해나가는 시인의 삶의 논리를 만나게 된다.

> 달빛 깐 탑자리
>
> 바람은 대적광전으로 가는 상처난 삶들의
> 소리 소문들 사방에 씨앗처럼 퍼트린다
> 그 소문 끝내 탑으로 쌓아올려질 테고
> 탑 끝 아스라이 하늘로 사라지는 말 놓을 것이다
>
> 누구에게나 또렷한 상처자국이 기림사라서
> 아득한 시간의 중얼거림 뱉어내는 샘 가에
> 사람들의 마른 발자국들 어지럽다
> 샘물 흐르는 눈부신 어둠 따라
> 셈 많은 누군가가 제 안의 탑 헤아린다
>
> — 이하석, 「함월산 기림사」

이 시에는 순환적 시간이 흐르고 있다. 순환적 시간이란 천체의 운행이나 사계절의 변화와 같은 주기성을 갖는 시간을 말한다. 가령 보름과 그믐을 반복하고 있는 달의 운행 원리, 사리와 조금이 거듭

되는 바다의 움직임, 계절의 변화에 맞춰 파종하고 수확하는 농경에서의 절기 등이 순환적 시간을 갖는다. 이러한 시간은 인간의 근원적인 시간 체험으로서, 생장과 소멸의 반복이라는 영원성 또는 회기성을 그 특징으로 한다. 이 시간 속에서는, 태어난 것은 죽되 영원히 죽지 않고 다시 태어난다.

위의 시에서 '기림사'는 "상처난 삶들의 / 소리 소문들 사방에 씨앗처럼 퍼트린" 곳이며 "누구에게나 또렷한 상처자국"이 있는 곳으로서, 우리의 상처받은 삶이 위로를 구하거나 결핍을 호소하는 장소이다. '대적광전'은 불교에서 말하는 가장 이상적인 세상인 연화장세계(蓮華藏世界)를 상징하고 있는바, 대적광전으로 가고자 하는 '상처난 삶들'의 기원이 탑으로 쌓아올려져 "하늘로 사라지는 말"이 되고 있는 기림사는 이를테면 구원의 기도가 이루어지는 공간이다. 그곳에 "아득한 시간의 중얼거림 뱉어내는 샘"이 있다. 샘에는 물이 흘러들거나 흘러나가고 있으며, 물은 '고체－액체－기체'로의 형태적 변화와 '지하－지상－공중'으로의 공간적 변화를 거듭하는 주기적 순환원리를 가지고 있다. 그러므로 샘은 바로 생명의 탄생과 죽음, 사물의 생장과 소실이 영원하게 반복되는 공간이다. 이 샘이 있으므로 '상처난 삶들'은 기림사에서 위로받거나 구원의 세계를 들여다볼 수 있다. "샘물 흐르는 눈부신 어둠"이라는 표현이 가능한 것은 이 때문이다. 절대적인 것, 영원한 것에 목말라 하는 '마른 발자국'의 사람들이 '아득한 시간의 중얼거림'을 듣게 됨으로써 마침내 자신의 상처나 한계를 극복하게 되는 것이다.

새와 별, 해와 달
지친 몸 달빛에 몸 숨긴
버려진 나무, 초록 목숨
목숨 챙겨 누운 그리운 바다

그리운 바다 따라와
하늘바다에 누워 바다 갈매기
끼룩, 끼룩, 끼룩 몸 져 누워
달을 보고 별을 안고
이승의 끝이랴 싶어
하늘바다에 누워
설레는 하늘 가슴 마음 설레면서
하늘벌판, 하늘바다에 누워
아득한 아득한 아득한 별따라 간다
하늘바다 달무리 따라 간다
아니, 하늘바다 헛되고 헛된
덧없는 파도, 파도소리 따라 간다

— 박해수,「하늘바다에 누워」일부

이 시는 새, 별, 해, 달, 나무, 바다 등과 같이 자연적 시간을 드러내는 사물을 통하여 좀더 뚜렷한 순환적 시간에 대한 인식을 나타낸다. 그런데 이하석의 시와는 달리 이 시에서의 시간인식은 "이승의 끝이랴 싶어"라고 하는 행간이 시사하듯이 죽음이나 소멸과 같은 종언(終焉)의 순간에 초점이 맞추어져 있다. 시적 화자는 "목숨 챙겨 누운" 자신의 정서적 상황으로써 자연물을 관조하며, 재생에 대한 인식보다는 현재적 공간에서의 소멸이 주는 덧없음에 대한 인식을 전경화시킨다. 따라서 이 시에서 소중한 것은, 자아와 세계가 동일한 시간을 공유함으로써 서정시의 한 근원적인 모습을 보여주고 있다는 점이라고 하겠다.

인간이 자연적 시간 속에서 살아가던 근대 이전의 삶에는, 자연을 공유함으로써 체험의 공감대를 갖고 있었다. 누구나 새와 별을 볼 수 있었고, 그것에 대해서 이야기할 수 있었다. 그러나 오늘날의 인간은 자연과 결별함으로써 다른 많은 자연적 사물들에서 소외되었고, 인간은 자연 속에 있는 것이 아니라 자연의 바깥에서 자연을 단순히 하나의 풍경으로 보기만 하는 관찰자가 되어버렸다. 그러나 시인은 현대 사회의 도구적인 국면을 거부하고 자연과 마주하며, 자연적 사물을 자아화한다. 위에 인용하지 않은 행간 중에 "또 어디서 그리운 외론 / 짐승들, 울음소리 생채기에 걸린다"는 문맥이 있음을 보면, 이 시의 화자는 세사에 무척이나 피로해져 있음을 알 수 있다. 그는 자신의 삶의 시간을 자연에 시간에 침윤시킴으로써 방법론적 안식을 구한다. 달을 보고 별을 안고, 별을 따라가고 달무리를 따라가는 것은 "헛되고 헛된 / 덧없는" 것이기는 하다. 그러나 그 덧없음을 자연이 함께 하고 있음으로써 시적 자아는 위안을 얻는다. 서정시가 놓여 있는 곳이 바로 이 지점이다.

> 여름 향리엔 동구 밖 오래된 나무 한 그루가 있었다. 산행에서 막 돌아온 나는 그 보리수 나무 그늘 아래서 긴 숨을 고르고 있었다. 그대가 가고 없는 이 아침, 하여 처할 곳 하나 없는 이 아침, 나무 그늘 아래서 내가 할 거라곤 말없이 두 눈을 감는 일. 머리 위로 해는 다시 떠오르고, 고요하다 못해 마음은 뜬구름 마냥 구천을 떠 흐르다. 순간, 나뭇가지 끝에 걸린 새소리바람소리가 귓전에 와 머무니 연화(蓮花)의 산색이 그지없다. 오호라, 인연이란 인연은 이렇듯 한 송이 꽃으로 피어나고, 그 꽃을 나는 시방 손에 들다. 그리고는 그대의 안부가 자못 궁금하여 감았던 눈을 도로 뜨다.
>
> — 김상환, 「그늘의 시」

시는 순간을 영원으로 확장시키는 작업이 아닐까 한다. 끝없이 소모되고 있는 시간, 그에 따라 불현듯이 나타났다가 사라지기 마련인 인식의 단락 속에 묻혀진 존재를 끄집어내 박제화한 것이 바로 시적 언어이다. 일상의 언어가 시간적 선조성(線條性)을 특징으로 하고 있는 것에 반해서 시적 언어는 그 선조성을 거부함으로써 시를 탄생시킨다. 위의 시에서 경험적 시간은 시적 화자가 두 눈을 감았다가 다시 눈을 뜨는 동안 지속되고 있다. 단순히 계량적인 관점에 의한다면 이 동안의 시간은 '한 송이 꽃'이 피어나기에는 불가능할 시간임에 틀림없다. 그러나 위 시의 행간은 이 시간 동안에 "마음은 뜬 구름 마냥 구천을 떠 흐른다"거나 "인연이란 인연은 이렇듯 한 송이 꽃으로 피어나고, 그 꽃을 나는 시방 손에 들"게 한다. 그러므로 시적 화자로 하여금 '가고 없는 그대'와의 인연을 깨닫게 하는 인식의 시간은 경험적 시간의 확장이며, 시인의 인식 속으로 일순간 나타났다가 사라져버릴 존재의 현현을 언어로써 영원하게 하는 의미를 지닌다. 시적 화자가 감았던 눈을 도로 뜨는 순간 시는 그 팽팽한 언어의 긴장 속에 시인의 사유를 영원히 담아둘 수 있는 것이다.

그렇게 시간의 영원성을 얻은 시적 사유는 현재적 시간에 의해서만 이루어지는 것은 아니다. 때로 시간은 과거로부터 거슬러 올라와 현재를 억누르거나, 혹은 안식케 한다.

> 또는, 앞에 간 사람들의 발자국이 어수선하게
> 이어졌다 끊어졌다 길의 대열을 이루기도 하고
> 혼비백산하여 흩어진 기억의 순례같이
> 점점이 낯익은 나무의 소리를 듣는 때였다
> (…중략…)
> 누구는 스치듯 지나간 날을 얘기하였으리라
> 거기에는 첫사랑의 달디단 추억도 있고
> 마지못했던 거짓말도 있고 회한도 있고
> 붉디붉은 새벽을 맞아 가슴 뛰던 날도 있었으리라
> 어떤 이는 은사시나무 등걸에 앉아 망연히

절망과 희망의 길을 물었으리라
삶이라는 것이 이렇게 천근만근 무게가 있었던가

— 조진태, 「무등에서 파도소리를 듣다」 일부

칠성판 위로 수습된 황톳빛 뼈들, 어둠을 털어냈다지만 백년 전의 햇빛은 이미 흙으로 돌아갔음을 아버지도 알고 계신다, 다만 아버지는 오랫동안 짊어온 당신의 빚을 갚고 있는 것이다(때마침 내린 가그랑비에 섞이긴 했어도 나는 아버지의 혼잣말을 들을 수 있었으니까—할배, 인자서 너므 더부살이 면하게 했다꼬 모라카지 마이소, 지도 할배 한번도 원망하지 않았습니더)

그날 밤 아버지는 깊은 잠을 주무셨다 봉분처럼
고조부도 그러셨을 것이다 새로 올린 봉분 속에서

— 박지영, 「밀례」 일부

조진태의 시는 "사람들의 발자국이 어수선하게 / 이어졌다 끊어졌다 길의 대열을 이루기도 하고 / 혼비백산하여 흩어진 기억"으로 남아 있는 과거의 어느 불길했던 시간을 반추하고 있다. 그 기억 속에 존재하고 있는 사람 누구나 첫사랑의 추억과 거짓말, 회한, 가슴 두근거림, 절망과 희망에 대한 의문과 같은 인간사의 애환을 천 근 무게로 지닌 이들일 것이다. 현재의 시간에서 그들은 '허방'이듯 만날 수 없는, 지나간 과거의 존재이다. 그러나 이 시의 화자는 무등산에 올라 "바다가 계곡아래서부터 찰랑찰랑 / 무등의 중턱을 차오르고" 있는 시적 공간을 상정함으로써 지나간 시간과 그 시간 속에서의 존재들을 현재로 불러들인다. 박지영의 시도 역시 백년 전의 시간을 현재화하고 있다. "백년 전의 어둠을 조심스럽게 더듬는 아버지의 손"이 가난으로 인하여 할아버지의 무덤을 남의 산 귀퉁이를 빌려

모셔야 했던 아버지의 '빚'을 해소시킨다. 칠성판 위로 수습된 황톳빛 뼈들은 이를테면 아버지에 대한 할아버지의 책망과, 할아버지에 대한 아버지의 원망이 화해하는 지점의 시간을 드러낸다고 하겠다.

위의 두 시들에서 현재로 끌어들여진 과거의 시간은 우리에게 삶의 영속성을 느끼게 하기에 충분하다. 물의 시간이든, 뼈의 시간이든지 간에 시간은 결코 단절되거나 고립되는 것이 아니다. 우리의 삶도 그러하다. 현실이 비록 슬프고 고단할지라도, 우리는 그 존재의 양상에 상관없이 삶을 견뎌야 한다. 시간이 허락해 준 것까지는 말이다.

# 교감과 평심

시의 근원에는 교감이 있다. 자연과 인간, 인간과 인간이 나누는 농밀한 어울림에서 우러나오는 향기와 소리가 시를 이룬다. 이를 두고 루카치는 천공의 불빛과 내면의 불꽃이 서로 뚜렷이 구분되지만 서로에 대해 결코 낯설어지는 법이 없다고 했다. 이러한 교감의 세계 속에서 영혼의 모든 행위는 의미로 가득 차게 된다. 시의 탄생은 여기에서 가능하다.

류길수의 시는 늘 교감한다. 나와 달이 교감하고, 그녀와 안개가 교감한다. 따라서 '달빛 속'과 '안개 속'은 '시의 속'이며 시의 세계이다. 류길수의 시가 시의 근원에 가닿고 있는 이유가 여기에 있다. 그의 시는 자아와 세계가 서로에게 예민한 반응을 일으키고 있으며, 그러한 반응의 결과는 '나'의 상처를 기워주고 사랑의 신념을 견고하게 한다.

서늘한 걸음으로 왔다 밤길을 걸어 그가 여기까지 왔다
눈을 부릅뜨고 앉아 있던 세간들이 금방 유순해져서 서둘러 마중나갔다

내 방은 그의 빛으로 가득 차고 창 밖으로 난 공중의 길을 따라 올려다 보면 그는 핼쑥해졌다.
그가 내 혈관 속에 따뜻한 입술을 꽂고 빛을 불어넣는다
꿈의 심지가 부풀어 올라 내 몸은 기우뚱 기울어졌다
혈구들은 몸의 수선공처럼 지난날의 흙먼지 길을 새로 기워나간다
밤새워 골목을 만들며 뛰어다니던 어린 날의 冬至와
눈물 마를 날 없던 애인들,
착한 가축들을 놀래주던 거짓말도 불러들인다
그가 입술을 거두고 상처를 깁는다
핏줄들이 불거지고 축축한 공기 주머니처럼 내 몸이 부풂어오른다
이리저리 떠다니다 퉁겨져 나간 내 몸이 창 밖으로 난 공중의 길을 따라 둥둥 떠오른다
그의 얼굴이 다시 탱탱해지고 공중의 길을 벗어나 나는 핼쓱한 얼굴로 내려 앉는다
맞은 편 지붕 위를 스윽 지나가는 그
지붕들도 이내 탱탱하게 부풍어올랐다가 공중의 길을 벗어나 다시 내려앉곤 한다

— 류길수, 「달빛」

시 「달빛」에서 우리는 '달의 핼쓱함 / 나의 탱탱함'과 '달의 탱탱함 / 나의 핼쓱함'이라고 하는 대립적인 현상을 만난다. 그리고 그와 같은 현상이 교호되는 장소 역시 '공중 / 지상'의 대립적인 공간이다. 그런데 류길수의 시에서 이러한 대립적인 세계는 대립 자체로 고정되어 있지 않다. 달의 핼쓱함의 결과가 나의 탱탱함이며, 달의 탱탱함의 결과가 곧 나의 핼쓱함이다. 또한 달이 지상으로 내려앉으면 나는 공중으로 떠오르고, 내가 지상으로 내려앉으면 달이 공중으로 떠오른다.

이 지독한 교감을 우리는 자아와 세계의 일치, 즉 원일성의 차원

이라 부를 수 있을 것이다. 달이 곧 나이며, 내가 곧 달인 차원에서의 육체는 혈관 속에 빛이 가득하고, 그 머리에 꿈의 심지가 부풀어 오른다. 또 그 영혼은 눈물 마를 날 없던 애인을 위로하고 거짓말을 불러들이며 상처를 기워 준다. 이만한 유토피아는 다시 없을 듯하다.

그러나 시인이 그런 세계를 몽상하는 것은 결국 우리의 현실이 그러하지 못함을 고백하는 것에 다름아니다. 시 「안개 속」에서 "내 명치를 향해 닥쳐오는 안개에 찌들어 나는 자꾸만 그녀에게 자신이 없어지고 간질병처럼 간질병처럼 그녀의 머리채만 자꾸만 낚아채는 것"이라는 행간에서는, 여기에서의 '그녀'가 그 어떠한 것의 상징이든간에, 상실감과 허무감이 느껴진다. 그래도 "나는 내 사랑의 신념을 잃지 않는다." 이를 우리는 이 현실 속에서의 시인의 운명이라 불러도 좋을 것이다. 따라서 류길수의 시는 운명적으로 교감의 시학을 지닌다.

이러한 교감과 더불어 시를 시답게 하는 것은 아무래도 언어적인 절제와 정서적인 응축일 것이다. 할말을 다 해버리는 시, 제 마음을 다 풀어헤치는 시는 그다지 바람직한 시의 태도가 아닌 것으로 여겨졌다. 시란 장르가 유난스럽게 많은 기교를 발전시켜 온 것은 시적 자아를 언어 속에 깊숙하게 숨겨두려는 뜻에서였다. 그러므로 이와 같은 일반적인 생각에 머물러서 최병준 시인의 다섯 번째 시집 『그건 까치밥이여』를 읽는다면 우리는 거기에서 시가 아닌 반시(反詩)들을 만나게 될 것이다. 그의 시에는 아무런 기교나 수사가 없으며, 시인의 직관과 성찰이 언어에 의하여 재단되지 않은 채 그대로 표출된다.

그러나 최병준의 시가 의도하는 것은 반시 속에 깃들어 있는 평심(平心)을 자극하는 일이다. 가령 「수의」라는 작품을 읽어보자.

수의 한 벌
마련해 놓고

어눌하게

어머니
정말이지 전혀

딴 뜻은
없었어요.

— 최병준, 「수의」

이 시에서 시적 요소를 찾아내고자 하는 것은 부질없다. 이 시를 진정으로 시답게 하는 것은 우리가 일상의 삶에서 쉽게 만날 수 있는 평심을 일상어로써 꾸밈없이 그려냈다는 점이다. 이 시의 화자는 '딴 뜻은 없었다'고 말하고 있지만, 우리는 이 행간의 여백 속에 참으로 깊은 뜻이 감추어져 있음을 알고 있다. 죽음을 준비해야 하는 인간의 형언할 수 없는 심사가 모자간의 평범한 대화 속에 정제되어 있다.

이 시집의 표제작인 「그긴 까치밥이여」도 마찬가지의 이야기가 가능하다. "「그건 까치밥이여 / 비상을 꿈꾸고 있지 / 승천할 거여.」 / / 무소유 / / 하늘을 덮는 / 서정 / 찡하는 / / 단 한 마디 / 거룩한 질서 / 회귀의 원형 / / 「까치밥」 / 절창 / / 영원한 화두 / / 할(喝)」"에서, 시인 미당(未堂)의 일상적인 말을 시의 행간으로 끌어들여 우주의 질서와 존재의 회기를 깨닫는 '할'의 경지로 승화시킨다. "이제 / 이순 넘어 은빛으로 타는 고희 / / 욕심할 아무 것 없는 / 당신"인 노시인의 반시는 이렇듯이 동심처럼 순결하고 가식이 없다. 일상의 평심

속에서 건져내는 시적 성찰, 그리고 시적 언어보다 더욱 시적인 일상어의 발견이 이번 시집의 미덕이 되고 있는 것이다.

제3부

# 이야기의 표정과 시선

# 불구적 삶의 신화

## — 조세희론

한 편의 아름다운 시는 그것을 향유하는 자에게 그것을 향유하지 못하는 자에 대한 부끄러움을, 한 편의 침통한 시는 그것을 읽는 자에게 인간을 억압하고 불행하게 만드는 것에 대한 자각을 불러일으킨다.

— 김현, 『한국문학의 위상』, 1977, p.21.

### 1

조세희의 소설은 한 편의 아름답고 침통한 시로 읽혀진다. '난장이'의 시는 난장이의 삶과 난장이의 시대를 살고 있는 우리들의 자기 기만을 부끄럽게 하며, 우리를 짓눌러 아프거나 슬프게 하고 있는 것들을 직시하도록 해준다. 테리 이글턴이 적절하게 말해 주었듯이, 문학은 신비롭게 영감을 받아서 이루어지거나 단순히 작가의 심리에 의해서만 설명될 수 있는 것이 아니라 한 시대의 사회적 정신 혹은 이데올로기와 관계가 있다.[1)] 이러한 관점에서라면 우리가 소설에 대하여 기대하는 것은 그것이 역사나 사회구조의 한 현상에 대한 기술(記述)이 아니라 그에 대응하는 인간의 의식 및 행위에 대한 기술이며, 또한 그것이 단지 실증적 기술에 그칠 것이 아니라 인간의 삶에 대하여 보다 근원적으로 천착하는 사변적 기술이었으면 하는 것이다. 우리는 조세희가 들려주는 난장이 이야기를 통하여 소설의 한 근원적인 세계를 만나게 된다.

가령, 그 세계의 한 지점에 우리의 70년대가 놓여 있다. 70년대 사회가 산업화로의 이행에 따른 인간 소외 현상, 소득 격차의 심화, 근로 조건의 악화, 공해 문제, 범죄의 증가 등과 같은 각종 질환들로 당대의 삶을 억압하고 있을 때 난장이 이야기는 그러한 삶의 조건에 반응하는 인간의 고통과 좌절, 또 그것을 극복하기 위한 몸부림의 기록이 되고 있다. 우리는 난장이 이야기에서 사회적인 현실에 맞서는 소설의 기법과 구조의 힘을 확인할 수 있으며, 소외되고 고통받는 인간에 대하여 연민과 위로의 작가의식을 드러내는 70년대 소설의 정신사적 의미를 읽을 수가 있다. 이를 우리는 '현실을 정지된 추상의 세계가 아닌, 살아 움직이는 역동적 세계로 드러내고 있는'[2] 조세희 소설의 현실 인식이라 이름할 수 있을 것이다. 우리가 조세희의 소설을 아름답고 침통하게 읽을 수밖에 없는 것은 '난장이'의 현실이 마치 하나의 신화처럼 거듭 우리의 삶에, 역사에 반복되고 있는 까닭이다.

## 2

삶의 구조 또는 사회 현실에 대한 천착이라는 측면에서 『난장이

1) 테리 이글턴, 『문학비평 : 반영이론과 생산이론』, 이경덕 옮김, 도서출판 까치, 1986, p.15.
2) 장경렬, 「뫼비우스의 띠와 클라인씨의 병」, 『작가세계』, 1990. 겨울, p.63.

가 쏘아올린 작은 공』[3])이 뚜렷하게 드러내고 있는 문제성의 뿌리는 '집'이다.[4]) 조세희 소설에서 집의 문제는 70년대의 사회가 산업화·도시화의 논리로 감행한 도시 재개발 사업의 부작용에 기인하고 있다. 경제 개발의 이득이 분배되는 과정에서 소외되었을 뿐 아니라 오히려 상대적인 빈곤감으로 인하여 이전보다 더욱 궁핍한 삶의 양상을 지니게 된 도시 빈민의 위태로운 일상이 무허가 판자촌의 철거라는 제도적 폭력에 의하여 극한에 이르게 되었던 것이다. 비록 변두리에 있는 무허가 집이었지만 도시 빈민에게 있어 그것은 인간적인 생존을 가능하게 하는 경제의 수단이자 정신의 처소였다. 따라서 도시 재개발에 따른 집의 철거는 변두리 인생들의 생존권을 위협하는 위해(危害)일 뿐만 아니라 그들이 사회와의 불화·대립을 확인하는 발단이 되고 있다. 이와 아울러 재개발 사업의 과정에 개입되어 있는 공무원의 비리와 철거업자의 비인간적 행태, 부동산업자와 투기꾼들의 폭리 등은 70년대의 사회적 모순을 증거하기에 충분한 것이었다. 그러한 모순 속에서 70년대는 가진 자와 못가진 자의 사회적 분열과 대립, 도덕성의 타락상과 가치관의 혼란, 그리고 이러한 부정적인 현상들의 총체로서의 인간적 삶에 대한 회의를 유발시키

3) 조세희, 『난장이가 쏘아올린 작은 공』, 문학과지성사, 1978. 이 글의 텍스트는 1998년 발행의 4판으로서 작품 인용문에 붙인 인용 면수는 이 책에 따르며, 이하 『난장이…』로 표시한다.

4) 김병익은 일찍이 「난장이, 혹은 소외 집단의 언어」(『문학과지성』, 1977, 봄)에서 조세희의 초기 소설을 통하여 '집'의 의미 구조를 읽어낸 바 있는데, 이는 조세희 소설을 포함한 70년대 소설을 사회 구조와의 관련성에서 이해할 수 있는 단서를 제공하는 매우 날카로운 시각이었다고 하겠다. 이를 논거로 하여 필자는 『난장이…』를 중심으로 「일탈적 불구와 '집'의 사회학」이라는 글을 작성한 바 있다. 이미 논의한 작품에 대한 시각이 쉽게 달라질 수 있는 것이 아니므로 필자는 이 글의 내용을 바탕으로 하여 논의를 진행하고자 한다. 졸저, 『우리 소설의 일탈과 지향』, 청동거울, 2000, pp.142-187 참조.

고 있다. 『난장이…』는 이를테면 그와 같은 70년대적 삶의 부정성에 대한 작가로서의 고뇌가 70년대의 사회와 삶을 향한 비판·극복의 언어로 구조화된 것이라 하겠다.

「뫼비우스의 띠」는 철거민촌의 주민인 앉은뱅이와 꼽추의 살인 행위를 중심 서사로 하고 있는 작품이다. 앉은뱅이와 꼽추가 살인이라고 하는 극단적인 폭력의 방법을 선택한 이유는 물론 부동산업자의 부당한 폭리에 대한 분노의 표출이라고 하겠지만, 보다 근원적으로는 그와 같은 부당성이 가능한 사회의 구조적인 모순에 있다. 그 모순된 사회 구조가 표면화된 것이 재개발 사업으로서, 집의 철거로 인한 빈민적 삶의 기반의 상실과 그로 인한 허탈감과 복수심이 살인 행위를 불러오게 되는 것이다. 철거과정에서 꼽추네의 집은 “지붕이 거짓말처럼 내려앉았”(p.13)을 정도로 허술한 것이었던 만큼 그 집에서의 꼽추 가족의 생활은 빈한하고 열악하였음을 미루어 짐작할 수 있다.

그러나 옥수수를 종자로 남겨두었듯이 그 집은 꼽추 가족이 생계를 이어나가는 장소이며 내일에 대한 희망을 심어두는 터전이었다. 그 집의 지붕이 내려앉고 종자 옥수수를 따버림으로써 꼽추네는 생존의 기반과 삶의 전망을 상실당하게 된 것이다. 아파트 입주권은 설령 입주를 하고자 하더라도 보증금을 감당할 수 없는 것이므로 그들에게는 무용지물일 수밖에 없으며, 더욱이 전세입자를 내보내기 위해서는 당장 현금이 필요하므로 불가항력으로 입주권을 팔아넘길 수밖에 없는 것이 철거민의 현실이었다. 즉 재개발 사업은 그 제도적 폭력으로써 아무런 보상이나 대책도 없이 하루아침에 곱추네의 집을 무너뜨려 없애는 결과를 낳고 있는 것이다. 그 황당한 현실 앞에서 꼽추네는 “아무도 덤벼들지 않았고, 아무도 울지 않았”(p.13)으며, 이러한 문맥에 이르러 우리는 집의 상실에 따른 극도의 허탈감을 읽어내게 된다. 그리고 그러한 허탈감은 십육만원에 넘긴 입주권이 부동산업자의 손에서 삼십팔만원에 되팔리는 경제적 분배의 부당성에 대한 인식을 거쳐 부동산업자를 살해하는 분노의 표출로 전이되는 것이다. 「난장이가 쏘아올린 작은 공」에서도 표면화된 사건의 발단은 역시 집의 철거이다.

> 그들이 우리의 시멘트담을 쳐부수었다. 먼저 구멍이 뚫리더니 담은 내려앉았다. 먼지가 올랐다. 어머니가 우리들 쪽으로 돌아앉았다. 우리는 말없이 식사를 계속했다. 아버지가 구운 쇠고기를 형과 나의 밥그릇에 넣어주었다. 그들은 뿌연 시멘트 먼지 저쪽에 서서 우리를 지켜보았다. 그들은 안으로 들어오지 않았다. 그대로 서서 우리의 식사가 끝나기를 기다렸다. (「난장이가 쏘아올린 작은 공」, pp.105-106)

철거가 진행되고 있는 집안에서의 마지막 식사 장면은 앞의 「뫼비우스의 띠」에서와 동일한 의미로 읽혀질 수 있다. 담이 내려앉고 먼지가 오르는 철거의 순간에도 난장이 가족들이 말없이 식사를 계속하는 것은 폭력적 현실 앞에서 동요하지 않음으로써 그 상실감·허탈감이 극도화되고 있음을 드러낸다. 그리고 난장이 가족의 밥상에는 "선조들 대부터 묶어 흘려보낸 시간"(p.105)인 천민 신분의 가계사가 중첩되어 빈곤의 대물림에 대한 인식이 개재함으로써 현실의 경제적 빈곤이 더욱 비참하고 처연한 양상을 보이고 있다. 난장이 가족에게 있어 "우리를 잡으려는 무엇이 세 층이나 있"(p.173)는 먹이 피라미드의 구조적 위상은 그 빈곤의 실상이 당대적 현실임과 아울러 전대에서 대물림하여 온 하층의 신분 구조의 결과이다. 난장이 가족의 이러한 상황은 천민의 자의식을 유발한다.

계층화 또는 계층 구조라는 것은 단순히 현재의 계층적 불평등만을 의미하는 것이 아니라 이전 세대로부터 그 다음 세대에 이르기까지 가족 단위로 주어지는 일련의 제도적 배열을 의미하며, 이러한 의미에서 전통적 사회에서의 계층은 신분 계층을 중심으로 하고 현대 자본주의 사회에서는 계급을 중심으로 계층 구조를 파악하게 된다.[5] 따라서 난장이의 가계사가 보여주는 신분 계층상의 천민성과 계급상의 빈민성은 그 계층 구조에 있어 이미 사회적 영속성을 부여받은 하층민의 구조에 편입되어 있음을 말해 준다. 난장이 가족의 천민의 자의식은 바로 여기에서 연유하는 것으로, 집의 훼손이 난장이 가족에게 천민의 자의식을 불러일으키는 계제로 작용하고 있는 것이다. 이와 같이 집의 훼손이 결국 난장이 가족의 가정 파괴로 이어지고 있음을 볼 때 난장이 가족에게 있어서 집은 가정 결속의 상징물이었음을 확인하게 된다. 즉 난장이의 딸인 영희가 가출을 하고 입주권을 되찾기 위하여 부동산업자의 성적 노예가 되는 것이나, 난장이가 벽돌공장의 굴뚝으로 떨어져 자살하는 등 난장이 가정이 파괴되는 비극의 근원이 바로 집의 훼손에 있다.

난장이 가족에게 있어 무허가집의 철거는 뿌리뽑힌 삶의 구조를 상징하고 있으며, 난장이 아버지의 전세대에서 이어받은 신분 계층상의 하부 구조가 집의 상실로 인하여 다시 경제적 신분의 저층으로 고착되는 양상을 보여준다. 이것은 곧 봉건 사회의 계급 제도가 지녔던 비인간적인 삶의 구조가 근대 사회에서 집의 소유와 비소유의 개념에 의하여 그 신분 계급의 망령이 되살아나는 잘못된 사회 구조의 양태를 드러내는 것이다. 이러한 사회 구조의 모순 속에서 난장이 가족은 집을 잃고 아버지가 자살하는 등 가정이 파탄되는 희생을 치루게 된다. 난장이 집이 철거되는 장면에서 조리, 식칼, 도마 등의 가재 도구들이 쇠망치에 의하여 무기력하게 "밖으로 끌어내어지는

5) 홍두승·안치민, 「산업화와 계층구조의 변화」, 한국사회사학회 편, 『한국현대사와 사회변동』, 문학과지성사, 1997, p.27 참조.

것이나, 난장이 아버지가 가족의 생존 도구인 공구들이 들어 있는 부대를 메고 나와 '종이와 볼펜을 든 사나이'에게 집의 철거를 인정해 주는 것은 곧 천대와 가난함 속에서 위태롭게 영위되고 있던 한 가정의 일상이 사회적 제도라는 거대한 힘에 의하여 마침내 파괴됨을 의미한다. 이렇듯 난장이 가정의 파괴는 70년대의 산업화·도시화가 가져온 경제적 비민주성에 기인하는 사회적 불평등의 어두운 현실을 증언하는 것으로, 그것은 구체적으로 도시 재개발 사업에 의하여 '집'을 상실한 도시 빈민의 뿌리뽑힌 삶의 구조화 양상으로 표출되고 있는 것이다.

## 3

난장이/거인의 대립적 구조를 견고하게 구축하고 있는 『난장이…』의 서사 속에서 대립의 한 축을 이루는 난장이 세계의 인물은 모두 육체적이든 정신적이든 불구성을 지닌다. 난장이 세계의 인물들은 집을 빼앗기고 부동산 업자에게 농락당하며 그로 인하여 살인자가 되거나 자살로 생을 마감하기도 한다. 또한 아파트 입주권을 되찾기 위하여 순결한 몸을 더럽히기도 하며, 일상의 무력감에 젖어들어 있는 평범한 주부가 살의를 드러내기도 한다. 열악한 노동 환경과 값싼 임금에 착취당하는 근로자들도 난장이의 세계에 속한다. 이와 반면에 거인의 세계에는 철거민의 입주권을 사들여 폭리를 취하는 부동산 투기꾼, 경제적 이윤 추구의 수단으로 인간을 이용하는 악덕 기업주, 물신주의에 감염되어 있는 관리와 사회 지도층 인사 등이 살고 있다.

따라서 난장이 세계의 인물들은 경제적·사회적 지배 구조에 억압받고 소외되어 있는 인물의 전형인 것이다. 이러한 전형성은 '난장이'의 성격에 집중되는데, 그는 "신체적 결함이 주는 선입관"(p.81)에 의하여 정상인들로부터 인간으로서의 실체를 인정받지 못함으로써 체념과 우울에 빠져 있는 인물이다. 또한 난장이는 「씨종의 자식」으로서 조상대로부터 물려받은 천민의 계층적 억압에 속박되어 있다. 물론 현재의 삶에서 그와 같은 신분 계층은 구속의 의미를 지닐 수가 없지만, 경제적으로 하층민의 생활을 영위하고 있는 현실이 그러한 천민의 계급에 연원을 두고 있으므로 그 빈곤의 굴레는 더욱 견고하게 난장이의 현실을 억압한다. 이것은 난장이의 죽음 이후 그의 아들대에서 빈곤의 굴레를 벗어나고자 하는 노력이 시도됨에도 불구하고 결국은 좌절당하기에 이르는 『난장이…』의 서사에서 확인된다. 즉 앞 시대의 신분 구조만큼이나 70년대 사회의 경제 구조의 파행성은 그들의 삶을 철저하게 억누르고 있는 것이다.

'난장이'가 이와 같이 70년대 사회구조의 소외층으로 상징되는 불구적 인물로서의 전형성을 지니고 있음과 더불어 난장이 주변부의 인물도 역시 불구적 자의식을 드러낸다. 가령 「칼날」의 행위주체인 가정 주부 신애는 봉급 생활자의 단출한 식구들이 꾸려가고 있는 현재의 생활에서 막연한 불안을 느끼고 있으며, 그 불안감 속에 휩싸여 있는 자신의 가족을 난장이에 비유한다. 신애가 자신의 가족을 난장이에 비유하는 불구적 자의식을 지니는 것은 "식구들까지 각기 다른 말을 쓰고 있는 것"(p.30) 같이 위태롭게 보이는 가족 구성원으로서의 의미 해체와, 그 해체의 근원인 가족 개개인의 현실과의 불화 의식이다.

신애 가족의 사정은 재산의 많고 적음에 있어서는 난장이 가족의 생활이 가졌던 열악성에는 비교될 수 없는 것이기는 하여도, 심정적으로 볼 때는 변두리로 밀려난 서민의 비애와 상실감이 난장이 가족의 비극과 동일하다고 하겠다. 늘 신문만을 읽는 남편, 늘 영어 노래가 나오는 라디오를 틀어놓고 있는 딸, 가치의 혼란을 겪고 있는 아들, 그리고 무엇인가 비리와 부정의 결과인 듯한 부유함으로 흥청대는 앞뒷집과의 불화가 신애로 하여금 '난장이'라고 하는 불구적 자의식에 젖게 하는 것이다. 즉 신애의 불구성은 가족과 사회와의 불화로 인하여 일상에서 움츠러드는 신애의 심리가 지니고 있는 소시민성의 표상이다.

이와 같이 추상적인 난장이의 표징으로 의식되고 있던 신애의 심리가 구체성을 띠고 드러나는 사건이 발생한다. 수돗물이 나오지 않는 것을 해결하기 위하여 수도 고치는 일을 하는 난장이에게 수도꼭지를 낮게 옮겨 다는 일을 맡겼을 때, 영업을 방해받은 펌프집 사나이가 나타나 난장이에게 폭력을 휘두르게 되자 신애는 '무서운 살기'로 사나이에게 생선칼을 휘두르는 행동을 한다. 이러한 신애의 일탈적 행동은 사회의 불의와 비리가 다른 이들을 점차 '거인'으로 만들어가고 있는 데 반하여 자신의 가족은 그와 반대로 일상의 굴레에서 점차 '난장이'로 작아지고 있음에 대한 저항의 의미를 띠고 있다. 따라서 폭력 사건 이후에 "닭장 속의 닭들이 겪는 끔찍한 시련을 난장이도, 저도, 함께 겪고 있다고 생각했다."(p.47)는 신애의 심리는 그녀의 일탈 행위의 소이를 확인시켜 준다. 자신의 삶이 고통에 반응하는 병리 증상을 실험하는 실험용 동물의 것과 마찬가지라는 인식은 그녀가 펌프집 사나이에 대하여 가졌던 살의만큼이나 섬뜩하고 자학적인 자의식이라 할 수 있다. '인공 조명을 받고 있는 닭'의 이미지는 이렇듯 불구 의식의 표현으로서, 닭들이 겪고 있는 끔찍한 시련을 난장이와 신애가 동일하게 겪고 있다는 점에서 신애의 살의와 일탈 행위가 공감되는 것이다.

난장이나 신애와 같은 인물을 통하여 드러나는 불구적 자의식의 근원은 사회 구조의 계층적 · 경제적 모순과 그로 인한 사회 구성원간의 불화이다. 그리고 난장이의 아들 세대에 오면 이와 같은 불구성의 원인이 사회 체제의 형태인 노동 현실의 불합리성에도 이어진다. 난장이와 난장이 부인이 조상으로부터 천민의 혈통을 이어받아 왔듯이 난장이의 아들은 열악한 작업 환경과 노동의 대가에 미치지 못하는 임금으로써 불구성을 이어받고 있는 것이다. 따라서 난장이 아버지의 비극적인 삶－숭고함도 없었고 구원도 있을 리 없는－보다도 더욱 비극적인 삶을 살아가게 되리라는 둘째아들 영호의 비극적인 자아 인식은 처절한 면이 있다. 영호를 비롯한 난장이 가족들은 난장이가 여섯 번째의 직업으로 어릿광대를 하려고 할 때 그것을 말렸다. 그런데 영호는 "나는 작은 어릿광대로 눈을 감을 것이다"(p.162)라고 하는 철저한 비관과 불구성 속에 놓여져 있는 것이다. 이러한 불구성의 대물림은 난장이 가족에게 유전적인 의미까지도 부여된다.

> 은강은 릴리푸트읍과는 전혀 다른 도시였다. 영희는 그것을 가슴 아파했다. 모든 생명체가 고통을 받는 땅이었다. 우리는 살기 위해 은강에 왔다. 아버지가 돌아가고, 얼마 동안 정지했던 생명 활동을 우리는 은강에서 다시 시작했다. 나는 생명처럼 추상적인 것이 없다고 생각했다. 그것은 만질 수도 없고 볼 수도 없는 것이었다. 그것은 아버지가 우리에게 준 것이었다. 중학교 때의 생물책 용어를 빌어 쓴다면 아버지는 자기와 똑같은 것을 복제하여 종족을 늘려놓고 돌아갔다. (「은강 노동 가족의 생계비」, pp.171-172)

행복동의 집이 철거되고 난장이 아버지가 자살한 이후에 남겨진 가족들은 「은강」에서의 새로운 삶을 시작하게 되는데 『난장이…』의 후반부를 구성하는 「기계 도시」, 「은강 노동 가족의 생계비」, 「잘못은 신에게도 있다」, 「클라인씨의 병」, 「내 그물로 오는 가시고기」 등의 작품이 은강에서의 난장이 가족의 삶을 그려낸다. 은강은 공기 속에 유독 가스와 매연, 그리고 분진이 섞여 있으며 모든 공장이 제품 생산량에 비례하는 흑갈색·황갈색의 폐수·폐유를 하천으로 토해냄으로써 공장 주변의 생물체가 서서히 죽어가는(「기계 도시」, p.160), 산업화의 어두운 측면을 그대로 노출시키고 있는 전형적인 공업 도시이다. 그곳에서 난장이 가족은 행복동의 시절보다 더욱 열악한 생활 환경과 근로조건에 고통받는다. 이러한 생존을 위한 싸움을 하고 있는 난장이 가족의 의식 속에는 난장이의 불구성이 그대로 유전되어 "아버지는 자기와 똑같은 것을 복제하여 종족을 늘려놓고 돌아갔다"고 생각한다. "아버지의 시대가 아버지를 고문"(p.174)했듯이, 자동차 조립 공장의 기계공이 된 난장이 아들 영수는 기계가 작업속도를 결정해 주는 "기계에 의한 속박"(p.175)을 받고 있다. 이와 같이 수공업 노동자인 난장이가 겪어야 했던 빈곤 계층으로서의 고통이 대도시 공장 노동자인 아들 세대로 유전되고 있다는 비극적인 현실 인식은 산업 사회의 비인간적인 노동 현실과 사회 구조의 파행성을 여실하게 보여주는 것이다. 이런 점에서 『난장이…』의 작품들이 형상화하고 있는 불구 의식의 본질은 사회 구조의 불구성에 기인하는 불구적 삶에 대한 비판적 인식의 결과가 된다.

## 4

『난장이…』의 서사가 설정하고 있는 빈 / 부, 정의 / 불의, 착취 / 피착취 등의 대립 구도는 70년대 사회가 노정하고 있는 모순 구조를 외연화시키는 데 적절한 것이기는 하다. 그런데 「내 그물로 오는 가시고기」의 화자인 은강그룹 경영주의 아들이 난장이 세계에 대하여 토로하는 악의에 가득찬 진술에서 확인되듯이, 조세희 소설에서는 난장이의 집이 가난과 고통으로 견고하게 구축되어 있는 것만큼이나 난장이와 적대적인 세계의 집도 역시 부유함과 안락에 가득찬 견고성을 지닌다. 많은 논자들이 '이항 대립'이라 불러온 그 적대적인 두 세계의 견고성은 쉽사리 화해될 성질의 것이 아니다. 『난장이…』는 난장이의 자살이나 난장이 아들의 살인 행위로써 성급하게 그 견고성을 무화시키고 있는 듯하다. 난쟁이 / 거인의 대립축에서 마침내는 한쪽 축이 달나라로 떠나버림으로써 무게 중심이 붕괴되고, 대립 자체가 무화되는 비현실적인 공식이 되고 있는 것이다. 이 경우 "사회의 객관적인 갈등의 모습이 은폐될 때 공동체적인 생존의 근거는 쉽게 추상화되거나 도식화될 우려도 있다"[6]는 논지에서 공감되는 바, '삶의 추상화'에 대한 우려가 지적될 수 있다.

장편소설 『하얀 저고리』는 아마도 삶의 '추상화'를 극복하고 '역사화'를 추구하는 조세희 소설의 한 지향점에 놓여지는 작품이 될 것이다. 『난장이…』가 당대적 현실로서 난장이의 가계사를 기술하고 있다면, 『하얀 저고리』는 그것을 역사적 현실로서 확대시키고 있다는 점에서 일단 작가의 현실 인식이 심화되고 있다는 평가가 가능하다. 가령, 멀리는 삼국 시대에서 가까이로는 노태우 정권에 이르는 우리 역사의 단층을 펼쳐놓고 그 가운데서 특히 조선 시대의 민중 봉기와 80년 봄의 광주를 예각화시키고 있는 이 작품의 서사적 배경은 역사의 영속성을 투시하는 의미를 지니게 된다. 노비 출신의 '섯달쇠'가 농민 봉기의 와중에서 위정자들에게 '올바름'을 역설하다가 죽임을 당하고, 그의 후손인 '영우'가 민주화 운동의 과정에서 사망하는 것은 불의에 대한 도전과 좌절의 기록이라는 점에서 고난에 찬 민중사의 반복이다.

또한 제1부의 인물인 '첫 번째 아침이'와 제2부의 인물인 '두 번

---

6) 이경호, 「서정의 공간과 다성의 공간」, 『작가세계』, 1990. 겨울, p.104.

째 아침이'는 노비의 신분을 잇는 비천한 가계사를 존속시키는 여성으로서, 그녀들은 우리 근현대사의 질곡에 갇혀 남편과 아들, 손자, 그리고 이웃들이 고통에 신음하고, 울부짖고, 마침내는 참혹하게 죽어가는 현실을 목도하고 있다. 그녀들의 자궁은 조선 시대 때는 "남의 땅에 죽어라 농사를 지어야 겨우 목숨 붙여갈 수 있는"(p.40)[7] 소작농을 잉태했으며, 먼 세월이 흐른 '조국 근대화'의 시절에는 "하루하루 겨우 살아가기 위해 죽어라 일하다 지치고 약해져 말해야 할 때 말을 못하고 싸워야 할 때 싸우지 못"(p.101)하는 노동자를 낳았다. 이렇듯이 비루한 삶, 「난장이가 쏘아올린 작은 공」에서 "아버지는 씨종의 자식이었다"(p.75)고 했던 천민성의 대물림을 『하얀 저고리』는 작품 전편을 통하여 반복되는 역사의 실체로 확인시키는 동시에 그러한 현실에 도전하는 섯달쇠나 영우, 그리고 이들에 동조하는 많은 민중들을 등장시킴으로써 민중적 항거의 역사 또한 영원히 계속될 것임을 보여준다.

> 먼 그 옛날 여량도 너른 들에서는 백열일곱 명의 지금 무녀들이 신으로 받드는 늙은 장군이 조국을 지키기 위해 모두 백 번씩 죽을 각오가 되어 있는 용감한 의병부대원들과 당나라 군사, 그리고 신라 군사를 맞아 싸우고 있었다. 물론 늙은 장군과 그의 용감한 병사들은 나·당 합작군의 화살과 칼을 맞고 대유동 석성에서 장렬한 최후를 맞았지만 아무리 세월이 흘러도 그 용사들은 죽지를 않았다. 살아남은 사람들이 그들을 땅에 묻지 않고 저희 가슴에 묻은 때문이

---

7) 조세희, 『하얀 저고리』, 세계사.

* 이 글은 2002년 세계사 편집부에서 제공한 『하얀 저고리』의 교정지를 텍스트로 하여 쓴 글이다. 당시 『하얀 저고리』는 곧 출간 예정이었으나 어떤 이유에서인지 현재까지도 간행되지 않고 있다. 따라서 비록 미간행이기는 하나 글을 쓸 당시 밝혔던 면수를 그대로 밝혀둘 수밖에 없다.

> 었다. 그 뒤 오랜 세월이 흘러 몽고군이 쳐들어왔을 때 여량도 사람들은 선조들이 그랬던 것처럼 잔인한 내침군과 싸우다 죽은 혈육들을 거두어 다시 가슴에 묻고, 남쪽으로 내려온 일단의 삼별초군과 손잡은 후손들이 그때까지 저희 나라로 돌아가지 않은 몽고군을 내몰기 위해 싸우다 죽었을 때도 그 모든 용사들을 하나하나 거두어 또 가슴에 묻었다. 일본 침략군과의 전쟁 때도, 그리고 중국 대륙의 또다른 침략군과의 전쟁 때도 같은 일이 되풀이되었다. 여량도에서는 나라를 지키기 위한 그 의로운 싸움을 하다 죽은 자의 정신이 아주 고스란히 산 자에게 옮겨졌다. (pp.60-61)

과거의 역사로부터 죽은 자의 정신을 산 자들이 전해 내려받는 여량도의 '의로운 싸움'은 섯달쇠의 시대에 이르러 "밤마다 복색이 각기 다른 병사들이 행진해 다니는 모습을 여러 곳에서 볼 수 있"(p.51)음으로써 현재의 역사로 재생된다. '지금 이곳'의 역사는 현재적인 시공간으로만 절연되고 단자화된 것이 아니라 지난날의 역사가 중첩된, 지난 시대의 인물과 정신이 반복하여 살고있는 영속성을 본질로 하여 존재한다. 섯달쇠와 영우의 투쟁, 그리고 죽음은 그런 점에서 운명적이고 역사적이다. 우리 역사의 비극성은 그러한 영속성의 원리가 하필이면 부와 권력을 가진 자들의 민중 압제, 그에 대한 민중들의 항거와 처참한 좌질로써 나타나고 있다는 섬이다.

『하얀 저고리』를 "유구한 역사의 수레바퀴를 끌어오면서 좌절과 패배만을 거듭해 온 정의의 편에 선 사람들에 대한 공분(公憤)의 보고서"[8]로 단언한 신철하의 견해는 이런 점에서 특별히 공감된다. 그것은 마땅히 분노해야 할 만한 폭력적인 역사인 것이다. 우리의 역사가, 특히 민중의 역사가 그토록 고난에 찬 것임으로 해서 『하얀 저고리』에는 이전의 『난장이…』에서 까만 쇠공을 쏘아올리는 난장

8) 신철하, 「문학과 유토피아」, 『상징과 해석』, 이회문화사, 2001, p.176.

이의 공으로, 『시간여행』에서는 반성하는 중간층의 자의식으로 이 불화의 시대를 구원해낼 수 있는 원리로 희망을 걸었던 '사랑'이 80년대라고 하는 "짐승의 시간"(p.108)을 겪으면서는 좌절하고 있는 것으로 보여진다. 그리고 그 자리에 민중의 자기 반성과 '의로운 싸움'에의 행동을 환치시키고 있다.

> 어머니가 화가 날 때마다 한 말을 따르면, 정말 정신을 차려야 할 것은 '국민'이었다. '국민'은 어리석었다. 어머니는 시간이 아무리 지나도 자라지 않는 어리석은 '국민'을 증오했다. 차디찬 땅바닥에 무릎 꿇고 눈물 펑펑 쏟아내며 속죄의 기도를 올려야 할 것은, 우리나라 '국민'이라고 어머니는 말했다. 그러고도 화가 안 풀렸던지 앞으로 굴러갈 역사의 수레바퀴를 잡고 늘어져 자꾸 뒤로 돌려놓는 것도 따져보면 우리 '국민'이라고 어머니는 또 말했었다. 큰오빠는 아무 말도 하지 않았다. 큰오빠는 핏기 없는 얼굴로 영희를 바라보며 미소지었다. 그렇게 쓸쓸해 하는, 그리고 속으로 그렇게 아파하는 큰오빠를 영희는 그때 처음 보았다. (p.93)

『하얀 저고리』가 이전의 작품들과 비교할 때 변화된 현실 인식의 양상을 보여주는 것은 '국민'의 역할에 대한 기대감이라 하겠는데, 위의 인용문에서 보이는 영희 큰오빠의 '그렇게 쓸쓸해 하는, 그리고 속으로 그렇게 아파하는' 모습에서 작가 조세희의 얼굴이 겹쳐진다. 마치 난장이처럼 시간이 아무리 지나도 자라지 않는 불구적 현실에 대한 조세희의 피로감이 느껴지는 부분이다. 이 피로감을 어떻게 떨쳐내야 할 것인가. 가진 자의 세계에 속하는 인물로서 못가진 자의 세계를 이해하고 원조하는 인물인 김원경의 역할이 아무런 변혁의 힘을 지니지 못하는 현실, 더구나 역사는 더욱 가혹해져 "착취가 부에 이르는 가장 좋은 방법이었던 옛날 암흑 세상에서도 가진

자가 못 가진 자를 위해 가슴속에 조금씩 남겨두려고 했던 자선이라는 것마저 아주 제거해 버린 세계"(p.80)가 되었으므로 못가진 자가 스스로 그 세계 속에 갇혀 있다면 더 이상의 희망은 없다. "'선'이 할 일을 하지 않고 그래서 '악'이 다시 들어선 이것 역시 분하지만 지워버릴 수 없는 우리의 역사가 분명"(p.100)한 현실에서 민중은 침묵의 뿌리에서 벗어나 역사의 주체로 나서야 하고, 불의와 반인간성에 대한 응전을 두려워하지 않아야 한다. 지나온 역사에서 패배하기만 했던 민중이 다가올 역사에서 승리하기 위한 희망이 민중 스스로의 투쟁적 행동에 있다는 인식, 이 지점에서 『하얀 저고리』는 '거짓 희망'을 버린다.

조세희 소설에서 현실은 늘 폭력적이고, 그곳에서의 삶은 항상 노비와 소작농의 신분을 잇는 불구적인 난장이다. 그 난장이는 죽지 않는 생명의 표징인 '빨간 반점'을 가진 섯달쇠의 선조이자 후손으로 우리의 역사를 살아왔다. 그러나 기실 난장이는, 잘못된 세상을 바로잡기 위해 이 세상에 왔으나 "그 잘못된 세상이 백성에게는 나쁘더라도 자기들에게는 좋기 때문에 잘못된 세상을 언제까지 그대로 유지해 가려는 나쁜 자들에게 포위되어 칼을 맞는"(p.28) 전설 속 '아기 장수'의 또 다른 모습이다. 당대의 현실로부터 생존을 허락받지 못하는 아기 장수는 그 죽음으로써 역사의 폭력을 증거하고 있는 바, 현실을 살아야 하는 민중은 난장이의 모습으로 뒤틀린 채 정의롭지 못한 이 세계를 견뎌야 했던 것이다. 그것이 우리 역사의 현실이다.

그러나 역사가 끝나는 곳에서 신화는 탄생한다. 조세희 소설 속에서 억눌리고 고통받으며 살고 있는 불구적인 삶들은 이제 "우리 역사 속에서 빛나는 승리는, 아무 반점도 달지 않아 밋밋한 무색 가슴의 사람들이 빨간 반점 정의의 용사들을 따라 일어나 싸울 때 이루어진 것"(p.115)임을 알고 있다. 그러기에 『하얀 저고리』의 끝장면에서, 그해 오월 '무엇보다 인간이 뒤기 위해' 투석전에 쓸 돌멩이를 파내고 시위대가 먹을 밥광주리를 이고 나오는 이 나라 남쪽땅의 난장이 시민들은 오욕의 역사를 접고 써내려가는 장대한 신화의 주인공이다. 그들은, 앞 시대의 사람들이 그랬듯이, 하얀 저고리를 입고 있다.

# 디지털 시대의 문예창작 교육론
## — 소설창작 교육을 중심으로

## 1. 머리말

소설 텍스트는 그 양식이 항구적인 것이 아니라 일상 언어와 사회 구조의 변화를 매우 역동적으로 받아들여서 양식상의 변화를 모색한다. 문학 텍스트 일반론에 있어, 텍스트의 정체성은 존재론적인 것이 아니라 기능적인 것이고 역사적인 변화의 산물에 지나지 않는다는 견해[1)]가 가장 뚜렷하게 확인되는 지점이 바로 소설 텍스트인 것이다. 따라서 소설 텍스트와 관련된 사고와 표현은 기존 텍스트의 규격화된 양식에서 일어나고 있는 균열 양상을 주목해 볼 필요가 있으며, 이를 통하여 소설 텍스트의 재개념화가 논의되어야 한다.

대학 교육의 범주 내에서 이루어지는 소설창작 교육의 방법론을 다루는 과정에서도 이와 같은 소설 텍스트의 재개념화는 매우 중요한 논의의 출발점이 된다. 왜냐하면 대학에서의 소설창작 교육은 이

---

1) 권국명, 「문학 텍스트란 무엇인가」, 『어문학』 80호, 한국어문학회, 2003, p.197 참조.

미 제도권 교육으로서,[2] 소설 자체의 내재적 발전을 추구해야 하는 한편으로 국가의 교육 이념과 제도, 그리고 사회의 요구에 부응되는 교육 성과를 얻어야 하는 외재적 역할도 수행하기에 이르렀다. 소설 창작 교육이 대학 교육으로 편입되는 과정에는, 일종의 예술활동인 창작을 과연 공교육에서 가르칠 수 있기나 한 것인가, 또는 객관성과 체계성을 신봉하는 학교 교육이 창작을 수용하는 것이 합당한가 하는 논란의 여지를 남겼다. 그러나 창작 교육은 이미 제도권 교육으로 확고하게 자리를 잡고 있으며, 공교육을 위한 당위성 앞에서 문학 작품이 천재적인 작가의 비의적인 방법을 통해 탄생하는 신비스런 존재라고 하는 창작 불가지론의 사고는 무력해진 것이 현실이다. 이와 같은 상황은 소설의 영역 확대를 가져오고 있다는 점에서는 긍정적인 것이 되겠지만, 소설이 그 확대된 영역에서 제 역할을 다하지 못할 때는 기왕의 문학적 위의를 회복하기가 어렵다는 점에서 부정적일 수 있다. 그러므로 대학교 소설창작 교육에 주어진 시급한 과제는 소설창작이 교육적으로 유용하고 유의미한 활동임을 사회 전반에 인식시킴으로써 교육 시장에서 자생력을 확보하는 일이다.

소설창작 교육의 자생력 확보는 다음의 두 가지 측면에서 검토될 수 있다. 하나는 이론적 측면으로서, 소설창작 교육의 개념, 목적, 교과과정, 교수 · 학습 방법, 교재, 평가 등에 대한 이론을 정립하는 것이다. 각 대학마다의 여건과 각 교수마다의 교육관 및 방법론에 따라서 다를 수밖에 없으나, 이러한 개별성을 포괄하는 일반화된 이론 수립을 미루어서는 소설창작 교육이 제대로 자리를 잡기 힘들 것으

2) 2003년 6월 현재 대학의 문예창작 관련 학과(전공)는 2년제 20개교, 4년제 37개교에 개설되었으며, 대학원 과정에는 일반대학원 9개교, 특수대학원 9개교에 문예창작 관련 학과가 설치된 것으로 조사되어 있다(『한국문예창작』 3호, 한국문예창작학회, 2003, pp.11-13).

로 판단된다. 이론성을 거부할 경우 문학 신비주의는 다시 대학에서의 창작 교육을 위협할 것이며, 사교육 또는 사회 교육과 변별성이 없는 교육 과정은 공교육 또는 학교 교육으로서의 권위를 지켜내지 못하게 될 것이다. 그리고 다른 하나는 실천적 측면으로서, 소설창작 교육은 학습자(학생)의 학습 성과가 사회적으로나 개인적으로 유용·유의미한 것이 될 수 있도록 실천적인 면모를 지녀야 한다는 것이다. 가령 교육을 통하여 소설창작 능력을 키운 학생이 좋은 소설작품을 산출하거나, 또는 비록 전문 작가가 되지 못하는 경우라고 하더라도 소설창작 방법론에 대한 수련을 바탕으로 사회에 진출하거나, 또는 최소한 소설창작 수련이 개인의 자아 성장과 삶의 영위에 반영되고 영향을 끼치는 실천성을 고려하는 교육이 되어야 한다. 그리고 교과과정이나 교수·학습 방법 등의 이론화는 결국 이러한 실천적 성과를 얻기 위한 방편으로 조직될 것이므로 결국 위의 이론적 측면과 실천적 측면은 상호 보족적인 성격을 지닌다고 할 것이다.

교육의 모든 제도적 형식들은 교육의 이념과 얼마나 긴밀하게 조응하고 있는가 하는 검증의 과정 속에서 스스로의 정당성과 구체적인 방향성을 획득한다.[3] 따라서 소설창작 교육의 제도적 형식이 자리를 잡기 위해서는 그 이념이 우선 확립되어야 한다. 이를 위하여 본고에서는 우선 소설창작 교육의 자생력을 확보하기 위한 이론적·실천적 측면을 보다 원론적인 부분에서 논의함으로써 소설창작 교육의 이념 확립을 의도하고자 한다. 그리고 교육 내용은 이와 같은 이념을 구체화시키는 과정이라고 할 것인데, 컴퓨터와 정보 통신 기술의 발전으로 인하여 급속도로 변화되고 있는 가운데서 이루어지는 대학에서의 소설창작 교수·학습 방법에서 소설 텍스트 생산

---

3) 김상욱, 『소설교육의 방법 연구』, 서울대학교출판부, 1996, p.4.

을 위한 하나의 방법론적 모형을 구성해보고자 한다. 소설, 소설창작, 소설 교육의 각 영역에 대한 오랜 논의가 여전히 계속되고 있으므로 이를 포괄하는 성격을 지니는 소설창작 교육에 대한 논의는 앞으로 더욱 활성화될 필요가 있다. 특히 대학에서의 소설창작 교육의 방법론에 대한 천착은 학문적인 연구 축적의 측면으로 볼 때 초창기에 해당한다.[4] 본고의 논의가 대학 교육의 범주로 소설창작 교육의 방법을 한정하는 것은 대학에서의 소설 텍스트 생산은 그 특수성이 매우 뚜렷함을 드러내기 위한 것으로, 이러한 점에 대한 보다 진전된 논의를 요청한다는 뜻을 밝혀 둔다.

## 2. 소설창작 교육의 이념적 지향

### 2.1. 소설창작의 교육적 의의

소설창작 교육이 왜 필요하며 어떠한 가치를 지니는 것인가에 대한 논의는 소설 교육의 기능 및 창작 교육의 기능과 관련하여 접근할 수 있다. 우리는 흔히 소설의 기능을 도덕적·윤리적 교훈이나 사상적 교시를 주어야 한다는 교시적 기능, 미적 쾌락을 주어야 한다는 쾌락적 기능, 인생의 진실을 제시하여 가치있는 삶의 모습을 제시해야 한다는 가치 창조적 기능 등으로 보고 있으며, 소설의 이

4) 第7차 교육 과정이 국어과에 '창작 교육'을 도입함에 따라 국어교육학 분야에서는 매우 활발하게 초·중·고의 학교 교육에서 창작 교육의 방법론을 다루어 왔다. 한국문학교육학회가 학회지 『문학교육학』을 통하여 이 분야에 적극적인 관심을 기울이고 있으며, 문학과문학교육연구소에서 펴낸 『창작교육, 어떻게 할 것인가』(푸른사상사, 2001)는 그 성과들을 구체적으로 반영하고 있다. 이에 비교할 때 대학교 문예창작 관련 학과의 교육내용으로 창작 교육의 방법론을 다룬 연구는 지금까지 매우 미약한 실정이며, 근년에 들어 한국문예창작학회의 학회지 『한국문예창작』에 점차 이 분야의 논문들이 게재되고 있는 추세이다.

러한 기능들은 전통적으로 교육이 추구해 왔던 知·情·意의 내용 개념과 대응되고 있다.[5] 이를 좀더 구체적으로 살펴보면, 소설에는 작가의 사상과 체험, 가치관이 용해되어 있기 때문에 독자는 이를 통하여 인간적인 삶의 방식을 배우게 된다. 또한 소설은 허구성을 본질로 하는 상상력의 소산으로서 현실로부터의 해방감을 느끼게 하며, 그 자체의 구조적·미적 아름다움을 드러냄으로써 독자로 하여금 즐거움을 느끼게 해준다. 그리고 소설은 독자의 인지력과 감성력을 자극하고 확대함으로써 그 자신의 삶에 대한 가치관을 확립시키고 심화시켜 준다. 소설이 지니고 있는 이러한 기능에 근거하여 소설 교육은 교육이 지향하는 이념, 방법, 성과를 만족시킬 수 있는 매우 유용한 도구로서, 인문·사회·예술의 성격을 두루 포괄하는 다면성을 지니고 있다.

이와 같은 소설의 교육적 기능을 통하여 학습자의 인격 형성과 자아 실현에 기여하고자 하는 것이 소설 교육인 바, 소설창작 교육은 여기에 창작 교육의 속성이 부가되어 더욱 의미있는 교육 성과를 의도한다. 창작 교육은 현대 교육 과정의 한 경향을 대변하는 인간 중심 교육 과정을 효과적으로 실현하는 교육 방법으로서, "생각하고 느끼고 생활하고 행동하는 개체를 육성하는 것이며 사랑할 수 있고, 깊이 느낄 수 있고, 내적인 자아를 넓힐 수 있고, 창조할 수 있는 사람 또는 자기교육의 과정을 계속할 사람을 육성하는"[6] 역할을 수행할 수 있다. 다시 말하면, 우리는 '창작하는 인간'을 통해 현대 교육이 지향하는 인간상을 만날 가능성이 높다는 것이다. 창작은 새로운 것을 만들어내는 일이며, 이것은 인간의 본능적인 성정에 닿아 있는

5) 박인기, 「소설 교육의 목표설정」, 우한용 외, 『소설교육론』, 평민사, 1993, p.48.

6) C. H. Patterson, *Humanistic Education*, 장상호 역, 『인간주의 교육』,박영사, 1980, p.22.

일이다. 따라서 창작을 가르친다는 것은 인간적 성정을 어루만지는 대단히 중요하고 조심스러운 작업이 된다. 대학에서 창작 교육이 활성화된 작금의 사정은 물론 여러 가지의 원인이 있겠으나 무엇보다도 우선시되는 것은 창작의 교육적 효과에 대한 기대 때문일 것이다. 그래서 비록 중등 교육의 경우이기는 하지만 학교 현장에서 창작 교육을 담당하고 있는 한 교사의 다음과 같은 지적은 대학의 창작 교육에서도 동일한 의미를 갖는다고 하겠다.

> 창작 교육은 인간의 개성과 창조성의 발현에 인색한 현재의 획일화된 교육을 지양하고 인간성 회복의 교육을 형성하는 데 하나의 바람직한 대안이 될 수 있을 것이다. 창작은 기본적으로 자신의 내면을 성찰하는 과정이며 그 성찰을 바탕으로 자신의 욕망이 지향하는 세계를 상상력으로 구축하는 작업이다. 학습자는 창작의 과정을 통해 자신을 새로이 발견하고 삶의 진정한 가치를 깨닫게 될 것이며, 문학적 의사 소통 행위에 적극 참여함으로써 자아를 실현하고, 올바른 사회적 관계에 대한 전망을 경험하게 될 것이다. 이러한 고도의 자율성과 창조성의 경험은 단순히 작품을 읽고 감상하는 수동적인 차원에서는 획득할 수 없는 것이기 때문에 더욱 가치가 있는 것이다.[7)]

창작은 한마디로 인간 중심의 논리를 구현하는 활동이며, 소설창작 교육은 이를 교육적 차원에서 심화·확대시키는 방법이다. 소설 제재가 지니는 개개의 갈등 구조와 그 구조들의 통일적 유기성에 의해 환원되는 정서적 감동의 발생과 삶의 총체적인 이해 등은 지식체계 위주의 일반 교과 제재와 판이한 성격을 지닌다.[8)] 이와 같은 교육 제재상의 미덕을 확보하고 있는 소설창작은 창작 행위 자체를

---

7) 진중섭, 「학교 현장 창작교육의 현황과 과제」, 『문학과 문학교육』 2호, 문학과문학교육연구소, 2001, p.79.
8) 박인기, 앞의 글, p.49.

통한 자아 실현, 그리고 인간중심 사고와의 상승 작용에 의해 매우 효과적으로 교육 이념을 달성할 수 있는 가능성을 보여준다. 그 가능성의 측면을 통하여 소설창작 교육의 의의를 정리해 보면 다음과 같다.

첫째, 소설창작 교육은 정서, 사상, 상상력이 복합적으로 작용하는 창조적 활동을 지속하게 함으로써 학습자의 단순화되고 관습적인 일상 생활에 변화와 자극을 주고, 진정한 자아의 발견과 진실된 삶의 영위를 위한 사색을 가능하게 한다. 둘째, 소설창작 교육은 서사적 사고력과 언어적 구성력이 구비되어야 하는 소설창작에 대한 체험적 학습 과정에서 삶을 서사 형태로 성찰함으로써 인간을 입체적으로 파악하는 눈을 갖게 하며, 또 이를 작품화하는 과정에서 경험세계의 전경과 후경을 아울러 바라보는 통찰력을 수련하게 한다. 셋째, 소설창작 교육은 소설 제재의 개념과 기능을 창작 과정을 통하여 습득함으로써 작품의 이해와 감상, 분석과 종합, 서술과 구성 등을 구체적으로 학습하게 한다. 그리고 이러한 입체적인 시각의 확보를 통해 개인적 차원뿐만 아니라 집단적 차원의 인간 삶을 관조하게 하고 현대 문명의 비인간화, 사회 구조의 모순, 억압적인 윤리 체계 등 인간적 진실을 오도하는 모든 기제들을 비판할 수 있는 응전력을 갖추게 한다. 넷째, 소설창작 교육은 미적 인식을 확대하고 정서를 순화시키며, 창조적 상상력과 심미적 구상력을 확대시켜 작품으로 형상화하게 함으로써 학습자에게 예술 창작 활동의 심미적 체험을 가능하게 해준다. 이러한 활동은 인간애와 도덕성을 자극하고 감정 조절과 카타르시스의 심리적 경험을 안겨줌으로써 학습자의 자기 인식을 공고하게 한다.

### 2.2. 소설창작 교육의 지향점

위에서 살펴본 소설창작 교육의 의의는 실제 교육 현장의 여건과 환경에 따라서 지향점을 달리할 수밖에 없다. 현재의 대학 제도는 학습자의 자율성을 기반으로 하고 있는 것이 아니라 제도의 굴레에 규격화시키고 있으므로 교육의 의의가 제대로 반영되기가 어려운 실정이다. 대학의 창작 강의실은 이러한 사정이 극명하게 드러나는 공간이다. 가령, 창작 강의실에 앉아 있는 학생들 중에서 많은 수는 문학적인 글쓰기에 대한 신념과 노력이 결여되어 있기가 십상이다. 또 창작에 관심이 있는 학생들도 각자 창작의 장르적 관심을 달리하고 있으므로, 현재의 대학 교과 운영이 이들의 관심을 전폭적으로 수용할 수 없는 형편이다보니 하나의 창작 장르가 심도있게 추구되기는 힘든 것이다. 특히 시, 소설, 비평 등 전통적인 장르라고 이름할 수 있는 창작 분야에 대한 집중도는 점점 떨어지고 영상·문화산업과 관련된 창작이 호응을 얻고 있으나 대학의 창작 교육이 이를 모두 만족시킬 수 없고, 또한 이러한 현상 자체가 문제성을 지니고 있기도 하다. 이를테면 대학의 창작 강의실은 창작 교육의 영역 확대가 가져온 진통을 앓고 있는 셈이다. 그러므로 소설창작 교육이 인간화 교육을 지향하는 이념상의 합의를 기반으로 하여 대학 자체의 교육 목적과 또 사회가 대학 교육에 기대하는 요소들과의 접점에서 새로운 지향점을 설정할 필요가 있는 것으로 판단된다. 본고에서는 이를 인문성, 전문성, 실용성의 방향에서 논의해 보고자 한다.

① 인문성

창작 교육은 인문 교육의 핵심적인 자리에 놓일 수 있다는 견해[9)]

---

9) 우한용, 「창작교육의 이념과 지향」, 문학과문학교육연구소 편, 『창작교

를 수용하여, 소설창작 교육은 인문성을 확보하는 방법론을 부단히 견지해야 할 것이다. 인문학은 인간 존재의 의미와 인간이 지향해야 하는 가치관, 인간 관계의 의의, 인간적인 삶의 조건 등을 인본주의적인 관점에서 논의한다. 우리는 앞에서 지·정·의를 구현하는 소설의 기능이 인간적인 삶에 대한 가치관을 환기시킬 수 있음을 확인했다. 과학과 기술이 고도화된 현대 사회가 물질적 효용과 기계적 편의를 숭상하고 있으며, 그러한 문명사 속에서 현대인의 인간성과 가치관이 심각한 위협을 받고 있음은 두말할 필요가 없다. 이것은 곧 인간의 위기임과 동시에 인문학의 위기이기도 하다. 특히 눈을 가깝게 돌려보면 우리나라의 현상황도 인문학과 관련된 우려의 목소리가 매우 높다는 점에서, 이러한 위기 상황을 타개하는 데 소설창작 교육이 일정한 역할을 할 수 있으리라 판단된다. 소설 장르의 가변성과 인식 내용의 잠재적인 힘, 세계관의 무한한 포용력을 구상적인 형태로 표출케 하는 소설창작 교육은 다른 인문 교육의 분야와 달리 활성적인 측면이 매우 강하다. 소설창작 교육은 이 점을 미덕으로 하여 인문 교육의 대안적 성격을 확고하게 할 필요가 있다.

② 전문성

초·중등 과정에서의 문학 교육은 비록 창작 지향적인 교육 과정을 설정하고 있음에도 불구하고 시인·소설가 등의 문인을 길러내는 것을 목표로 하지 않지만, 대학 과정에서의 창작 교육은 문인 배출에 적극성을 가져야 할 것으로 판단된다.[10] 이를 창작 교육의 전

---

육, 어떻게 할 것인가』, 앞의 책, p.43 참조.

10) 이 점에서 초·중등 과정과 대학 과정에서의 창작 교육은 분명하게 상치된다. 초·중등 과정에서 의도하고 있는 창작 교육의 목표를 참고삼아 확인해 두기로 하자. "창작교육은 시인이나 소설가를 길러내기 위한 것이 아니라 문학작품을 형성하는 과정을 체험함으로써 문학 활

문성 확보라는 측면으로 이해하고자 한다. 따라서 소설창작 교육 역시 소설적 완성도를 갖춘 작품을 산출하는 소설가 육성을 목표로 하여 학습자의 소설창작 능력을 신장시키는 데 노력해야 한다. 현재 소설창작 교육은 대학의 정규 과정이 아닌 문화센터, 사회교육원, 사설 교육 기관 등에서도 다양한 형태로 이루어지고 있다. 문학은 문화의 실체이자 문화 산업의 한 상품으로서, 문학의 생산자인 문인에 대한 수요는 사회적인 것이다. 따라서 대학이 문인을 배출해내는 것은 문학 발전에 기여하는 문화적 활동임과 아울러 사회의 요구에 부응해야 하는 대학의 기능을 충족시키는 일이 된다. 만약 대학의 창작 교육이 문인 배출을 외면한다면 청년의 열정으로 가득찬 잠재적인 문화 인력을 사교육이나 사회 교육에 넘겨주는 경우가 될 것이며, 이것은 문화적으로나 사회적으로 바람직하지 못한 결과를 낳게 될 것이다. 이러한 까닭으로 소설창작 교육은 기왕에 대학이라고 하는 공교육의 힘을 업고 젊은 인재들을 확보했으니만큼 이들을 체계적으로 교육하여 참신하고 유능한 소설가로 키워내야 하는 당위성을 잊지 않아야 한다.

---

동 자체를 심화하고 확대하기 위함이다. 학습자들이 스스로 시를 쓰고 소설을 써봄으로써 시와 소설이 실체로 존재하기 이전에 어떠한 과정들을 거쳐왔는지를 쉽게 이해할 수 있다는 것이다. 더욱이 창작의 과정에 관여함으로써 아주 정교한 작품을 산출하지는 못할지라도 자신의 경험을 소박하나마 예술의 형태로 고정시킴으로써 문학을 생활로 가까이 끌어올 수 있다는 장점도 있다. 물론 이러한 작업을 통해 경험 자체가 새로운 깊이와 폭을 획득하게 됨은 물론이다. 창작의 경험을 공유하는 것은 반드시 전문적인 작가를 이상적인 모형으로 하는 교육과는 전적으로 다른 것이다. 현행의 창작교육 역시 이러한 원칙에 바르게 서 있지 않으면 안 될 것이다."(김상욱, 「활동 중심의 시 창작 교육」, 『문학과 문학교육』 2호, 앞의 책, pp.48-49.)

③ 실용성

대학 창작 강의실의 현실은 위에서 본 인문성, 전문성의 지향을 곤혹스럽게 하기에 충분하다. 일반적으로 창작 능력은 문제 발견 능력과 연관되는 감수성, 구성적 능력 전반을 가리키는 상상력, 언어 처리 능력 전반을 가리키는 형상화 능력, 자신의 창작 행위에 대한 재인식 능력을 뜻하는 비평능력 등이 겸비될 때 제대로된 문학 작품의 생산이 가능해진다.[11] 이것은 곧 창작 교육이 단시일에 이루어지기 어려움을 말해 주는 것인데, 강의실이라는 한정된 장소에서 한정된 기한 동안의 파편적인 강의 시간으로는 소기의 성과를 달성하기가 쉽지 않다. 또 학생 스스로가 작가 또는 작품에 대한 성취의욕이 떨어지는 경우에는 더욱 그러하다. 따라서 소설창작 교육은 강의실에 앉아 있는 학습자들을 모두 소설가로 만들어야 하는 당위성에서 물러나 직업 교육으로서의 실용성을 고려할 필요가 있는 것으로 생각된다. 소설창작과 관련하여 연습하게 되는 표현력, 이해력, 구성력, 사고력, 문장력 등은 문화 산업이 주목되는 오늘날의 직업 시장에서 아주 경쟁력 있는 능력이 될 수 있다. 소설 텍스트가 서사성을 본질로 하고 있음은 주지의 사실이다. 그런데 영화, 만화, 애니메이션, 게임, 방송 등 문화 산업의 근간을 이루는 분야는 대개 서사 매체이므로, 소설창작 교육에서 얻어지는 서사 능력은 이들 분야가 꼭 필요로 하는 것이다. 소설창작 교육의 실용성 지향은 결코 본질을 훼손하는 것이 아니라 본질을 더욱 강화하는 방향이라는 생각을 가져야 한다. 시대와 더불어 변화하고, 변화된 삶을 껴안는 것이 소설 텍스트이기 때문이다.

11) 우한용, 앞의 글, pp.38-39.

## 3. 소설창작을 위한 교수·학습 방법

### 3.1. 소설 텍스트 생산과 정보화 환경

앞의 논의를 통하여 대학에서의 소설창작 교육이 인문성, 전문성, 실용성을 지향함으로써 중·고등학교의 교육 과정이나 전문적인 문학 집단의 통념과는 다르게 소설 텍스트의 재개념화가 이루어짐을 보았다. 그러므로 대학 교육의 현장에서 소설창작 교육에 임하는 교수자 및 학습자는 소설 텍스트에 대한 전통적인 관념에서 벗어나서 새로운 텍스트 생산 방법론을 모색해야 하는바, 이에 대한 논의는 사회 변화에 따른 새로운 패러다임에 의하여 달라진 교육적 인식에서 비롯된다.

주지하다시피 우리 사회는 컴퓨터와 정보 통신 기술이 급격하게 발전되어 산업, 문화, 생활, 교육 등 인간사의 모든 국면에서 일대 혁신이 진행되고 있다. 흔히 정보화 사회, 혹은 지식기반 사회로 불리는 오늘날의 삶의 환경에 있어 특히 교육은 사회 변화를 주도하는 인재를 육성해야 한다는 당위성으로 인하여 교육 내용과 환경의 변화, 교육 방법의 개선에 많은 노력을 보여주고 있다. 교육부가 ① 열린 교육 사회, 평생 교육 사회의 구축 ② 최상의 교육 서비스 제공 ③ 21세기 교육 정보화 중심 국가로의 부상 ④ 정보화 사회 교육 패러다임으로의 전환 등을 목표로 하여 시행하고 있는 교육 정보화 사업이 그 구체적인 결과이다.[12] 정부 차원의 사업 수행에 의해 대학 교육의 속성이나 학문적 본질이 변모하는 것은 아니며, 이 점은 정보화 사업에 있어서도 마찬가지다. 그러나 정부와의 관련성을 떠나,

12) 김준형, 「일류국가 도약 위한 교육 정보화 지원」, 『교육마당21』, 교육부, 2000. 1, p.104 참조.

우리는 정보화의 측면에서 너무나도 변모된 교육 현장의 모습을 인정해야 한다. 현재 대학의 창작 강의실에 앉아 있는 학생들은 이미 교육 정보화 사업의 추진에 의한 하드웨어 및 소프트웨어로 학습되어 왔으며, 학교를 벗어난 가정이나 문화・여가의 공간에서도 역시 컴퓨터와 초고속 인터넷망을 손쉽게 사용하여 일상사를 유지하는 이른바 '정보 인간'이다. 이렇듯 급격하게 이루어진 교육의 주체나 교육에 대한 인식, 그리고 교육 환경의 변모를 간파하지 못하고 종래의 규범적인 교수・학습 방법을 반복한다면 바람직한 교육이라 할 수 없고, 이것은 소설창작 교육의 경우에도 마찬가지의 사정인 것이다.

정보화 환경의 측면으로 볼 때 대학은 다른 교육 기관보다 매우 앞선 인프라를 갖추고 있다. 대학에서는 정보화 환경이 전통적인 수업과 연구에 보조적인 역할을 하는 경우, 대학 전체의 연구・교육・행정이 디지털의 가상 공간에서 이루어지는 경우 등 그 정도와 범위가 다양하다. 또한 멀티미디어 교실, 사이버 디지털 자료, 전자 도서와 전자 출판, 전자 도서관과 가상 박물관, 가상 세미나, 사이버 학술 대회, 가상 대학(원격 수업) 등 매우 다양한 형태로 이루어진다. 그리고 이중에서 특히 멀티미디어 교실은 개인용 컴퓨터를 중심으로 웹(Web) 기반을 구축함으로써 위에서 열거한 다양한 정보화 환경을 통합적으로 연결하고 비디오, 오디오, 프로젝터 등과 결합되어 디지털 환경을 조성하여 전통적인 문자 기반의 교육 환경에 급진적인 변화를 가져왔다.[13] 대학의 창작 강의실은 이러한 성격을 지닌 멀티미디어 교실의 가장 대표적인 형태이다. 따라서 디지털화된 대학의 창작 강의실에서 이루어지는 소설창작 교수・학습은 정보화

13) 조지형, 「인문학의 '위기'와 디지털 인문학」, 김도훈 외, 『디지털 시대의 인문학, 무엇을 할 것인가』, 사회평론, 2001, p.158.

환경을 적극적으로 수용하는 텍스트 생산 방법론을 시도할 필요가 있다.

> 정보화 사회는 곧 낙원이라는 보장이 없고 디지털 기술은 곧 축복이라는 약속도 없다. 그래서 우리는 인간이 기술을 어떻게 발전시켜나가야 하는가 하는 문제와 새로운 기술이 어떻게 우리 인간의 삶과 사회를 변천시켜나가게 할 것인가 하는 두 가지 방향의 문제를 풀어야 한다. 요컨대 사회적으로는 책임 있는 기술의 개발과 현명한 기술의 사용이 이루어지도록 해야 하며, 개인적으로는 삶의 목표와 가치를 자율적으로 정의하고 자신의 삶을 의식적으로 설계해야 한다는 것이다.[14)]

위 인용문이 적시하고 있듯이 정보화 사회, 디지털 기술은 인간에게 행·불행의 이분법적인 운명으로 받아들일 것이 아니라 인간이 스스로 열어나가야 할 삶의 전망으로 인식해야 한다. 다시 말하면, 정보 기술의 개발과 그 기술의 사용은 인간의 주체적인 삶과 사회 발전에 기여하는 방향으로 진행될 수 있도록 하는 가능태인 것이다. 소설 텍스트는 서사 장르 일반이 지닌 보편적 특질을 공유함과 동시에 자본주의 사회의 발전에 따른 특정 시기의 서사적 대응이란 점에서 역사적인 특수성을 지니고 있다.[15)] 이러한 점에 있어서 소설 텍스트는 디지털 시대를 살아가는 오늘날의 인간이 처한 삶의 환경과 인간에 대한 인식을 담론화해야 하며, 소설창작 교육은 텍스트의 생산 과정이 그 자체로서 생산을 위한 질료가 되는, 매우 유효한 인문학적 담론의 과정이 될 수 있다. 그러므로 대학에서 소설 텍스트 생

---

14) 윤완철, 「디지털 정보 시대와 인간」, 최혜실 편, 『디지털 시대의 문화예술』, 문학과지성사, 1999, p.84.

15) 김상욱, 앞의 책, p.83.

산을 위한 교육과정은 이러한 정보화 환경을 하드웨어를 갖추는 외재성의 측면에서는 물론이고, 담론 자체의 소프트웨어적인 성격이 되는 내재성의 측면에서도 충분하게 수용해야 할 것이다.

### 3.2. 디지털 서사의 구현과 활용

대학에서의 소설창작 교육이 정보화 환경을 적극적으로 수용하는 경우, 그 동안 이루어져 왔던 소설창작 교육의 교수·학습 방법에 획기적인 변화를 가져오게 될 것이다. 또 그로 인하여 창작 강의실의 풍경과 교수·학습 주체의 역할도 매우 달라질 것으로 판단된다. 가령 지금까지 소설창작 수업은 이론 강의, 창작 실기, 발표와 토론, 강평 등으로 이루어진 것이 일반적이었다.[16] 이와 같은 수업 방법은 중·고등학교의 교육 과정과는 달리 교육적 효율성이 입증된 표준화된 교육 내용과 교육 방법을 갖추지 못한 대학의 교과과정에서 오랫동안 전범화되어 왔다. 또 이러한 교육에 의해 많은 문인들이 탄생되어 한국 문학의 발전에 기여하거나, 방송·언론·출판·대중 문화 등 글쓰기 능력을 필요로 하는 사회의 각 영역에 인재를 배출하는 교육적 성과를 보여주기도 했다. 그러나 한 사회의 교육적 인간상은 그 사회의 특성을 반영해야 하기 때문에 정보 사회의 교육적 인간상은 디지털 정보화의 특성을 갖추어야 한다는 교육학적 견해[17]는 소설창작 교육의 주체들도 귀담아 들어야 할 부분이다. 특히 앞 장에서 살펴보았듯이 대학 교육에 있어 소설 텍스트 생산은 인문성, 전문성, 실용성을 지향해야 하는 '재개념화'가 필요하므로, 개념적 지향이 구체적으로 실현되기 위해서는 기존의 수업 방식에서 변

16) 이병렬, 「대학 소설창작 강좌의 현단계 : 실태 조사 결과와 실제 수업을 중심으로」, 『한국문예창작』 1호, 한국문예창작학회, 2002, pp.11-13.
17) 목영해, 『디지털 문화와 교육』, 문음사, 2001, p.302 참조.

화를 모색하는 것은 마땅하다.

이러한 점에 있어서 대학의 소설창작 강의실은 디지털이라는 새로운 미디어의 운용 방식에 의해 탄생한 이야기 형식인 '디지털 서사(digital narrative)'[18]의 구현과 활용에 주목할 필요가 있다. 아날로그 시대에서 디지털 시대로의 전환이 인간의 삶에 혁명적 변화를 가져온 것은 주지의 사실이며, 이러한 디지털화는 소설창작과 연관된 읽기/쓰기의 영역에서도 예외가 아니다. 우리는 직접 눈으로 책을 읽고 손으로 글을 쓰던 방식에서 벗어나서 컴퓨터에 실행된 읽기/쓰기 프로그램을 사용하거나, 인터넷으로 연결된 가상 공간(예를 들면, 웹 사이트의 게시판, 메신저, 전자우편 등)에서 글을 읽거나 쓴다. 또 이런 디지털화된 방식으로 작성된 글을 책이나 문서의 형태로 만들지 않고 디지털 소스로 저장시키거나 CD-ROM의 형태로 반영구적인 보관을 할 수 있다. 실기 위주의 교수·학습 형태를 취하여 소설창작 교육이 이루어지기 마련인 대학의 창작 강의실에는 각 학생마다 개인용 컴퓨터가 배당되어 있으며, 이러한 환경에서 소설창작은 디지털화된 읽기/쓰기의 방식이 결코 외면할 수 없는 현실인 것이다. 그러므로 교수·학습의 방법에 있어서도 디지털화된 창작 환경을 적극 수용하여 보다 효율적인 교육 성과를 얻어내야 할 것인바, 수업 과정에서 다음과 같은 디지털 서사의 유형들을 구현하고 그 활용을 모색할 것을 제시한다.

① 하이퍼텍스트 서사

소설창작 교육의 과정에서 교수·학습 방법의 하나로 실천해 볼 수 있는 디지털 서사의 유형으로 '하이퍼텍스트 서사(hypertext narrative)'가 있다. 국내 최초의 하이퍼텍스트 소설인 「디지털 구보

18) 디지털 서사에 대한 보다 깊은 이해는 최혜실, 「디지털, 서사의 미학」, 최혜실 편, 앞의 책, pp.238-260 참조.

21」[19]에서 확인할 수 있듯이, 디지털 기술이 제공한 하이퍼미디어 기능은 서사에 있어 종래의 글쓰기 방식을 허물어뜨릴 수 있는 非線形性을 갖게 한다. 기존의 소설은 작가에 의하여 線形性의 원리로 창작되고, 독자는 충실하게 그 원리를 따라 작품을 읽어야 했다. 다시 말하면 작가는 이야기의 줄거리, 인물의 성격 추이, 시간 순서, 사건의 인과 관계, 플롯 등 자신의 서사 구조를 철저하게 선형적으로 조직화하고, 독자의 독서 행위는 일차적으로 그와 같은 서사 구조를 수동적으로 따라가야만 하는 것이 전통적인 소설의 소통 방식이었다. 그러나 하이퍼텍스트는 서사의 일정 부분에서 독자에게 '예 / 아니오' 또는 '선택함 / 선택하지 않음'의 자의적 개입을 허용하고 있다. 이러한 하이퍼텍스트가 지닌 비선형성은 독자로 하여금 선택의 자유를 누리게 하고 저자의 지배로부터 해방시켜 독자와 저자의 경계를 허물어뜨리며, 저자의 의도와 상관없이 서사의 시작과 끝을 결정할 수 있음으로써 독자 나름의 텍스트를 형성시킬 수 있다. 따라서 이와 같은 독자의 능동적 읽기는 텍스트의 의미와 구성에 있어 저자의 배타적인 통제력을 감소시켜 독자를 저자의 위치에까지 끌어들인다.[20]

물론 대학의 창작 강의실에서 이러한 하이퍼텍스트를 완벽한 형

---

19) 최혜실이 디렉터 겸 라이터가 되어 제작된 「디지털 구보 2001」에서 주인공 구보는 30대 여성 지식인이자 CEO이며, 그녀의 남자 친구인 이상은 컴퓨터게임 시나리오 작가이다. 그리고 그녀의 어머니가 등장한다. 이 작품은 이들 세 인물이 하루 동안 겪는 사건을 이야기로 엮고 있는데, 세 인물이 각 시간대별로 배치되어 있고 각 칸을 클릭할 때마다 그 시간 서울의 한 공간에서 이 세 인물이 각자 겹치기도 하고 헤어지기도 하면서 사건을 만들어낸다. 이 작품의 독자는 자기가 보고 싶은 시간대에 보고 싶은 인물들의 칸을 클릭면서 스스로 이야기를 만들어냄으로써 작가의 역할도 수행하게 된다. 최혜실, 『디지털 시대의 문화 읽기』, 소명출판, 2001, pp.121-132.

20) 조지형, 앞의 글, p.173.

태로 실현시켜 한 편의 완성된 하이퍼픽션을 탄생시키는 것은 여러 가지 여건이 허락하지 않는다. 그러나 부분적으로 하이퍼텍스트성을 수용하는 방법은 가능할 것으로 판단되는데, 이를 구성적 측면, 언어적 측면으로 나누어 살펴보자. 구성적 측면은 서사 구성 자체를 하이퍼텍스트화하는 것으로, 한 편의 소설 텍스트의 어느 지점에서 그 서사를 분절한 후 다른 서사를 창작하여 끼워넣는－또는 새로운 서사로 연결시키는－방법이 일반적인 것이 되겠다. 이때 학습 도구로 선택된 소설 텍스트는 학생의 창작품이거나 기성 작가의 작품이거나 상관없지만, 하이퍼텍스트로 링크되는 서사는 가능한한 다양하고 창의적으로 생산하도록 학생들에게 주지시킬 필요가 있다. 언어적 측면은 언어 표현을 위한 어휘력 구사, 더 나아가서는 문장력 습득을 위하여 학생들과 함께 어휘 사전, 문장 사전을 하이퍼텍스트로 만들어가는 방법이다. 이것은 부분적인 강의 내용으로 하여 교수자·학습자가 공동 작업을 해도 되고, 그룹별 또는 학생 각자의 학습 과제로 부과되어도 무방할 것이다. 그리고 이런 과정에서 교수자는 구성적·언어적으로 보다 미적이고 구조적으로 완성된 소설 텍스트의 방향을 피드백함으로써 학습자를 전문성 있는 소설창작의 전단계로 이끌 수 있다.

소설창작 교육에 있어 하이퍼텍스트 서사를 구현하는 수업이 진행될 경우 예상되는 교육적 효과는 매우 다양하다. 첫째, 학생들로 하여금 새로운 서사 방식을 경험하게 함으로써 삶과 시대 환경의 변화를 체감하게 한다. 둘째, 하이퍼텍스트 방식은 인터넷 콘텐츠, 게임 등 문화 산업의 전면에 위치한 영역에서 가장 기본적인 텍스트를 이루고 있으므로 이러한 산업 분야에 진출할 수 있는 자질을 길러주는 역할도 한다. 셋째, 하이퍼텍스트 서사는 소설 텍스트를 생산하는 데 필요한 서사 창조 능력, 구성력, 어휘력 등을 향상시키는 데

성과가 있다. 특히 학생들에게 친숙한 컴퓨터와 소프트웨어, 그리고 인터넷을 기반으로 하여 소설 텍스트 생산이 가능함으로써 매우 흥미있고 유용한 수업이 된다.

② 멀티미디어 서사

종래의 단일 미디어에서 처리하고 통신하였던 문자, 기호, 음성의 세계에 정지 화상과 동화상을 도입하여 이를 기존의 미디어와 동시에 병행하여 사용하도록 해주는 멀티미디어 기술은 오디오, 비디오, 그래픽, 애니메이션 등의 다양한 매체를 컴퓨터와 통신을 기반으로 디지털 방식으로 융합시켜 주었다.[21] 멀티미디어 환경은 문자 기반에서 벗어나 이른바 '멀티미디어 교실'의 구축하기에 이른 대학 강의실에서 학생들이 가장 변화된 교육적 체험을 할 수 있는 부분이 될 것이다. 학생들은 자신의 책상에 앉아 있는 상태로 도서관이나 서점으로 들어가 책을 읽을 수 있고, 영화를 볼 수 있고, 음악을 들을 수 있고, 친구에게 편지를 보낼 수도 있다.

이러한 모습은 강의실 풍경임과 아울러 컴퓨터와 더불어 살아가는 우리들의 삶의 풍경이다. 이 풍경은 소설 텍스트의 생산과 수용에도 필연적인 변화가 예견된다. 점차 우리들은 컴퓨터 모니터에 가득한 문자 텍스트를 단지 읽기만 하는 일을 꺼리게 될 것이고, 이를 보완하는 방편으로 그림이나 영상, 음성과 음향이 추가되는 서사 형태가 보편화될 수 있으므로 소설 텍스트도 이런 추세에 영향받기 마련이다. 섣부른 예상이 되겠지만, 앞으로의 세대는 일종의 만화나 플래시 애니메이션과 같은 형태의 서사에 더욱 친숙해질 것이다.

모든 서사가 문자로만 구성되어 있는 소설 텍스트는 종이책과는 불협화음을 일으키지 않았으나, 그것이 컴퓨터 모니터에 적용될 경

---

21) 나일주 편, 『웹 기반 교육』, 교육과학사, 1999, pp.49-50.

우에는 텍스트의 분량, 다른 링크로의 전환 용이성, 독서 주체의 심리 변화 등 여러 가지 요인에 의하여 매우 심각한 갈등을 일으키게 된다. 이러한 갈등의 양상을 우리는 현재 인터넷 문학 동호회를 중심으로 창작되고 있는 사이버 문학에서 확인할 수 있다. 사이버 문학의 주된 생산자 및 수용자는 문자보다는 영상 매체, 컴퓨터 등 뉴미디어를 통하여 비교적 많은 상상력과 인식력을 함양한 세대이다. 이들의 문학은 시각적인 것에 크게 영향을 받고 있으며, 언어를 통해 사건과 사건을 이어가거나 논리적인 인과 관계를 통해 서사적 긴장감을 이끌어 나가는 것이 아니라 장면장면을 중시하고 그것의 연결을 통해 감각적으로 이야기를 전개해 나감으로써 기존의 문자 중심의 문학에서 출발한 독자들을 곤혹스럽게 하고 있다.[22] 이러한 곤혹스러움은 곧 앞으로의 문학이 멀티미디어 환경에 적응해야 하며, 그리고 단지 적응하는 데서 그치는 것이 아니라 새로운 환경 속에서 그 존재의 가치를 더욱 공고하게 하는 전망을 열어갈 것을 문학에게 요구하는 것으로 보아야 한다.

이런 당위성에 의하여 소설 텍스트 생산을 위한 서사 연습도 '멀티미디어 서사(multimedia narrative)'를 지향하고, 멀티미디어를 기반으로 하는 표현 / 수용 방법을 고려해야 하는 것이다.[23] 또한 문자 텍스트만으로 이루어지는 서사의 창작은 학습자에게 매우 고단한 작업으로서 강한 인내심을 요구한다. 그런만큼 학습 효율성이 떨어지기 마련이다. 이런 사정으로 해서 소설창작 교육이 오히려 학생들

---

22) 최병우, 『다매체 시대의 한국문학 연구』, 푸른사상, 2003, p.222.

23) 매체 변화에 따른 문제성, 이를테면 종이책과 전자책의 상관 관계, 멀티미디어와 결합된 소설 텍스트를 문학으로 취급할 것인가 등과 같은 문제는 본고에서 논외로 하고자 한다. 대학교의 소설창작 교육이 전적으로 미적 완결성을 갖춘 소설 작품을 창작시키는 데 목적을 둘 수 없으므로 본고에서는 우선 수업을 진행하는 한 방법으로 멀티미디어 서사를 제의한다.

에게 소설에 대한 거리감을 갖게 하는 경우도 생긴다. 멀티미디어 서사는 새로운 학습 환경을 제공함으로써 이와 같은 소설창작 교육의 현실적인 문제점을 극복하는 방안이 될 수 있다.

멀티미디어 서사는 영화, 사진, 음악, 인터넷 콘텐츠 등 각종 매체를 소설 텍스트의 서사 속으로 끌어들이거나, 또는 이러한 매체들을 통해서 서사를 탄생시키는 동기 부여나 발상의 계기로 제공하는 방법으로 구현된다. 가령 영화 한 편을 전체 또는 부분적으로 서사 텍스트로 변형시켜 표현하는 방법, 문자 서사의 어느 부분에 적절한 영상·음향·그래픽을 넣는 방법, 소설 텍스트의 대화 부분을 직접 음성으로 녹음하여 삽입하는 방법 등 멀티미디어 서사를 구현할 수 있는 방법은 매우 다양하다. 이와 같은 멀티미디어의 활용은 일차적으로 학생들로 하여금 문자 일변도의 창작 교육에 억압되어 있는 학생들의 사고를 유연하게 하고, 표현의 가능성을 확대하여 흥미를 유발시켜 주는 데 의미가 있다. 그리고 대학교 창작 강의실에서 멀티미디어 서사를 구현하기 위해서는 학습자가 컴퓨터를 중심으로 한 멀티미디어 하드웨어와 그 운용을 위한 소프트웨어에 적절하게 적응해야만 한다.[24] 이런 점에서 멀티미디어 서사의 구현은 소설창작을 위한 서사 교육인 동시에 앞으로 학생들이 산업이나 문화 분야에 진출하여 맞닥뜨리게 될 뉴미디어를 수용하여 그 수요에 적합한 글쓰기를 수행 가능하게 하는 실용적 교육이 되기도 한다.

---

24) 대학 강의실 내에서 완벽한 멀티미디어 서사를 구현할 수 있는 여건이 마련되지 못하는 경우도 있겠으나, 마이크로소프트의 파워포인트 프로그램을 이용하는 것으로도 어느 정도의 성과는 거둘 수 있다. 파워포인트는 문자, 이미지, 동영상, 음향 등을 지원하여 효과적인 프리젠테이션을 가능하게 해주는데, 흔히 한글 프로그램으로 작성되어 온 소설 텍스트를 파워포인트 프로그램으로 바꾸어 작성케 하고 그 멀티미디어 기능을 활용하도록 하는 것이다.

③ 인터랙티브 서사

'인터랙티브 서사(interactive narrative)'는 컴퓨터와 인터넷에 의한 웹 기반이 제공하는 상호 작용성을 수용한 서사 형태이다. 웹의 매체적 특성을 가장 뚜렷하게 드러내는 상호 작용성의 핵심은 정보의 생산자와 수용자가 시간 · 장소에 구애받지 않고 즉각적이고 직접적으로 소통할 수 있다는 점이다. 가령 인터넷에서 흔히 사용되는 전자우편, 대화방, 게시판, 자료실 등이 그 예가 된다. 이를 웹 기반 교육에 적용시키면 상호 작용성은 매우 활발하고 창의성있는 교수 · 학습의 형태를 산출하게 되는데, 이것은 일반적으로 학습자－학습 내용, 학습자－교수자, 학습자－학습자 간의 상호 작용으로 구분된다.[25)]

소설창작 교육과 관련하여 시도할 수 있는 인터랙티브 서사 구현의 가장 일반적인 형태는 웹 사이트의 대화방(또는 게시판이나 자료실)을 이용한 '텍스트 이어쓰기'이다. 예를 들면, 교수자 · 학습자가 함께 모여 인터랙티브 서사로 작성할 텍스트의 주제 선정 과정을 갖거나 또는 발상 · 구상의 단계를 토론한 후, 그 중의 누군가가 인터넷상의 창작 대화방에 한 문장 또는 한 문단을 창작해서 올리면 이것을 각각 순서대로 이어쓰는 것이다. 물론 주제나 구상에 대한 아무런 토론을 거치지 않고 바로 창작으로 들어갈 수도 있다. 이러한 인터랙티브 서사는 일종의 공동 창작, 집단 생산의 의미를 지니고 있으므로, 소설 텍스트는 한 사람의 작가가 각고의 노력으로 이룩한 정신적인 산물이라고 하는 통념으로 보자면 거부감을 가질 수도 있다.

그러나 대학교 강의실에서 이루어지는 단편적인 소설창작 수업만으로 그와 같은 품격의 문학적 의미를 요구하는 것은 무리라고 생각

25) 이에 대한 보다 자세한 논의는 백영균 · 강신천, 『웹 기반 학습환경의 준비와 개발도구』, 원미사, 1999, pp.27-29 ; 나일주 편, 『웹 기반 교육』, 교육과학사, 1999, pp.137-139 참조.

된다. 다양한 체험과 상이한 상상력, 그리고 표현 능력의 차이가 있는 다수의 학생들이 한 공간에서 상호 작용을 하는 것은 서로에게 자극이 됨과 아울러 유용한 모방 학습의 결과를 가져온다. 인터랙티브 서사는 학습에 의한 결과 자체(예를 들면, 소설 텍스트의 완성도)보다는 학습 과정 자체에서 얻어지는 무형의 결과에서 의미를 찾아야 한다.

인터랙티브 서사의 구현은 현재의 일반적인 소설창작 교육이 안고 있는 몇 가지의 문제를 해결해 줄 수 있을 것으로 보여진다. 첫째, 이 수업은 인터넷의 가상 공간에서 이루어지므로 수강생의 숫자나 장소, 시간에 구애를 받지 않는다. 이 수업은 수강생 전체를 대상으로 할 수도 있고, 또 수강생을 몇 명의 그룹별로 나누어 실시할 수도 있다. 그러므로 수강생 숫자가 많은 경우 제대로 교육이 이루어질 수 없는 기존의 소설창작 수업의 단점을 해결해 주기도 한다. 그리고 웹 기반이 갖추어진 강의실 내에서 수업을 진행할 수도 있고, 또 반드시 강의실에서가 아니라 학생 각자가 편한 장소에서 편한 시간에 창작에 동참할 수가 있으므로 시·공간적인 제약에서 자유롭다. 둘째, 교수자-학습자, 학습자-학습자 간에 즉각적·동시적인 피드백이 가능하다. 인터랙티브 서사가 구현되는 동안 학생들은 작가인 동시에 비평가로서, 어휘, 문장, 구성 등 기본적인 소설창작의 요소들을 공유하고 비평할 수가 있다. 셋째, 기존의 소설창작 수업이 여러 가지 제약으로 인하여 단편소설 텍스트를 위주로 하는 제한적인 서사 대상을 다루었다면, 인터랙티브 서사 방법은 텍스트의 길이에 구애받지 않는 창작 연습이 가능하다. 넷째, 교육 주체가 교수자 위주에서 학습자 위주로 바뀌는 방식-인터랙티브 서사가 진행되는 과정에서 교수는 교수자의 의미보다는 다른 학생과 상호 작용하는 학습자의 역할이 강하다-이 됨으로써 학생의 자발적인 참여와 창의적인 상상력의 표현이 보다 용이하게 된다는 점이다.

물론 소설창작 교육에서 인터랙티브 서사의 구현은 위와 같은 순기능적 측면과 더불어 역기능적 측면의 문제점도 제기될 수 있다. 우선 교수·학습이 인터넷의 가상 공간에서 이루어짐으로써 현실적으로 심도있는 교육이 이루어질 수 있겠는가 하는 점이다. 그리고 이러한 교육 방법에 노정되어 있는 기계 의존성이 교육의 본질적인 성격을 손상시키는 것이 아닌가 하는 의문도 가능하다. 이것은 점차 저변이 확대되고 있는 사이버 교육이 안고 있는 문제점과 상통하는 것으로, 이에 대해서는 앞으로 오랜 논의의 과정이 필요할 것이다. 그러나 한 가지 분명한 것은, 이미 인터넷 세대로 성장하는 학생들의 교육에 있어 인터넷 자체를 교육 매체에서 제외시킬 수는 없다는 점이다. 오늘날의 학생들에게 인터넷은 이미 생활이자 현실이다. 그러므로 역기능에 대한 우려에서 인터넷을 활용한 교육 방법을 포기해서는 안되며, 역기능을 순기능으로 변화시킬 수 있는 방안을 모색하는 것이 바람직하다. 이런 이유로 해서 인터랙티브 서사의 구현은 그 순기능을 확장시킬 수 있는 방법론의 탐색을 지속할 필요가 있다.

작가의 정신 세계를 반영하는 소설창작이 교수의 몇 마디 강평과 지시로 이루어질 수 없으며, 소설 텍스트의 완성은 결국 자기 스스로의 창조성에 기반을 두고 있다. 인터랙티브 서사는 비록 타인과의 상호 작용에 근거한 글쓰기이기는 하나 학생으로 하여금 부단히 텍스트 창작의 주체로 개입할 것을 지시함으로써 소설 텍스트라는 결과물을 내놓게 한다. 인터랙티브 서사의 구현은 학습자가 흥미를 갖고 학습 과정을 주체적으로 수행할 수 있다는 점에서 그 교육적인 효과를 보여준다.

## 4. 맺음말

대학에서 수행하는 소설창작 교육의 대전제는 소설창작이 교육적인 성격을 지녀야 한다는 것이며, 이와 아울러 사회적 · 문화적 요구에도 부응해야 한다는 것이다. 본고에서 확인한 소설창작 교육의 의의와 지향점은 매우 원론적인 것으로서 구체적인 이론화의 노력과 실천화의 방안이 요청되고 있다. 특히 인문성, 전문성, 실용성으로 구분하여 살펴본 소설창작 교육의 지향점은 세 요소가 상호 보완적인 면이 있음과 아울러 상호 대립적인 면도 있음을 확인하게 된다. 이를테면 소설창작 교육은 두세 마리의 토끼를 한꺼번에 잡아야 하는 처지에 놓여 있다. 이러한 측면에서 소설창작 교육이 실제적으로 이루어지는 대학의 창작 강의실은 그 교수 · 학습 방법에 있어 시대의 변화를 매우 적극적으로 수용하고 또 사회의 새로운 패러다임에 적응해나가야 한다.

본고에서 소설 텍스트와 정보화 환경의 관련성, 소설창작 과정에서 하이퍼텍스트 서사, 멀티미디어 서사, 인터랙티브 서사 등과 같은 '디지털 서사'의 구현과 활용에 주목한 것은 우리가 오랫동안 통념으로 지녀왔던 소설 텍스트에 대한 재개념화의 의미가 있다. 본고에서는 이러한 새로운 서사의 유형들은 전통적인 소설창작의 관념에서는 낯선 것이기는 하지만 정보화 환경 속에 살고 있는 우리들이 거부하기 힘든 서사 담론의 방식임을 확인했다. 그리고 이와 관련하여 더욱 깊이있는 이론적 논의와 대학 강의실에서 수행할 수 있는 보다 다양하고 실제적인 교수 · 학습 모형에 대한 탐구가 차후의 과제로 남겨져 있음도 보았다. 교육 내용에 대한 보편적인 합의가 이루어져 있는 초 · 중등의 학교 교육과는 달리 대학에서의 창작 교육은 교수자 개인의 경험적 방법론에 의거한 창작 지도가 절대적인 권위로써 학습자를 구속하기가 쉽다. 대학교 창작 강의실에 일반화되어 있는 이러한 도제식의 수업 모형은 시급하게 해결되어야 할 과제이다. 본고의 논의가 이 과제를 풀어가기 위한 하나의 모색이 될 수 있기를 기대한다.

서두에서 밝혔듯이 대학에서의 소설창작 교육에 대한 연구는 아직 활성화되지 않았다. 따라서 앞으로 매우 다양하고 심각한 문제의 해결을 기다리고 있는 것으로 생각된다. 그리고 이러한 논의의 한가운데에 미래의 불투명성을 고민하는 학생들이 있다. 대학 교육에 있어 소설창작 교육의 전망을 여는 일은 곧 그들의 전망을 여는 일이 될 것이므로, 이에 대한 논의는 더욱 다각적으로 부단하게 추구되어야 할 것이다.

# 기억과 고백의 이야기

## —『모기』에 대하여

인간의 언어가 사유를 통제한다는 논의는 이미 새삼스러운 것이기는 하지만, 이러한 논의가 작가의 글쓰기에 대한 진정성 문제를 제기한다는 점을 눈여겨 보았으면 한다. 사유에 앞선 언어란 참으로 거대한 권력체일 수밖에 없다. 작가에게 있어서 이와 같은 권력은 온전히 작가 자신의 범주내에서 나오는 것이다. 소설은 우리가 현실에서 이루어내기 힘든 새로운 사유를 향하여 열려 있다. 이를테면 소설의 사유는 오로지 작가 스스로의 권력에 의해서만 통제될 수 있는 새로운 세계를 독자들에게 보여 준다. 따라서 작가의 글쓰기는 인간이 지니고 있는 다른 어떠한 '말하기'의 방식보다도 엄격하게 자기 절제가 요구된다고 할 수 있다. 소설은 근원적으로 은폐와 굴절의 화법이므로, 사실 또는 진실을 밝혀내기 위한 은폐와 굴절이라는 명분은 작가의 자기절제가 신뢰받고 있을 때 오롯해진다.

창작심리학에서는 소설쓰기를 두고 작가의 삶의 풀어내기로 이야기하기도 한다. 물론 어느 글쓰기인들 글쓰는 이의 느낌과 생각이 스며들지 않는 것이 없다. 그러나 특히 소설쓰기는 그것이 사건·행위의 형태로 형상화된다는 점에서 보다 구체적인 삶의 모습을 그려내게 되고, 이 경우 삶의 구체성은 온전히 작가의 체험 영역과 사고영역을 버팀돌로 하기 때문에 소설은 작가의 모습, 또는 작가의 감추어진 모습을 풀어내기에 적합한 형식이 된다. 그래서 우리는 소설의 읽어가다가, 소설의 행간 속에서 작가의 삶이 의뭉스럽게 눙쳐있음을 느끼게 될 때 그 작가를 진정한 이야기꾼으로 인정한다. 소설은 이미 거짓말 이야기지만, 그 이야기는 거짓말이 아닌 것이다. 작가의 진정성 또는 소설의 진정성은 여기에서 비롯된다.

정동수 소설집 『모기』는 능숙한 '꾼'의 이야기를 들려주고 있다. 7편의 중 · 단편이 풀어내는 이야기는 소설의 서술자인 화자의 얼굴에 작가 자신의 얼굴을 겹쳐냄으로써 소설적 이야기를 더 이상 소설속에만 갇혀 있게 하지 않는다. 나와 아버지, 나의 친구들, 아내와 장인, 이웃집 노인 등 소설의 인물들은 그대로 작가의 삶, 그리고 우리 모두의 삶에 겹겹이 맺혀진 삶의 옹이를 풀어버리는 역할을 맡고 있다. 그 옹이는 불신과 오해 등의 인간 관계, 그리고 가난함과 부박함 같은 생활 환경에서 기인하는 것인바, 정동수의 소설은 마치 해원(解寃)의 주문인 듯 "사람 산다는 것이…"라는 말을 반복하며 그간 뒤틀려져 있던 삶의 관계와 상황을 온전한 것으로 복원시킨다.

가령 「지붕 위에서 뛰어내린 사람」에서는 '낯선 사람' 또는 '딴 사람'으로 느껴져 왔던 아버지에 대한 아들인 '나'의 자기 고백이다. 돈버는 일에는 별 관심도 없고 능력도 없는 아버지가 늘 내세우는 것은 사람답게 사는 것, 물질적인 것보다는 정신적인 인정을 강조하는 사람이었다. 그런 아버지를 바라보는 아들에게 아버지로서의 부성(父性)은 도덕적이거나 윤리적인 측면에서 흠나지 않을 때 힘을 지니는 것이다. 그런데 어느 때부터인가 아들은 아버지를 여자 문제로 의심하게 되었던 것이고, 아들은 점점 커져가는 아버지에 대한 불신을 지난날 아버지가 자신에게 보여주었던 애정과 신뢰의 모습들을 반추하면서 더욱 갈등의 골이 깊어진다. 부자간이 함께한 외출의 목적지인 '옛집'에서 모든 갈등은 화해로운 국면으로 바뀌게 되므로, 이 작품이 보여주고 있는 갈등의 양상은 순전히 아들의 오해에서 기인하는 단순한 해프닝에 기대고 있는 셈이다.

따라서 우리는 이 작품의 결말에서 의미를 찾을 것이 아니라 결말에 이르기까지 다양하게 변주되는 아들의 내면 심리를 읽을 필요가 있다. 즉, 이 작품에서 지속되고 있는 불신과 신뢰의 변주가 기실 아버지에 대한 믿음의 끈을 놓치지 않으려는 아들의 안타까운 몸짓을 더욱 절실한 것으로 증폭시켜 주고 있다는 점이다. 아들은 아버지의 본면을 퇴락한 옛집에서 대면함으로써 그간의 오해를 벗고 아버지의 손을 잡는다. 아버지와 아들 사이에 개재한 세대간의 단절은 "내 가슴속에 거대한 고목 하나가 새로운 싹으로 자라나는 것을 나는 보았다"는 행간에서 불화를 극복하고 '고목'과 '싹'의 연속성을 확인한다. 그러나 우리는 이미 이러한 결말에 이르는 과정에서 아버지의 외도 여부가 이 작품의 주제 의식에는 별다른 영향을 끼지지 못함을 알고 있다. 어떠한 경우였던간에 아들은 아버지라는 고목을 거부하지 않을 것임을 아들의 내면 풍경이 드러내고 있기 때문이다. 부자간의 외출이 만들어내는 이 잔잔한 풍경 속에 가족애의 견고함을 담아둔 이 지점에서 정동수의 소설은 글쓰기의 진정성을 확보하는 것이다.

「몽당연필」은 전쟁 시절의 궁핍하고 각박한 삶이 미제 몽당연필 한 자루에 투사되고 있다. 췌장암으로 사망한 초등학교 동창 '영철'이와 '나'의 사이에는 다른 동창생들이나 또래의 마을 친구들과는 달리 서로 격의없는 말이 오가지 않는 마음 속의 앙금이 있다. 어릴 적에 영철이는 나의 몽당연필을 훔쳤던 것이고, 세월이 흘러 영철이가 그 사실을 고백하고 사과를 했음에도 불구하고 영철이가 죽음에 이를 때까지도 둘 사이는 서먹했 왔던 것이다. 그러므로 영철이가 사망한 마당에 지난 시절의 응어리를 풀어내 버려야 하는 것은 당연한 귀결이며, 몽당연필은 '영철이의 무덤 속에 묻어 버려야' 한다. 그런데 "몽당연필은 잡으려 하면 할수록 더욱더 숫자가 늘어나는 것이었다. 점점 더 늘어나 나중에는 허공이 몽당연필로 꽉 찼다"는 것은 무슨 연유인가? 이는 아마도 몽당연필 한 자루에 얽힌 사소한 불화로 인하여 친구와의 소중한 관계를 그르친 '나'의 후회에 가득찬 자기고백이 아닐까.

또한 이 작품은 영철과의 일뿐만 아니라 나를 대신해서 미군에게 끌려가 개에게 물린 형의 이야기도 들려주고 있다. 평생 없어지지 않는 손등의 상처를 간직해 온 형이 경매를 면하기 위해 나의 택지를 저당잡혀 대출받자는 부탁을 해왔을 때 나는 간단하게 거절해 버렸던 것이다. 따라서 영철이를 문상하는 술자리에서 '형이 사라진 뒷모습의 잔영'을 보는 것은 매우 의미심장하다. 형제간과 동기간의 우애를 제대로 실천하지 못한 '나'의 삶의 파편들이 서로 겹쳐지며 회한의 정서를 불러일으키는 것이다.

이러한 회한의 정서는, 초등학교 시절에 사탕 하나로 인하여 맺혀진 '만길'과의 응어리를 40여 년이 지나 제부도로 만길을 찾아감으로써 마침내 오해가 이해로 변하고 있는 「눈깔사탕」에서도 마찬가지로 발견되며, 다른 작품들인 「이웃」, 「모기」, 「꿈」 등에서도 부분적으로 감동과 함께 다가오고 있다. 정동수의 이번 소설집은 한마디로 추억과 기억이 낳은 기록이며, 자기 고백과 회한의 이야기라고 할 만하다.

작가의 글쓰기가 은폐와 굴절의 화법이기는 하지만, 이와 같은 정동수의 소설이 보여주는 '말하기'의 방식은 그 진정성이 매우 신뢰받는 경우가 될 수 있으리라 본다. 작가의 체험 영역과 상상 영역의 간극이 그다지 멀어 보이지 않는 이 작품들에서 더욱이나 작가의 고백적 언사를 느끼게 되는 것은 요즈음의 우리 소설에서 그리 흔한 경우가 아니다. 그러나 운명적으로 자신의 삶을 풀어내버려야 하는 작가들에게 있어 이 소설집에서 정동수가 취하고 있는 말하기의 방식은 보수적이되 정통에 속하는 것이다. 그런 만큼 견고하다.

이 소설집에서 정동수는 대부분 화해로운 국면을 조성한다. 불화와 오해는 그 응어리를 풀고 있으며, 삶의 각박함으로 인하여 상처난 이들에게는 위로의 손길을 내밀어 준다. 그런데 이 소설집은 또 한편으로 지난날의 고단했던 삶이 드리운 그늘도 느끼게 해준다. 지금은 반월공단의 조성으로 잃어버린 고향, 고향의 상실과 함께 사라져버린 어린 시절의 기억과 사람들, 그리고 잃어버린 삶… 이러한 상실감과 비애를 적당한 해학으로 버무려서 읽는 재미와 느끼는 재미를 아울러 건네주는 이번 소설집은 이야기꾼 정동수의 면모를 다시금 확인시키는 계기가 되고 있다.

# 갈등을 넘어서는 두 개의 시선

## —『갈등을 넘어서』에 대하여

서사 양식의 역사적인 전개 과정에 있어 근대 소설의 특징적인 성격을 드러내는 요소 중의 하나로서 집단과 개인 간의 갈등의 표출이라고 하는 점을 주목할 수 있다. 즉 근대 이전의 소설은 집단의 공동체적 의식을 표현함으로 해서 개인과 불화를 일으키지 않지만, 근대 이후의 소설은 개인 의식이 집단과 대립하는 양상을 보여주고 있는 것이다.

이와 같은 소설의 성격 변화는 산업화의 사회 구조적 변동과 동일한 형태를 취한다. 가령, 농경 시대처럼 공동의 작업으로 농사를 짓던 사회 구조 속에서의 개인은 자신의 가치 체계와 집단의 가치 체계를 일치화할 수 있었다. 봄에 씨를 뿌리는 일은 나의 일이고 우리의 일이었으며, 가을의 풍성한 수확은 모든 이들이 공평하게 나누어 갖는 행복이었다. 그러나 산업화 이후 개인과 집단의 관계는 더 이상 조화롭지 못하게 되는데, 이 점은 산업 사회의 핵심 요소인 노동 생산에서 뚜렷하게 드러난다. K. 마르크스가 진단한 바와 같이, 산업 사회의 노동 분업은 노동의 생산력과 사회적 부를 높이는 것에

반하여 노동자를 기계로 영락시키고 있다. 노동은 자본의 축적을 유도해서 사회 복지를 증진시키지만, 노동자를 자본에 종속시키고 보다 극심한 경쟁 속에 빠뜨린다. '노동자를 초과 생산의 사냥터로 몰고간다'는 마르크스의 표현에 드러나는 것처럼 노동자들은 생산에 참여하면서도 그 생산이 노동자 자신을 위한 것이 아니라 자본가를 위한 것으로 생각한다.

근대 소설은 바로 이와 같은 근대의 사회적 성격인 개인과 집단 간의 갈등 양상을 내포하고 있다. 따라서 이른바 '문제적 인물'이 주인공으로 등장하고, 그 주인공의 문제적 행동이 사회적 문제를 환기시킴으로써 사회 구조의 불합리한 측면에 대한 비판적 시선을 견지하게 되는 것이다. 이런 점에서 이동희를 비롯한 14명의 작가가 함께 묶은 소설집 『갈등을 넘어서』를 읽으며 새삼스럽게 근대 소설의 태생적인 성격을 되새기게 된다. 이 소설집이 담고 있는 작품들은 책의 제목에서도 드러나듯이 우리 사회의 다양한 '갈등'의 양상을 이야깃거리로 삼고 있는데, 이러한 갈등의 다양성은 곧 우리 삶과 사회가 지니고 있는 각양각색의 현존에 대한 접근일 것이다. 다시 말하면, 이 작품집이 그려내고 있는 갈등의 모습은 그 자체로 우리의 현존이며, 우리가 껴안고 고뇌하는 문제성의 표출인 것이다.

특히 이 소설집은 권말에 붙인 김명준의 평론 「분단현실의 인식과 후기산업사회의 초상」이 적절하게 구분하고 있듯이, '분단 현실'과 '후기 산업 사회의 상황'이라고 하는 두 가지 시선으로 갈등의 다양성을 예각화하고 있다는 점이 특색으로 지적된다. 예를 들면 이동희의 「일탈과 욕망－멀리멀리 갔었네4」, 김양호의 「베트남으로 가는 길」, 조완선의 「임진강 소나무」, 조은락의 「유산」 등의 작품은 우리의 분단 현실에 의하여 배태된 갈등의 양태와 그것의 극복에 시선이 맞추어져 있다. 그리고 정동수의 「수인선②-원곡역에서」, 류보상의 「패자의 웃음」, 최수웅의 「나무무덤에 내리는 눈」, 해이수의 「우리 전통 무용단」 등은 우리 사회의 세태에 접근하여 이념적 · 문화적 · 풍속적 갈등 양상을 드러냄과 아울러 그 갈등의 매듭이 풀려나는 장면을 보여준다.

> ⅰ) 화장한 영감을 뿌리기로 마음먹은 장소는 강화의 석모도였다. 그래서 군이 승용차를 몰고 온 것이었다.
>
> 석모도에서 뼛가루를 뿌리면 간만의 차가 큰 서해안의 들물이 단숨에 북쪽까지 들어찰 것이며, 들물을 따라 영감의 뼛가루도 북쪽으로 흘러갈 거였다. 그곳이 연백이든 장연이든 해주든 장산곶이든, 임진강이나 예성강이든 알 바 아니었다. 뿌려진 뼛가루가 공부엽인지 천삼칠인지도 알 바 아니었다.
>
> — 김양호, 「베트남으로 가는 길」 중에서

> ⅱ) "어느 나라에서 온 공연단이죠?"
>
> 음악 소리가 거의 들리지 않는 곳에서 나도 덩달아 막춤을 추며 큰 소리로 대답했다.
>
> "대한민국 순수 전통 무용단이에요! 모두 수석급 무용수들이죠!"
>
> 그녀는 윙크를 찡긋 보내며 엄지손가락을 치켜들었다.
>
> "어쩐지 너무 환상적이에요!"
>
> 산다는 건 전쟁이 아닐지도 몰랐다. 최소한 화염 속에 피어난 축제일지도 몰랐다.
>
> — 해이수, 「우리 전통 무용단」 중에서

위의 행간들에서 손쉽게 느낄 수 있듯이 '갈등의 풀림'이란 분단, 경계, 억압, 편견과 같은 모든 대립적인 요소들이 무화(無化)되는 시공간을 연출한다. 가령 ⅰ)의 작품은 생전에 증오와 불신의 대상이었던 아버지가 임종한 후 그의 유해를 석모도에 뿌림으로써 고향땅에 대한 아버지의 기원을 받아들이고, 이것이 아들과 아버지 사이에 개재해 있던 갈등을 해소하는 의식이 된다. 남과 북의 공간적 경계, 그리고 아버지와 아들의 심정적 경계를 허물어뜨리는 것이 이 작품의 소설적 전략인 것이다. ii)의 작품은 늙고 초라한 모국의 관광객들을 안내하는 관광 가이드 '나'의 편견과 속물스러움이 점차 민족적 공감과 인간애로 바뀌어가는 여정을 그려내고 있다. 나에게 '산다는 건 전쟁'이었던 까닭은 타국에서 살아남아야 하는 극도의 경쟁심리에 기인한 것이었다. 그러나 고국의 할머니들이 빚어내는 춤사위의 진솔함이 나로 하여금 그간 고국과 동포에 대해 가졌던 편견, 그리고 자기 스스로에 대해 품었던 억압적 심리를 풀어헤치게 한다. 그것은 '축제'가 아닐 수 없는 것이다.

이 소설집이 드러내놓고 '갈등 넘어서기'를 지향하는 일관된 주제의식을 표방하고 있음은 다른 작품들에서도 뚜렷하게 확인된다. 이들 작품들에 등장하는 지식인, 실향민, 농민, 공무원, 대학생, 불법체류자 등등 다양한 인물 군상은 전쟁, 분단, 산업화, 도시화, 민주화운동과 같은 굵직굵직한 우리의 역사와 겹쳐져 있기 때문에 대부분 우리 사회의 아픈 상처이거나 매섭고 어두운 현실을 드러내는 주체이다. 그러나 이들 군상이 바로 우리의 자화상임을 어찌하랴. 우리는 이들을 통해 갈등을 넘어서서 만나게 될 시대를 꿈꿀 수밖에 없다. 이 점이 소설집 『갈등을 넘어서』를 의미있게 보아야 할 부분인 것이다.

# 낮은 곳을 향한 산문 정신

## —『큰 삶 작은 이야기』에 대하여

### 1

글이란 근원적으로 글쓰는 이의 자의식의 구현이다. 문학에서는 이를 표현론이라 하여 문학의 본질을 밝히는 전통적인 논의의 한 흐름을 이어온 것이지만, 기실 문학이 작가의 내면 세계를 외부 세계로 드러내는 기능을 제대로 갖고 있지 않았다면 그다지 매력적이고 의미있는 것이 될 수는 없었을 것이다. 왜냐하면 인간에게 있어 자기표현의 욕망은 거의 본능적인 것이라고 할 수 있기 때문이다. 그러한 자기표현이 충동적인 감성이거나 또는 오래도록 곰삭은 철학적 인식이나 논리거나간에 그것은 인간적인 삶에 반드시 충족되어야만 하는 욕망인 것이며, 문학은 그와 같은 욕망을 실현하는 하나의 도구이다. 그러므로 '세계 속에서 만족스러운 대상을 향한 끝없는 탐구'라는 라캉(J. Lacan)식의 욕망에 대한 이해는 별로 새로울 것이 없는 개념일 수도 있겠다. 그것은 결국 인간의 자기존재의 표현, 혹은 자기존재의 확인에 다름아니다. 문학이란 것은 이를테면 자기를 드러내거나 자기를 확인하고자 하는 욕망의 과정이며 그 결과라고 할 수 있다.

이러한 글쓰기의 욕망과 더불어 우리에게는 또한 글읽기의 욕망이 있다. 그것은 바로 내가 아닌 다른 인간을 '발견'함으로써 자신의 존재-경험, 인식, 정서 등을 두루 아우르는-를 더욱 확충시키고자 하는 것이다. 단독자로서의 인간 존재가 결코 가능할 수 없음은 물론이거니와 인간은 더불어 있는 현상 그 자체만으로는 만족하지 못한다. 자아가 타아에게 깊이 관여하고, 또한 타아가 자아에게 관여하여 줄 것을 욕망하는 것이 인간의 삶이다. 김소월의 「산유화」가 '저만치'의 거리에서 혼자 피어 있는 꽃을 불러들이듯이, 김춘수의 「꽃」이 다만 하나의 몸짓에 지나지 않는 꽃에게 이름을 불러줌으로써 존재의 의미를 탄생시키듯이 글읽기는 저 먼곳의 타아를 나에게로 이끄는 통로가 된다. 글의 행간에서 자아와 타아는 담화하고 교감하며 서로에게 깊이 스며든다. 이것이 문학의 소통이며, 우리가 작품에 대하여 깊이 공감하는 심리적 기제이다.

그러나 글쓰기와 글읽기의 욕망이 인간의 본성에 근거하고 있는 것임에도 불구하고 그것은 인간으로 하여금 엄격한 자기통제의 지적 성찰을 가능하게 해준다는 점에서 보다 가치있는 인간 행위가 된다. 즉 글에의 욕망은 본성의 충족에 따르는 쾌락을 추구하는 것이 아니라 끊임없이 자신과 자신의 세계를 반성하고 회의하는 사색을 추구한다. 이를테면 글이란 것은 무사한 일상의 눈으로 자아와 세계를 범상하게 들여다보고 있는 스스로를 매몰차게 흔들어 깨우는 각성제인 것이다. 글을 통하여 우리는 세월의 너울에 무디어진 감성을 불러내어 삶의 아름다움을 다시 느끼게도 하고, 생활의 고단함으로 어느덧 잊혀져 있던 신념을 선연히 불러내기도 하며, 미처 깨닫지 못하고 있던 우리 사회의 불의와 비인간성을 벗겨내어 전율하게도 한다. 글은 이렇듯이 고통스런 욕망이다.

수필은 이와 같은 '글의 욕망'이 가장 순수하게 반영되는 장르라고 할 수 있겠다. 시의 경우처럼 은유나 상징 같은 미적 장치의 구축을 굳이 요구하지도 않으며, 소설의 경우처럼 사실을 가장한 허구의 구조물을 세우기 위하여 시치미를 떼지 않아도 된다. 수필은 애초부터 작가 자신이 아닌 화자가 나서서 립싱크하는 형식을 거부해왔다. 홍매(洪邁)의 말마따나 "앞뒤의 차례를 가려 챙길 것도 없이 바로바로 적어놓은 것"(隨卽記錄 因其後先 無復詮次)이기 때문에 수필은 날것 그대로의 내음과 빛깔이 오히려 참맛을 우려낸다. 우리의 주위에는 참으로 세련되고 정갈한 매무새를 지닌 문학작품들이 많이 있지만, 문득 삶의 국면들이 황량해지거나 고적해질 때 서가에서 뽑아드는 것은 수필집이기 십상이다. 그것은 이내 사람의 숨결을 지니고 말을 건네옴으로써 더 이상 우리를 어두운 동굴에 혼자 남겨두지 않는다. 수필 속에서 우리들은 서로 교감한다.

인간의 교감으로 충만한 곳에는 인간답지 못한 것이 스며들 여지가 없다. 수필이 자아와 세계의 모습에서 가식과 허례를 비춰내고 삶의 허상을 질타할 수 있는 것은 그와 이유에서일 것이다. 수필의 행간에 내포되어 있는 사색의 기록들은 미적인 쾌락이나 정서적인 고양을 일깨우는 데 매우 요긴한 것이기는 하지만, 그에 더불어 우리 자신과 사회를 되돌아보는 비판적 성찰의 기록으로 남겨질 때에 보다 확충된 문학적 의미망을 갖는다. 수필이 가장 산문 정신에 투철한 문학일 수 있는 까닭이 여기에서 찾아진다. 수필은 그 문채의 부드러움 속에 날 선 비판적 인식을 품고 있는 것이다.

## 2

중재 장충식 선생의 세번째 수필집인 『큰 삶 작은 이야기』는 우리에게 미리 중재의 수필을 읽어가는 두 가지의 독법을 제시해 주고 있다. 첫 번째는 '큰 삶'이 '큰 이야기'를 하는 것이 아니라 말그대로 '작은 이야기'를 하고 있다는 점이며, 두 번째는 중재의 글이 '작은 이야기'임에도 불구하고 기실은 '큰 이야기'의 진폭과 감응력을 지니고 있다는 점이다.

이른바 큰 삶으로 호칭되는 고위 공직자나 정치가, 대재벌의 이야기가 그들의 큰 삶을 더욱 크게 확대하고 화려하게 포장해 왔음을 우리는 익히 보았다. 그들은 그 이야기 속에서 구국의 영웅으로 역사를 이끌어가며, 국민의 선도자이며 세계의 경영자이다. 그래서 그다지 크지 못한 삶을 살아가는 많은 우리는 그들의 이야기에 주눅들어 의기소침해지기도 하고, 또 한편으로는 그들의 삶을 동경하여 마지 않음으로써 자신의 삶이 초라하고 보잘것없어 보이기도 했다. 그리고 그도저도 아니라면 우리와 전혀 관계없는 거인국의 이야기로 외면하기까지도 했다. 큰 삶이나 큰 이야기가 남겨놓은 상처가 아닐 수 없다. 그러나 중재의 시선은 애초부터 큰 삶과는 거리가 먼 곳에 닿아 있다. 그의 눈과 의식은 전과자, 장애인, 청소부, 노인, 고아원생과 같은 사회의 약자층을 우선적으로 '발견'하는 것이다.

> 원생들이 입고 있는 남루한 옷, 악취에 찌든 원생들의 숙소와 영양 실조에 앙상한 원생들의 몰골은 차마 비참해서 똑바른 의식을 가지고는 바라볼 수가 없었다. 뜰에서 놀고 있는 원생들 중에 16세 가량 되어 보이는 임신한 소녀를 발견하고 나는 더욱 놀랬다. 그 소녀를 붙들고 왜 배가 부르냐고 물어 보았지만 히죽히죽 웃을 뿐 자기

가 임신하고 있는 사실조차도 모르고 있는 것 같았다.

—「자선 사업의 정도」 중에서

우리 사회가 물질의 풍요함과 외양의 화려함에 만연되어 있으며, 삶의 가치가 또한 그러한 풍조에서 벗어나기가 쉽지 않음은 물론이다. 그런 가운데서 남루하고 굶주린 고아원생, 자신이 임신한 사실조차도 인지하지 못하는 정신박약의 소녀는 가장 밝은 빛의 뒤에 남겨진 가장 어두운 환부인 셈이다. 그러기에 빛의 현란함을 좇는 시선에는 그 어두움이 노출되지 않는다. 또는 그것이 노출되는 경우에라도 의식적으로 눈감아버리기도 한다. 그러나 중재는 수필집의 전편을 통하여 빛에 가려진 어둠을 주목하고 있다.

군대를 탈영하여 전과자가 된 L군을 옥바라지하고 그 가족을 돌보아 주었으며, 그를 취직시키고 공부시켜 어엿한 한 사람의 사회인이자 가장으로 이끌어준 사연이 실려 있는 「한 전과자와의 소중한 인연」은 소중한 인간애의 기록이다. 신체장애자라는 이유로 법관 임명을 거부한 관계자들을 향하여 "자신들에게 장애자 아들 딸이 있었다면 과연 장애자에게 뼈에 사무치는 이러한 극단적인 처사를 할 수 있을까"(「사법부의 잔애자 박대」) 하고 반문한다. 미화원으로 일하는 홀어머니를 모시고 사글세방에서 산다는 이유로 오랫동안 사귀어 온 여성과 결혼을 할 수 없게 된 K군, 중재는 그를 위하여 여자쪽의 부모를 애써 설득하고 주례까지 서서 결혼에 이르게 한다(「직업은 인간 평가하는 기준이 아니다」). 또 「가정부 할머니」라는 글을 보면 집안에 가정부로 들어온 할머니를 마치 어머니 모시듯이 하고, 그 할머니에게서 모정을 느끼기도 한다. 중재의 시선은 이처럼 낮고 어두운 곳을 향해 있다.

약하고 가난한 사람들을 비추는 중재의 '작은 이야기'는 인간 군상뿐만이 아니라 인간과 인간의 관계양상에 있어서도 그 작고 사소함으로 인하여 지나치기 쉬운 것들을 주시한다. 반상회, 이민, 약속, 주례, 빚, 저울의 눈금, 선물, 질서, 유산 등등 중재의 수필에서 만나게 되는 일상의 편린들은 우리가 피천득의 수필에서 보아왔던 '일상의 자잘함' 그것이다. 그런데 피천득의 경우 그것은 일상의 자잘함이 드러내는 아름다움이었다면, 중재의 경우 그것은 일상의 자잘한 아름다움을 가려버리는 잘못된 세태나 행태이다.

> 요즈음은 제자들이 선물을 들고 찾아오는 것이 부담될 뿐만 아니라 부담의 한계를 지나쳐서 짜증이 날 정도로 세상이 달라진 것이다. 평소 존경하고 가르쳐 주셨고 결혼의 주례까지 맡아 주셨던 스승을 한 젊은이가 정성어린 마음으로 작은 선물을 들고 찾아갔다가 대문 밖에서 면회를 거절당하고 가지고 갔던 선물조차 받아 주지 않으므로 그냥 되돌아온 일까지 있었다고 한다. 해야 할 일과 해서는 안될 일들이 어떤 형식에 매어져서 분간될 수 없다면 이 또한 사람 사는 사회의 인정이 각박해질 수밖에 없는 것이다.
>
> —「'선물 안받기 운동' 유감」 중에서

인간사의 무슨 일이든 해야 할 일과 해서는 안될 일의 구분은 인간관계의 끈을 놓치지 않는 방향으로 진행되어야 마땅하다. 그런데 스승과 제자간에 오가야 할 존경과 사랑이 선물이라는 형식에 의하여 상처를 입게 된다면 그 세태는 각박하기 이를데 없다. 이런 세태에서는 이미 선물을 받고 안받고의 문제를 떠나 사제간의 정리가 의심받고 있음을 우려하게 된다. '시간 관념'에 있어서도 마찬가지의 이야기가 가능하다. 「누구에게나 시간은 황금이다」에서, 중재는 자신의 경험에 비추어 사회적 지위가 높은 사람일수록 시간이 없다고 함을 말한다. 물론 하는 일이 많아서도 그렇고 만나야 할 사람도 많다 보면 하루의 스물네 시간이 모자랄 수도 있다. 그러나 돈도 권력도 없는 사람이나 친구들이 만나고 싶다고 할 때 거절하기 쉬운 대답은 '시간이 없다'는 것이 가장 좋은 핑계가 되는 것 같다. 이럴 때 시간은 이미 있고 없고의 문제를 떠나서 인간관계의 단절을 보여주기에 충분한 것이다.

따라서 중재가 우려하는 것은 일상적인 세태나 풍조의 단순한 어긋남이 아니라 그 어긋남으로 인하여 장차 초래하게 될 더욱 심각한 어긋남의 양상이다. 오랜 세월을 대학교육에 헌신하여 온 중재의 지성의 힘은 아주 사소하게 느껴지는 일상의 국면에서도 사회와 국가, 더 나아가서는 사람살이의 근원에 천착하는 문제성을 확인하게 된다. 이 지점에서 중재의 '작은 이야기'는 '큰 이야기'의 진폭으로 확대된다.

## 3

중재는 작은 삶들의 작은 이야기를 통하여 우리 삶의 어두운 현실에 발을 내리고 있다. 그리고 그곳에서, 자기 자신뿐만 아니라 미처 그곳에 닿지 못한 이들을 향하여 공동체 의식을 일깨우는 비판적 성찰을 수행한다.

> 중재 장충식 박사의 글에는 메시지가 깔려 있다. 소재에 따라 강하고 약한 차이는 있지만, 그 어느 글에도 메시지가 풍긴다. 어떤 것은 전류와 같이 와 닿는다. '글은 사람이다.' 글을 읽으면 글 쓴 사람이 드러나게 마련이지만, 특히 에세이 같은 글에서는 필자의 개성, 사상, 주장 같은 것이 표면에 드러나게 마련이다. 중재의 경우, 드러날 정도가 아니라, 드러내려는 의지가 보인다. 적극적 자기표현이다.
>
> — 공덕룡, 「글은 사람이다」 중에서

위의 인용문에 적절하게 지적되고 있듯이 중재는 자기 자신을 적극적으로 드러내려는 의지를 지니는바, 그것은 앞서 이야기된 것처럼 여타의 '큰 삶'들이 보여주는 과대포장의 자기 표현이 아니다. 적극적인 대타아적·대사회적 발언의 연장선에서 중재는 지식인의 지조, 나라 사랑과 이웃 사랑, 진실된 교육과 교육자상, 신의와 봉사정신, 국민성, 극일, 평화, 질서 의식과 역사 의식 등이 이야기된다. 우리의 그의 이야기를 들으며 부끄러움을 느끼거나 분노하기도 하고, 또 새로운 신념을 앙다물기도 한다. 중재의 글이 그처럼 호소력있게 다가온다는 뜻이다. 그런데 여기에서 다시 한번 확인해 두어야 할 것은 그와 같은 중재의 큰 이야기로서의 진폭은 어디까지나 작은 이야기가 감추고 있던 팽창력에 의한 것이지 처음부터 큰 이야기가 지향된 것은 아니라는 점이다.

가령 '시간'과 관련하여 중재는 사회 지도층의 비판에까지 이르는 인식의 확대를 보인다. 시간을 지키는 일은 우리 생활에서 가장 작은 약속일 수 있다. 그러나 작은 일들을 무겁게 생각하고 성실하게 다루는 습관이 길들어질 때 하기 힘들고 힘에 겨운 일들도 성실하고 틀림없이 성취하게 되는 것이다. 중재의 인식론이라 할 '작은 것에서 큰 것으로'의 면모가 보이는 장면이다. 그래서 중재는 소위 '지체 높은 사람들'이 작은 것을 지키지 않음으로써 큰 것을 그르치게 됨을 이야기하며 이를 비판한다.

> 지체 높은 사람들만이 바쁜 것이 아니다. 지체 높은 사람들만이 나라의 큰 일을 하는 것은 아니다. 이 나라의 발전이 지체 높은 사람들만의 힘으로 이루어진 것은 아니다. 저 말단에서 일하는 사람들도 바쁘고 일이 많은 것이다. 이 나라가 올바르게 그리고 건전하고도 성실하게 발전하려면 권력을 잡고 국사를 논하는 사람들이 시간을 엄수하는 풍토를 조성해야만, 나라 안의 구석구석에 멍들고 시들

어 있는 여러 가지 일들이 올바르게 잡아질 것이다.

—「남의 시간을 훔치지 말자」 중에서

또한 「자선 사업의 정도」에서, 고아원이 불결하고 부실하게 운영되고 있는 사실을 고아원 원장의 잘못만으로 돌리지 않고 사회의 공동체적 책임임을 강조하고 있다. 불우한 사람을 돕는 일은 자선 사업가의 일이라고 생각하는 우리 사회의 관념은 매우 잘못된 것으로서, 자선 사업 단체나 사회 봉사 기관의 사업 활동에 무관심한 우리 모두에게 잘못이 있다는 것이다. 사회의 복지 실현은 한두 사람의 자비심과 박애 정신만으로 실현되지 않는다. '우리들' 모두가 덜 먹고 덜 입고 절약하여 자선 사업에 기여하는 사회 공동체적 책임 의식과 역할 수행이 있어야 하는 것이다.

중재는 이러한 공동체 의식을 그의 글 곳곳에서 힘주어 강조하고 있는데, 중재에 따르자면 그러한 공동체 의식은 '희생'과 '봉사'의 정신으로 구체화된다. 세상의 많은 직업 중에서도 중재가 아주 가치 있게 생각하는 직업은 '남의 불행을 어루만지는 직업'으로서 가령 장의사가 그중 하나이다. 보통 사람의 경우라면 동물의 시체만 보아도 기겁을 하고 몸서리칠 정도로 불쾌감을 느낄 형편인데, 별의별 장소에서 생전 보지 못했던 이 사람 저 사람의 차디찬 시체를 염한다는 것은 여간 어려운 일이 아니다. 그런데 죽은 사람의 뒷일을 깨끗이 정리해서 슬픔에 잠겨 있는 사람들의 마음을 위로해 준다는 봉사의 마음이 결여되어 있다면, 장의사로 존사하는 사람은 항상 사람이 빨리 죽기를 기다리거나 많은 사람들이 죽기를 희망하는 가장 잔인한 사람이 된다. 어려운 직업에 종사하는 사람들의 마음이 착하고 아름다울 때 그 직업은 숭고하고 보람있으며, 병들고 불행한 사람들을 위해 자기를 희생하는 마음을 가진 직업인이야말로 세상에서 가장 존경받을 수 있는 것이다(「불행을 어루만지는 직업들」).

중재에게 있어 이러한 희생과 봉사의 정신은 물론 '큰 삶'으로서의 사회인식에 근거하는 양심의 소리일 것이다. 그러나 단언하건대, 중재는 결코 단순히 큰 삶이기 때문에 그러한 양심의 소리를 반복하는 것이 아니다. 중재가 교육자로서 또는 대학의 운영자로서 실천해 왔던 희생과 봉사의 실천적 양상은 이 글의 성격과 너무 동떨어져 있으므로 부득이 할애할 수밖에 없지만, 중재가 몸소 실천하여 온 '나눔의 철학'은 아마도 그가 어린 시절부터 품어왔던 생래적인 성격에 기인하는 것으로서 그의 어머니에게서 이어받은 것으로 보아야 하겠다. 중재는 「가을이 좋은 이유」에서, 보릿고개가 있던 시절에 함께 뛰놀던 친구들이 끼니를 거르는 것을 아주 마음아파 하였다는 이야기를 하고 있다. 그래서 학교에서 집으로 돌아올 적마다 점심을 굶고 지낸 친구들을 데리고 와서 함께 음식을 나누어 먹는 일이 가장 기뻤으며, 그런 생활을 반복할 수 있도록 해준 그의 어머니에게 사랑과 존경을 뜻을 드러낸다. 재물보다도 인정을 소중히 생각하라던 어머니의 가르침은 우리의 보잘것 없는 인생에 무엇인가 삶에 대한 보람을 느낄 수 있도록 길잡이가 되어 주었다는 것이다.

중재의 글에서 드러나고 있는 '가족애'의 모습이 이를테면 밖으로 향한 '인간애'의 바탕인 셈이다. 중재는 이 책의 서문이 되는 「가족과 대화하는 마음으로」에서, 그 동안 학교 일과 사회 일로 바쁜 나날을 보내면서 가족들과 충분한 대화의 시간을 가지지 못했던 빚을 갚는 의미로 아들 딸에게 애비 된 입장에서 무엇인가 들려주고 싶었던 이야기를 썼다고 밝혔다. 참으로 소박한 글쓴이의 소회이다. 그러나 그가 들려주는 가족에 대한 이야기에는 가장으로서, 또는 아버지로서의 뜨거움이 느껴진다.

나야 사내인지라 늙고 병들어 죽는 날이 곧 다가온들 무엇이 그리 섭섭하겠는가만은, 그래도 아내를 위해서는 쉴 사이 없이 흘러만 가는 세월을 잠시라도 묶어 놓고 싶은 심정이다.

—「아내의 아름다움」중에서

우리 내외에게 꿈과 희망이 있다면 아이들의 출세보다는 아이들의 인간성이 착하게 다듬어지는 것이다. 물질의 풍요보다는 어려운 사람과 나누어 가지면서 사는 생활에서 기쁨을 얻는 인간이 되어 주기를 바랄 뿐이다. 권세와 출세를 위해서 남의 것을 빼앗는 것보다는 권세와 출세의 길에서 가장 뒤진 자리에서 말없이 사는 한이 있더라도 내것을 남에게 나누어 주고 남이 기뻐하고 즐거워하고 남의 기쁨과 웃음을 바라보는 생활 속에서 참된 생활의 행복을 느낄 수 있는 인간으로 성장하길 바란다.

—「할머니 가정부」중에서

아내와 늙음을 안타까워하고 자녀들이 출세와 권세보다는 참된 생활의 행복을 느끼는 사람으로 성장해 주기를 바라는 중재의 진솔한 목소리는 수필만이 담을 수 있는 담백한 사랑의 표현이다. 미셀러니(miscellany)의 성격이 빛을 발하는 부분인 것이다. 이와 같이 중재의 글이 작은 이야기를 하고 있음에도 불구하고 큰 이야기로서의 진폭을 보여주는 것은 글의 대부분이 가정과 학교, 사회 경험에서 얻어진 경험을 바탕으로 얻어진 추체험의 내용을 지니기 까닭이다. 실제 생활과 인생 여정의 파편들에서 지각되는 관념과 사변이 중재 수필의 원천에서 끊임없이 상승작용을 일으킨다. 우리가 중재의 수필에서 '큰 이야기'로서의 감동과 성찰을 만나게 되는 것은 그의 글이 가족과 이웃, 그리고 사회 전체로 확대되어가는 인간적인 사랑의 담론이 가능하게 하기 때문인 것이다.

## 4

세상에는 이야기가 많다. 그 이야기들은 아마도 큰 이야기와 작은 이야기, 거짓된 이야기와 진실된 이야기, 다른 이를 감동시키는 이야기와 그렇지 못한 이야기로 나누어질 것이다. 우리가 지금까지 읽어온 중재의 수필이 어떤 이야기였던가는 굳이 정리할 필요가 없겠다. 현실 세계에서는 한 개인의 자기 표현이 사회라고 하는 거울에 비춰지게 되지만, 문학적인 세계에서는 사회가 개인의 표현 속에 비춰진다. 세상를 바라보는 눈이 바로 그의 글이다. 글은 사회를 보고, 세상을 담는다. 그러기에 진정한 글이란 고통스런 욕망일 수밖에 없다.

> 사람은 늙으면 늙어갈수록 욕심이 많아진다고 한다. 삶에 대한 욕심, 돈에 대한 욕심, 권력에 대한 욕심이 많아진다고 한다. 그러나 인간이 늙으면 늙어갈수록 이 세상에서 못다 한 일로 속죄의 길을 찾는다면 권력과 돈의 욕심을 버리고 젊은이들을 위해 특히 어영부영 제멋대로 살아가는 젊은이들이 보다 올바른 인생의 지표를 향해 꿋꿋하게 살아갈 수 있도록 사랑과 인정과 인내심을 가지고 봉사해야 할 것이다. 이 길만이 늙어가는 인간이 젊은이들을 인도하는 가장 아름다운 삶일 것이나.
>
> ―「마지막 남은 한 길」 중에서

우리의 삶은 돈의 욕망, 권력의 욕망과 같은 헛된 욕망으로 가득 차 있다. 글의 욕망은 그러한 헛된 욕망에서 벗어나 가장 아름다운 삶을 지향하기 위한 엄숙한 자기성찰의 기록이다. 앞에서 우리는 중재의 시선이 세상의 낮은 이들, 그리고 세상의 작은 이야기에 우선적으로 닿고 있음을 보았다. 남을 위한다는 일이 얼마나 아름답고 숭고한 일이라는 것을 분명히 알면서도 샘물솟듯 솟아오르는 욕심과 탐욕 때문에 옳은 일과 착한 일들을 훗날로 미루는 것이 인간이다(「죽음이 일깨워주는 사회」). 중재의 글은 그런 인간들에게 참회와 반성을 촉구하는 서늘한 목소리를 들려준다. 그것은 이미 '큰 이야기'이다.

# 삶의 곤궁함을 눙치는 깊은 마당

— 『마당 깊은 집』의 소설어

소설어는 어휘 자체의 언어적 의미에 더불어서 그 어휘를 의도적으로 창조하고 선택한 작가의 숨결을 지니기 마련이다. 어휘는 본래 끊임없이 신생과 소멸을 거듭하는 생명체이며, 이것에 작가의 상상력과 세계관이 개입된 소설어는 더욱 활발한 세포분열을 하게 된다. 따라서 언어학의 측면으로 볼 때, 사전 편찬에 있어 실질적이고 유용한 언어 자료로서 소설어의 가치가 인정되고 있음은 당연한 것이다. 그런데 이렇듯이 소설어의 생명성이 유독 주목될 수 있는 까닭은 소설이 그려내는 삶의 현장성에 근거하고 있다. 소설의 시공간을 가장 효과적으로 생동감 있게 전달해 주며, 등장 인물들의 성격을 생생하게 실재화시킴으로써 소설어는 독자를 거침없이 소설의 현장 속으로 끌고 들어간다.

전쟁이 끝난 1954년, 대구시 장관동의 곤궁한 삶의 현장으로 우리를 이끌어 가는 것도 『마당 깊은 집』*의 소설어이다. 손수레나 지나

* 김원일, 『마당 깊은 집』, 문학과지성사, 1988. 이 글의 텍스트로는 1998년에 간행된 재판을 사용했다.

다닐 수 있는 '좁장하고' 꼬불꼬불한 골목길, 겨울 한철을 빼곤 늘 시궁창 냄새가 났고 여름이면 장구벌레떼가 '오골거리는' 하수구가 있는 장관동의 마당 깊은 집 아래채에서 우리는 사과 궤짝을 찬장삼아 포개어놓고 '동두깨비' 같은 살림을 살고 있는 것이다. 이 소설에서 김원일의 소설어는 전쟁 직후의 간난스런 삶을 실감으로 얼비치게 하는 작가의 고백적 언사인 동시에 소설로써 자기 동일시의 욕망을 한껏 충족시킨 성장의 기록이다. 그러므로 이 소설은 작가가 살아있는, 작가를 결코 지워버릴 수 없는 서사가 된다. 그런데 『마당 깊은 집』의 소설어는 형언할 수 없이 곤궁한 삶을 '말하는' 작가가 그 곤궁함을 현실의 논리로 예각화하는 것이 아니라 미적·정서적으로 눙치는 모습을 보여주고 있어 주목된다. 한 예를 들어보자.

> 그때, 호루라기 소리가 요란하게 들리자 행상 아주머니들이 재빨리 자기 목판이나 광주리를 챙겨들었다. 준호엄마도 풋능금이 담긴 목판을 머리에 이고 호루라기 소리가 들리는 반대쪽으로 좇음걸음을 놓았다. 그네 등에 업힌 갓난아기의 머리통이 애호박처럼 대롱거렸다.

상이 군인의 아내인 준호엄마가 단속반에 좇기는 장면에서 이 소설의 화자인 길남이는 '좇음걸음'이라는 표현을 쓴다. 이것은 뛰지도 않고 그렇다고 천천히 걷는 것도 아닌 "급하게 뒤따르는 걸음"을 뜻하는 작가의 조어이다. 단속반에 좇긴다고 한들 갓난아기가 등에 업혀 있으므로 함부로 뛰지 못하고 좇음걸음을 해야 하는 것이다. 그런데 화자는 준호엄마의 다급한 심사가 생생하게 느껴지는 듯한 이 장면을 긴박스런 상황으로 표출해내지 않고 "갓난아이의 머리통이 애호박처럼 대롱거렸다"고 눙쳐버린다. 이런 희화화로 인하여 일상의 아픔과 어두운 현실은 폐부의 저 깊숙한 곳으로 스며들어 짐짓 시치미를 뗀다. 삶의 곤궁함을 독기와 적의로써 다스리지 않고 직수긋하게 끌어안고 있는 것이다. 이와 같은 화법이 있음으로 해서 『마당 깊은 집』은 폐기되어야 마땅한 슬픈 유년의 기억이 아니라 항상 되새김질로 불러내어 가슴을 적실 수 있는 추억으로 가득찬, 아득한 그리움의 공간이 된다. 『마당 깊은 집』의 소설어가 큰 감동으로 생명력을 발하는 것은 그 깊은 마당에 묻어둔 삶을 곤궁함을 우리가 아직까지도 더불어 느끼는 때문일 것이다.

## 『마당 깊은 집』의 소설어

가녘　가장자리. * 내가 닫힌 솟을대문 가녘에 숨듯 몸을 붙이고 풀빵을 베어먹자, 골목길 저쪽에서 누구인가 걸어왔다.

가리　단으로 묶은 곡식이나 장작 따위를 차곡차곡 쌓은 더미. * 얼굴 얽은 장정이 가리 위에 있는 동료에게 통나무를 올려주었다.

간짓대　대나무로 된 긴 장대 * 빨래한 아기 기저귀를 위채 통나무 쌓아놓은 쪽 간짓대 줄에 널던 준호엄마가 민망한 듯 말했다.

갈마보다　양쪽을 번갈아 보다. * 사내가 매서운 눈길로 나를 갈마보며 물었다.

감사납다　생김새나 성질이 억세고 사납다. * 강형사가 감사납게 외쳤다.

건덕지　'건더기'의 방언. * 종지가 있어 손가락으로 건덕지를 집어내어 먹다 보니 풋고추 넣은 쇠고기 장조림이었다.

걸다　① 음식 따위가 가짓수가 많고 푸짐하다. ② 음식을 닥치는 대로 가리지 않고 먹거나 말을 거리낌없이 함부로 하다. * 김치를 반찬으로 먹는 게 아니라 밥을 반찬 삼아 걸게 먹었다.

걸음품　주로 대가를 위하여 오고 가는 데 드는 수고, 또는 그 대가. * 이사를 해도 이웃집이라모 모를까 큰길 두 개만 건넌다 캐도 걸음품 팔기 싫어하는 젊은것들이 길 물어가며 옷감 들고 찾아오겠습니껴.

검누렇다 검은 빛을 약간 띠면서 누렇다. * 얼굴이 검누렇게 뜬 데다 늘 부기가 있는 그네의 변소 출입은…

검세다 성질이 질기고 억세다. * 평소의 그 검세 보이던 표정과 달리 서먹해하는 준호아버지로부터 나는 빨리 떠나야 한다고 생각했다.

검질기다 성질이나 행동이 몹시 끈덕지고 질기다. * 노마님도 경기댁의 그 검질긴 캐어내기 작전에 물렸음인지 며느리의 비행을 털어놓았다.

게걸거리다 상스러운 말로 소리를 지르며 불평스럽게 자꾸 떠들다. * 하루에 열대여섯 시간은, 머리가 '아뿌다'며 끝없이 게걸거리던 죽기 직전의 그 깡마른 길수 모습은 지금도 생각하기조차 끔찍하다.

결기 ① 못마땅한 것을 참지 못하고 성을 내거나 왈칵 행동하는 성미 * 노마님이 안씨에게 결기를 돋우었다. ② 곧고 바르며 과단성 있는 성미.

고공살이 머슴살이. * 어머니는 세 자식을 이모댁 문간방에 맡겨 놓고 남의 집 고공살이로 떠돌았다 했다.

고누 땅이나 종이 위에 말밭을 그려 놓고 두 편으로 나누어 말을 많이 따거나 말 길을 막는 것을 다투는 놀이. * 아이들은 욕설로 말싸움질이 잦았지만 땅따먹기·고누놀이·공기놀이로 시간을 때우기도 했다.

고무래 곡식을 그러모으고 펴거나, 밭의 흙을 고르거나 아궁이의 재를 긁어모으는 데에 쓰이는 'T'자 모양의 기구. * 주인집 노마나님은 마당 멍석에 말리던 김장용 고추를 고무래로 뒤집던 참이었다.

골기와 암키와의 이음 짬에 수키와를 덮어서 골이 지게 만든 기와. * 위 채 두 동 한옥은 다섯 벌 돌층계 위에 덩실하게 앉은 골기

왓집이었다.

깜조록하다 까무잡잡하다. * 깜조록한 얼굴에 쌍거풀진 눈이 예쁜 누나는 혼기찬 처녀였다.

깡아리 '고갱이'의 방언. ① 풀이나 나무의 줄기 한가운데에 있는 연한 심. ② 사물의 중심이 되는 부분을 비유적으로 이르는 말. * 죽은 나무두 깡아리가 있으니 잘 얼러줘야 해.

꼴머슴 땔나무나 꼴을 베는 일을 하는 어린 사내종. * 그 촌바닥에서야 꼴머슴 아니모 장돌뱅이밖에 더 되겠나.

난든집 손에 익어서 생긴 재주. * 힘자랑이 아니라 과연 기술이라 할 만한 난든집 솜씨였다.

난들 마을에서 멀리 떨어진 넓은 들. * 겨울 한철에 난들 손은 방에 들이지 않는 뱁이다.

눈겨룸 눈싸움. * 내가 선례누나에게 물었으나 누나는 밥상에 펴 놓은 책에 눈겨룸만 할 뿐 대답이 없었다.

대문니 앞니의 가운데에 위아래로 두 개씩 있는 넓적한 이. * 장정이 나를 보며 구레나룻 사이 누런 대문니가 보이도록 흐물쩍 웃었다.

더껑이 걸쭉한 액체의 거죽에 엉겨 굳거나 말라서 생긴 꺼풀. * 그 동안 하루도 맑은 하늘을 볼 수 없을 만큼, 더껑이진 구름은 밑창이라도 뚫렸는지 쉼 없이 비를 뿌렸다.

도마의자 도마 모양의 의자. * 댓 평 남짓한 사무실 태반을 길다란 책상이 차지했고, 더벅머리 수금사원 셋이 도마의자에 앉아 영수증과 돈을 책상에 늘어놓고 아퀴를 짓고 있었다.

도부꾼 '도붓장수'를 낮잡아 이르는 말. 이리저리 돌아다니며 물건을 파는 사람. * 개성서 인삼 도부꾼을 상대로 일수놀이하던 부자와 샛살림을 차려서 낳은 애들이…

동두깨비 '소꿉질'의 경상도 방언. * 부엌 세간 또한 사과 궤짝을 찬장 삼아 포개어놓고 동두깨비(소꿉질) 같은 살림을 살았다.

동태 '굴렁쇠'의 경상도 방언. * 어무이 뒤로, 동태(바퀴)를 뒤로 돌리이소!

둥덩산같다 ① 물건이 쌓여 있는 모양이 푸짐하게 많아 둔덕지다. * 자기 몫 음식이 따로 있지 않고 둥등산같게 잰 음식을 저런 방법으로 양껏 먹을 수 있다니, 참으로 부러운 광경이 아닐 수 없었다. ② 솜옷 따위를 두껍게 입거나 하여 배가 몹시 불룩하게 나오다. 또, 옷 따위가 몹시 불룩하다.

뒤란 집 뒤 울타리의 안. * 아래채 뒤란이래야 굴뚝이나 빼낼까 곧장 담이어서 부엌을 낼 수가 없었다.

들펵지다 매우, 실컷. * 고기 반찬에 쌀밥 한번 들펵지게 포식해봤으면, 할 정도로 대구 생활의 내 소원은 그저 먹는 생각뿐이었다.

등심 '등'의 방언. * 어머니는 수건에 얼굴을 묻고 등심이 떨리도록 울었다.

등피 등불이 꺼지지 않도록 바람을 막고 불빛을 밝게 하기 위하여 남포등에 씌우는 유리로 만든 물건. * 바쁜 일감이 밀렸을 때나 선례누나가 공부할 때가 아니면 호롱불조차 켜지 않는 당신이 그때는 등피를 들치고 호롱 심지에 불을 댕겼다.

때꾼하다 눈이 쏙 들어가고 생기가 없다. * 퀀셋 건물 한쪽 유리창에는 굶어죽지 않고 살아남은 고아들의 파르족족한 얼굴들이 조롱박처럼 매달려 때꾼한 눈동자로 마당의 구경꾼을 살폈다.

땡고함 자기의 처지, 신분에 맞지 않게 갑자기 지르는 고함. * 주인아저씨의 이런 땡고함이 아래채에까지 들려오곤 했다.

떨쳐입다 옷 등을 모양나거나 위세있게 입다. * 조선옷으로 날아갈 듯 떨쳐입고 집을 나섰다.

맨숭머리 아무것도 쓰지 않은 머리 * 신문 나오기를 기다리는 내 또래 맨숭머리 머슴애들이 스무 명 남짓 와글거렸다.

무작하다 무지하고 우악하다. * 내 소견으루 반공을 앞세워 선량한 시민을 무작하게 다스리는…

발틀 발재봉틀. * 아버지가 어머니를 위로하는 방편으로 사준 발틀이었다.

방고래 방의 구들장 밑으로 나있는, 불길과 연기가 통하여 나가는 길. * 장작을 때다 보면 방고래며 굴뚝이 자주 막혀 불땀이 없었고…

방장 ① 방문이나 창문에 치거나 두르는 휘장, 흔히 겨울철에 외풍을 막기 위하여 친다. ② 모기장. * 더욱 장마 뒤끝에 모기떼가 얼마나 극성을 부리는지 날마다 방장 속으로 들어가기 전까지 예닐곱 군데는 그놈들에게 쏘임을 당했다.

뱃구레 사람이나 짐승의 배 속을 속되게 이르는 말. * 빈 뱃구레로 구린내 맡기 지겹지두 않남.

벅벅이 그러하리라고 미루어 헤아려 보건대 틀림없이. * 하루 끼니 굶지 않고 살기가 힘든 줄 벅벅이 깨닫자 목울대로 무엇인가 울컥 복받쳤다.

번철 전을 붙이거나 고기 따위를 볶을 때에 쓰는, 솥뚜껑처럼 생긴 무쇠 그릇. * 순화누나가 간이부엌 앞에 쪼그리고 앉아 풍로 번철에 돼지고기를 볶으며 우리 쪽을 보았다.

벋서다 버티어 맞서서 겨루다. * 아주머니가 작은 소리로 무어라고 말대꾸하며 벋섰으나 아저씨는 아주머니를 한사코 사랑채로 끌고 갔다.

보짱 마음속에 품은 꿋꿋한 생각이나 요량. * 나는 그렇게 할 보짱이 없었다.

복작거리다 많은 사람이 좁은 곳에 모여 수선스럽게 자꾸 들끓다. * 그가 걸음을 멈춘 곳은 장꾼들로 복작거리는 채소전 어귀였다.

복쟁이 흰점복. * 저 자슥들만 읎었다 캐도 나는 이미 석가래에 목매달거나 복쟁이 알이라도 묵고 죽었을 끼다.

봉창 '봉창하다'의 어근. ① 물건을 몰래 모아서 감추어 두다. ② 손해 본 것을 벌충하다. * 굶는 봉창이라도 하듯 누나는 공부에만 매달렸다.

불땀 화력이 세고 약한 정도. * 장작을 때다 보면 방고래며 굴뚝이 자주 막혀 불땀이 없었고…

비칠걸음 이리저리 비틀거리며 걷는 걸음 * 중문 쪽에서 우산을 펴든 주인아저씨가 무릎까지 물에 잠긴 채 위채로 비칠걸음을 걷는 모습이 얼핏 보였다.

빙충맞다 똘똘하지 못하고 어리석으며 수줍음을 타는 데가 있다. * 내 막내아우 길수는 앙가발이걸음으로 그 개구쟁이 둘을 졸졸 따라다니며 늘 빙충맞은 짓을 도맡아 했다.

뱦조록하다 '뱦족하다'의 본말. * 눈이 작고 턱이 뱦조록해 고슴도치 같은 인상을 주었다.

뻥시레 슬며시 입을 벌리는 듯하면서 소리 없이 부드럽게 웃는 모양. * 통나무를 옮겨주는 누나 옆에 섰는 나를 보며 장정이 뻥시레 웃었다.

사리다 정신을 바짝 가다듬다. * 결심을 사려먹었는지 김천댁 목소리가 의외로 아귀세었다.

살살이 간사스럽게 알랑거리는 사람. * 아까 저녁답에도 경기댁이 노마님께 살살이를 치던데예.

삿매질 상앗대 따위로 때리는 매질. 상앗대는 배를 떼거나 댈 때, 또는 물이 옅은 곳에서 밀어 나갈 때 쓰는 장대를 말함. * 어머니는 이렇게 지청구를 떨며 삿매질을 해댄 끝에 내가 입에 거품을 물고 늘어질 때서야 회초리를 거둘 게 분명했다.

선겁들리다 매우 놀라거나 두려워하다. * 그 소동에 젖먹이 딸애가 깨어나 선겁들린 울음을 터뜨렸다.

소마소마 무섭거나 두려워서 마음이 초조한 모양. * 길거리에서 파란 눈을 한 몸집 크고 털이 부숭한 미군을 보면 그가 말을 걸어오지 않아도 왠지 소마소마했는데, 누나 말을 듣자 더욱 겁이 났다.

소사스럽다 보기에 행동이 좀스럽고 간사한 데가 있다. * 무슨 봉변이나 당할까보아 잠옷을 입은 주인아주머니가 소사스럽게 말하곤 사랑방으로 얼른 몸을 감추었다.

수꿀 '수꿀하다'의 어근. 무서워서 몸이 으쓱하다. * 수꿀해진 나는 할말이 없었다.

수세다 매우 세차다. * 집에서는 목소리조차 듣기 힘들었던 그의 수센 고함에 아래채 사람들이 모두 놀라 쳐다보았다.

숙지막하다 어떤 현상이나 기세가 좀 가라앉다. * 그런 분란이 숙지막해지자 이번에는 성준형이 '오성직물'의 어린 여공을 건드려 말썽을 부린 것이다.

시근 '식견'의 경상도 방언. * 나돌아댕기다 보이 니도 세상물정 다 아는구나. 제법 시근(식견)이 텄어.

시껍묵다 '혼나다'의 경상도 방언. * 지가 산골에 있을 때는 산에 나무 비어내다 들키모 주재소에 붙잡혀가서 시껍묵던(혼쫄나던) 데예.

신둥부러지다 지나치게 주제넘다. * 주인아저씨의 신둥부러진 말에 아래채 누구인가가 희떱다는 듯 한마디 했다.

싱겁을 떨다 말이나 행동이 제격에 어울리지 않고 멋쩍다. * 흥규씨가 싱겁을 떨곤 「비의 탱고」를 휘파람으로 불었다.

쑤얼거리다 알아들을 수 없는 말로 자꾸 실없이 이야기하다. * 경기댁은 변소 앞에 앉아 이렇게 쑤얼거리며 손톱이 타도록 담배를 태웠다.

씨억하다 성질이 굳세고 활발하다. * 정태씨의 씨억한 말에 어머니가 대꾸를 못 하고 방문을 닫을 줄 알았는데, 그게 아니었다.

아귀차다 휘어잡기 어려울 만큼 벅차다. * 어머니의 아귀찬 말을 떠올리자, 나는 용기를 내지 않을 수 없었다.

아람 아름. * 드디어 그는 내가 들기에도 무거운 아람이 될 통나무 도막을 받침목에 걸치더니 징을 박기 시작했다.

아퀴 일을 마무르는 끝매듭. * 댓 평 남짓한 사무실 태반을 길다란 책상이 차지했고, 더벅머리 수금사원 셋이 도마의자에 앉아 영수증과 돈을 책상에 늘어놓고 아퀴를 짓고 있었다.

악심 독하게 먹은 마음. * 우짜든동 악심 묵고 용기를 내라.

악퍼지르다 몹시 심하게 포악한 짓을 하거나 떠들다. * 어젯밤 잠을 제대로 못 잔 어머니가 핏발선 눈으로 나를 쏘아보곤, 재봉틀을 돌리며 연방 악퍼질렀다.

안들 * 그 안들이 평양댁 방과 막은 판자때기 어데다 구멍을 내놓고 쥐새끼처럼 모든 말을 엿들을 끼라.

안들 아낙네들. * 주인집 안들(여자)은 나무 딜라놓으라 칼 때 말은 깜빡 잊아뿟는지 들은 척도 않더라.

앙가발이 다리가 짧고 굽은 사람. * 팔다리가 앙상하게 마른 데다 앙가발이걸음을 걸었다.

어둑신하다 어둑하다. * 낮조차 어둑신한 가운데 세상은 온통 비에 젖었고, 도시는 습기 속에 중병 환자로 앓는 꼴이었다.

어슴새벽 어슴푸레한 새벽. * 어슴새벽으로 건물 위 하늘이 희부옇게 터오고 있었다.

어질머리 어질병. * 그래서 나는 숯가스 중독으로 어질머리를 앓다 못해 여러 차례 먹은 음식을 죄 토하기도 했다.

언슨시럽다 '지긋지긋하다'의 경상도 방언. * 그 언슨시러븐(지긋지긋한) 난리 겪고 지난 이바구 하모 뭐 합니꺼.

엇지다 조금 빗나간 듯하다. * 손씨가 기계실에서 손수레에 신문을 백 부 단위로 가로 세로 엇지게 얹어나오면, 배달원들이 그분 주위에 모였다.

에두르다 ① 에워서 둘러막다. * 나도 미군부대를 에두른 겹겹의 철조망을 대구로 와서 본 적 있었다. ② 바로 말하지 않고 짐작하여 알아듣도록 둘러대다.

여투다 돈이나 물건을 아껴 쓰고 나머지를 모아 두다. * 매질만 해도 어머니는 내게만 유독 극악을 떨었고, 어렵고 힘든 일은 여투어두었다 내게 맡겼다.

연갑내기 서로 비슷한 나이나 그런 사람. * 나는 연갑내기의 그와 친해졌다.

오감하다 분수에 맞아 만족히 여길만 하다. * 굶을 때를 생각하면 이것도 오감치(감지덕지) 하시곤, 사람 발에 밟히고 흙이 묻었어도 깨끗이 씻어 국을 끓이면 된다고 했다.

오골거리다 오글거리다. 작은 벌레나 짐승, 사람 따위가 한 곳에 빽빽하게 많이 모여 자꾸 움직이다. * 겨울 한철을 빼곤 늘 시궁창 냄새가 났고 여름이면 분홍색을 띤 장구벌레떼가 오골거렸다.

오돌지다 오달지다. 허술한 데가 없이 야무지고 알차다. * 푸른 심줄이 오돌진 올챙이 배를 한 아이가 있는가 하면 부스럼을 머리통에 뒤집어쓴 아이, 마른버짐이 얼룩처럼 얼굴에 핀 아이도 있었다.

옥마음 옥죄어 굳은 마음. * 앞으로 이런 찌꺼기 음식을 아무렇지 않게 먹을 수 있어야 한다고 나는 옥마음을 먹었다.

옴팡눈 옴폭하게 들어간 눈. * 손씨의 째려보는 옴팡눈만 떠오르면 그 부끄러움쯤은 참아내는 도리밖에 없었다.

옴팡하다 가운데가 조금 오목하게 들어가 있다. * 옴팡한 눈이 쥐눈처럼 반들거려 나는 손씨를 마주보지 못한 채 묻는 말에만 겨우 대답했다.

옹송그리다 춥거나 두려워 몸을 궁상맞게 몹시 옹그리다. * 엄동

한시절을 어떻게 넘길꼬 하며 가난한 사람들은 마음부터 옹송그려지게 마련이었다.

왜자기다 왁자지껄하게 떠들다. * 솟을대문 앞에서 큰 소리로 왜자긴다 해도…

우장옷 비옷. * 우장옷을 둘러쓴 내가 통나무 위로 올라가서 가마니를 덮고 있을 때였다.

윽물다 단단히 결심하거나 무엇을 참아 견딜 때에 힘주어 이를 꾹 마주 물다. * 그 목소리가 설움에 울먹이기는커녕 그 아픈 상처를 두고 복수나 할 듯 입술까지 윽물어, 그의 굳센 성격을 짐작케 했다.

은결들다 ① 상처가 내부에 생기다. ② 원통한 일로 남모르게 속이 상하다. * 어머니가 비명을 지르는 내게 은결든 목소리로 이기죽거렸다.

응덩 물다 이 따위를 꽉 물다. * 어금니 응덩 물고 결심을 새기자 어느 사이 두 눈에서 눈물이 흘러내렸다.

응절거리다 응얼거리다. * 어머니가 응절거리며 속치마 위에 치마를 걸쳤다.

잔풍하다 잔풍이 부는 듯하다. * 햇살 맑고 잔풍한 오전이었다.

장맞이 길목을 지키고 기다리다가 사람을 만나려는 것. * 아침에 준호아버지가 순경에게 연행될 때 뒤좇아가 지금은 파출소나 경찰서 앞에서 서방을 장맞이하고 있을지도 모르겠다.

쟁이다 물건을 어느 장소에 차곡차곡 포개어 쌓다. * 시장 어귀로 가자 김장용 배추와 무 더미가 수북이 쟁여 있었고 나무전에는 통나무가 집채보다 높게 쌓여 있었다.

저지레 일이나 물건에 문제가 생기게 만들어 그르치는 일. * 길수는 저지레만 할 테이 준호랑 나가 놀아라 카고 길남이 니가 옮겨라.

졸가리 잎이 다 떨어진 나뭇가지. * 힘없는 인민이야 졸가리 하나 꺾어두 그렇게 당하는 거디 어카갔어.

좁장하다 좁다랗다. * 손수레나 지나다닐 수 있는 좁장하고 꼬불꼬불한 골목길을…

종재기 '종지'의 방언. * 길남아, 정지에 가서 간장 종재기 가꼬 온나

주전부리 때를 가리지 아니하고 군음식을 자꾸 먹음, 또는 그런 입버릇. * 문자이모가 주전부릿감으로 종종 만두를 사오지 않았다면…

주체스럽다 처리하기 어려울 만큼 짐스럽고 귀찮은 데가 있다. * 나를 주체스러워하는 태도가 역력했기 때문이었다.

중노미 음식점, 여관 따위에서 허드렛일을 하는 남자. * 신문을 팔지 몬하겠거덩 그 돈으로 차비해서 다시 진영으로 내려가 술집 중노미가 되든 니 마음대로 해라.

중동무이 하던 일이나 말을 끝내지 못하고 중간에서 흐지부지 그만두거나 끊어 버림. * 땔감은 다투어 들여놓았으나 아래채 방 하나를 비워야 한다는 노마님의 말이 그뒤로는 중동무이가 되어…

지대 건축물을 세우기 위해 터를 잡고 돌로 쌓은 부분. * 마치 주린 강아지처럼 지대 아래 오도카니 쪼그리고 앉아 그들의 식사를 입맛 다시며 지켜보곤 했다.

지분거리다 짓궂은 말이나 행동 따위로 자꾸 남을 귀찮게 하다. * 마침 가게 앞에서 김천댁을 상대로 경기댁이 무슨 이야기인가 지분거리는 소리가 들렸다.

직수긋하다 직수굿하다. 저항하거나 거역하지 아니하고 하라는 대로 복종하는 태도를 보이다. * 어머니는 나를 보고 집을 떠나라 말했고, 만약 그 말에 굴복하여 숯포대 회초리를 가지고 직수긋하게 방으로 들어온다면 전에 없는 가혹한 매타작이 시작될 터

였다.

진솔옷 ① 한 번도 빨지 아니한 새 옷. ② 봄가을에 다듬어 지어 입는 모시옷. * 새로 맞춘 진솔옷을 찾아 입고 밤일터로 출근할 기생이었다.

집발 집으로 들어오는 발걸음. * 그해 칠월 중순부터 집발이 뜸해져, 내가 이상하게 생각했지러.

쪼그락지다 쪼그라들다. * 일꾼들은 추운 날씨에도 땀을 흘리며 열심히 일했고 노마님은 쪼그락진 입가에 푸짐한 웃음을 물고 그 광경을 지켜보고 있었다.

쪼작걸음 느리게 아장아장 걷는 걸음걸이. * 그런 말을 듣고 있던 노마님이 아래채로 쪼작걸음을 떼어 경기댁 가족 쪽으로 다가왔다.

쫓음걸음 급하게 뒤따르는 걸음. * 준호엄마도 풋능금이 담긴 목판을 머리에 이고 호루라기 소리가 들리는 반대쪽으로 쫓음걸음을 놓았다.

추달 ① 매로 때림. ②죄를 심문하여 알아냄. * 지하 취조실이란 게 콩밥 먹이며 잠 안 재우고 추달한다잖아.

추레하다 겉모양이 깨끗하지 못하고 생기가 없다. * 몸이 불편한데 옷까지 추레하면 어디 온당한 대접을 받는 세상인니까.

추접다 '더럽다'의 경상도 방언. * 마님이 고아원에서 가스나를 델고 왔는데, 얼매나 추접던지.

통시 '뒷간'의 경상도 방언. * 야들아. 어데 가노. 그 물이 다 똥물 아이가. 바깥 통시가 넘쳤다는 것도 모리나.

털거지 털이 난 모양새. * 그 동안 묵묵히 일만 하던 털거지 사납게 생긴 장정이 안씨를 내려다보았다.

팔초하다 얼굴이 좁고 아래턱이 뾰족하다. * 김천댁 가게 처마 아래 흰 노타이 차림에 얼굴이 팔초하게 생긴 삼십 줄의 사내가 풀빵 굽는 김천댁에게 무슨 말인가 묻고 있었다.

패악 사람으로서 마땅히 하여야 할 도리에 어그러지고 흉악함. * 아푸더라도 소리내서 패악치지는 말거라. 시끄러버모 옆방에 잠을 못 잘 테이께.

포스랍다 포시럽다. 살이 통통하게 오르고 포근하고 부드럽다. * 그러나 낮 정오쯤이면 햇살 포스라운 따뜻한 날이 많았다.

포원 원한을 품음. * 먹는 데 포원이 진 내 경우로서는 그런 수모를 참아낼 수 없었다.

푸더분하다 푼더분하다. 생김새가 둥그스럼하고 두툼하여 탐스럽다. * 몸매도 날씬하지 않고 푸더분했다.

풀코 코가 나와 풀처럼 늘어진 것. * 막내아우 길수는 벌써 다섯 살로 푸른 풀코를 인중에 달고 다녔다.

해깝다 '가볍다'의 경상도 방언. * 이래 생각하모 내 마음이 쪼매 해깝다(가볍다).

행티 행짜를 부리는 버릇. * 그는 두 시간 넘게 위채에 머물며 대청 유리창까지 부수는 행티를 부렸다.

호뭄차 '혼자'의 경상도 방언. * 가족은 어데 떨구고 호뭄차 내려와 가족 찾아댕기는교?

호작질 손장난. * 나머지 학생들도 대체로 공부에 흥미가 없는 농땡이들로 수업 시간이면 다른 호작질을 하거나…

활랑거리다 심장이 몹시 두근거리며 가쁘게 마구 뛰다. * 그 기쁨이 얼마나 컸던지 가슴부터 활랑거렸다.

황기끼다 겁을 내어 두려워하는 마음이 일어나다. * 어머니가 황기끼어 물었다.

후두들기다 함부로 막 두들기다. * 나무들이 빈 가지로 서서 찬바람에 후두들기기 시작하는 계절이 오면…

흐벅지다 탐스럽게 두툼하고 부드럽다. * 지난 여름 어느 밤, 부엌 안에서 목물하던 그네를 우연히 보았을 때, 어슴푸레 드러나던 그 흐벅진 겨드랑살이 떠올랐다.

혼전만전 돈이나 물건 따위를 조금도 아끼지 아니하고 함부로 쓰는 모양. * 그 시절 문자로 말하자면 '빽' 있는 부유층은 잘 먹고 살며 혼전만전 돈을 썼으며…

희떱다 ① 실속은 없어도 마음이 넓고 손이 크다. ② 말이나 행동이 분에 넘치며 버릇이 없다. * 주인아저씨의 신둥부러진 말에 아래채 누구인가가 희떱다는 듯 한마디 했다.

힘담없다 말소리에 풀이 죽고 기운이 없다. * 나를 돌아보며 어머니가 힘담없이 웃으셨다.

## 참고문헌

국립국어연구원 편, 『표준국어대사전』(전3권), 두산동아, 1999.

김윤식 · 최동호 편, 『한국현대소설 소설어사전』(개정증보판), 고려대학교 출판부, 2000.

신기철 · 신용철 편, 『새 우리말 큰사전』(전2권), 삼성출판사, 1974.

강 상 대
1962년 경북 금릉에서 태어나 대구에서 성장함
단국대 국문과와 동 대학원 국문과 석사 과정 졸업
중앙대 대학원 문예창작학과 박사 과정 졸업(문학박사)
1990년 『현대문학』에 문학평론이 추천되어 등단함
현재 단국대학교 예술대학 문예창작과 교수로 있음
지은 책으로는 『문학의 표정과 화법』(1999), 『우리 소설의 일탈과 지향』(2000), 『사고와 표현』(공저, 2004) 등이 있음



문학과 비평의 사유

2006년 5월 10일 초판 인쇄
2006년 5월 15일 초판 발행

[값 12,000원]

저 자 강 상 대
발 행 단국대학교출판부
등 록 1968년 2월 27일 제03-00095호

서울시 용산구 한남동 산 8번지
(전화 02-709-2195 팩스 02-792-9281)

편집 · 성두현 / 표지디자인 · 이어진

인 쇄 네오프린텍

Published by Dankook University Press

Printed in Seoul, Korea

ISBN 89-7092-330-6 93800